© 2017 por Sérgio Chimatti
© Jutta Klee/Getty Images

Coordenadora editorial: Tânia Lins
Coordenador de comunicação: Marcio Lipari
Capa e projeto gráfico: Jaqueline Kir
Diagramação: Rafael Rojas
Preparação e revisão: Equipe Vida & Consciência

1ª edição — 2ª impressão
5.000 exemplares — junho 2017
Tiragem total: 8.000 exemplares

**CIP-BRASIL — CATALOGAÇÃO NA PUBLICAÇÃO
(SINDICATO NACIONAL DOS EDITORES DE LIVROS, RJ)**

C465a

Chimatti, Sérgio
Um amor de quatro patas / Sérgio Chimatti. - 1. ed. - São
Paulo : Vida & Consciência, 2017.
384 p. ; 23 cm

ISBN 978-85-7722-514-9

1. Romance brasileiro I. Título.

16-37497
CDD: 869.3
CDU: 821.134.3(81)-3

Todos os direitos reservados. Nenhuma parte desta edição pode
ser utilizada ou reproduzida, por qualquer forma ou meio, seja ele
mecânico ou eletrônico, fotocópia, gravação etc., tampouco apro-
priada ou estocada em sistema de banco de dados, sem a expressa
autorização da editora (Lei nº 5.988, de 14/12/1973).

Este livro adota as regras do novo acordo ortográfico (2009).

Vida & Consciência Editora e Distribuidora Ltda.
Rua Agostinho Gomes, 2.312 — São Paulo — SP — Brasil
CEP 04206-001
editora@vidaeconsciencia.com.br
www.vidaeconsciencia.com.br

UM AMOR
DE QUATRO PATAS

SÉRGIO CHIMATTI

Romance inspirado pelo espírito Anele

Marcel Benedeti

Agradecimento

Numa grande feira de livros espíritas que ajudei a divulgar em 2007, caminhava com o saudoso amigo Marcel Benedeti, veterinário e escritor que dissertou sobre a literatura da espiritualidade dos animais.

No trajeto, em direção à mesa de autógrafos preparada para ele, nem conseguíamos conversar direito porque Marcel era constantemente parado por alguém perguntando sobre o gato, o cachorro, ou para saber a situação de algum animal de estimação falecido.

Em certo ponto do grande galpão, logo depois que atendeu a uma senhora, desabafei:

— Cara, desculpe dizer, sua paciência às vezes me irrita! Não consigo entender porque tem que parar para todos que perguntam sobre o mesmo assunto!

Daquele jeitinho dele, Marcel riu para responder:

— Ora, Sérgio, essas pessoas procuram saber de coisas que tragam consolo pela saudade que sentem dos animais...

— Marcel, eu também sinto saudade do meu cachorro Lulu e não fico lhe perguntando toda hora em qual céu ou inferno ele se encontra.

— É que eu escrevo sobre isso, e quem sabe um dia você compreenda como é gratificante fazer a mesma coisa.

— Deus me livre, Marcel! Está a me rogar praga? Jamais iria querer ser escritor e me expor como você! Se acompanhar você sendo abordado a cada metro é perturbador, imagine fazer isso todos os dias. Prefiro ficar no meu mundinho particular, pois isso que você faz não é para fracos como eu!

— Mas quando você faz exposição espírita, não sente prazer em transmitir conhecimento?

— Sim, claro, mas é diferente. Faço a exposição e "tchau", não sou abordado a cada centímetro andado.

Eu e Marcel éramos como água e vinho. Ele, um poço de brandura, falava baixo, ponderado e eu, escandaloso para falar e adorava chegar à sua clínica imitando latidos para provocar a ira dos cachorros que estavam confinados em tratamento, mas nem chegava perto dos gatos, porque senão morreria de dó. Não sei como Marcel me aguentava.

Em 2008 sofri demais por causa dos últimos dias de vida do meu gato Mixico, e enquanto eu o segurava para Marcel introduzir um cateter para acesso venoso na patinha dele, ele orientou:

— Calma, Sérgio! Não fique triste assim. Você sabe que os animais também têm proteção.

Eu desabava de tristeza e revolta ao ver o estado deplorável no qual meu bichano se encontrava, e desabafei:

— Marcel, por favor, me responda se puder: Por que sofro mais pelo sofrimento de um animal do que pelo de uma pessoa?

— Talvez porque uma pessoa manifeste as dores, enquanto um animalzinho não consiga fazer isso...

— Mas eu sofro demais com isso. O que faço?

— Enfrente seus medos, Sérgio. Assim é a vida.

— Marcel, você me ajuda a escrever sobre os animais? Eu escrevo uma parte e você escreve a outra?

— Pode ser. Comece você, mas não lhe garanto, porque tenho pouco tempo de vida.

— Pare com isso, Marcel! Por que insiste em dizer essas bobagens?

— Não é bobagem, Sérgio. E por mais que a gente compreenda algumas coisas, há outras que não entendemos e precisamos enfrentar...

Eu nem cheguei à metade do livro e, quando fui entregar para o Marcel dar uma olhada, ele havia partido no dia 1º de fevereiro de 2010, mas ninguém me avisou. Após saber a triste notícia, deixei o livro pela metade, engavetado. Só o terminei em 2016.

Então, meu querido amigo Marcel, agradeço o seu incentivo, pois, seguindo suas recomendações, enfrentei meus medos e, com certeza, você deu seus pitacos, nas várias oportunidades nas quais senti sua doce e adorável presença, enquanto eu escrevia este livro.

Capítulo 1

Alicia seguia com o filho Denis, de nove anos. Acabavam de sair de uma consulta ao pediatra. Ela seguia apertando o passo em direção à estação de metrô, puxando a mão do garoto.

— Mãe, por que segura minha mão com tanta força e por que anda tão depressa?

— Sinto pânico, medo de andar nestes lugares tumultuados e não vejo a hora de chegarmos em casa. Melhor pegar o metrô e, quando descermos na estação perto de casa, seguiremos de táxi.

— Por que o papai não trouxe a gente desta vez?

— Porque seu pai teve de fazer uma viagem às pressas e, como é ele o responsável pelo projeto da usina hidrelétrica a ser construída, não pôde nos acompanhar.

Perto da estação de metrô, Denis avistou um cão ao lado de um mendigo recostado na parede.

— Mãe, olhe o pobre cachorro ao lado daquele mendigo. Será que não passa fome ao lado dele?

— Ora, Denis! Não é problema nosso! Eu, preocupada em nos livrar deste lugar, e você pensando no cachorro do mendigo?

Próximo à entrada da estação de metrô, havia alguns ambulantes. Um deles chamou a atenção de Denis:

— Olha mãe, aquela coisa vermelha no palito que outro dia falei para você. Compra uma para mim, por favor!

— É maçã do amor, coisa de pobre e dá cárie nos dentes. Já lhe falei que nesses lugares só tem coisa ruim, que faz mal à saúde e estou apavorada querendo sair daqui. Não podemos parar. Por favor, não peça nada.

— Mas mãe, eu estou com vontade!

Vencida pela insistência de Denis, Alicia parou na barraca, perguntou quanto era, tirou a carteira da bolsa e o ambulante pediu:

— Obrigado, senhora, mas não tenho troco para nota alta. A senhora pode esperar eu pegar troco com meu colega ali?

— Sim, espero, mas não demore porque estou com pressa.

O ambulante entregou a maçã do amor para Denis e foi em busca de troco. O garoto deu a primeira mordida com sofreguidão e sorriu.

Alicia foi categórica:

— Quando chegar em casa, espero que não precise mandar você escovar muito bem os dentes.

A certa distância, Rosemeire aproximava-se com sua filha Sabrina, de onze anos. Quando Sabrina observou Denis se deliciando com a maçã do amor, não resistiu:

— Mainha, compre uma maçã do amor pra mim.

Contrariada, Rosemeire apertou a mão de Sabrina, parando e gritando no ouvido da menina:

— Já te falei para não pedir nada! Sabe que temos somente o dinheiro para a condução, ou quer ir a pé para casa?

Sabrina calou-se e continuaram a caminhada em direção à estação de metrô.

Enquanto o ambulante entregava o troco à Alicia, Rosemeire passou por ela. Nesse momento, um adolescente puxou com violência a bolsa de Alicia e saiu em disparada.

Rosemeire repentinamente colocou a perna à frente do trombadinha, fazendo-o tropeçar e cair. Ele se levantou e correu em disparada. Ela gritou:

— Moleque desgraçado! Pobreza não é motivo para roubar de quem não tem. Venha cá que vou dar uma surra em você.

Alicia recebeu a bolsa das mãos de Rosemeire. Indagou, atônita:

— Você é louca? E se aquele ladrãozinho resolve voltar com os amigos dele para se vingar?

Enquanto os ambulantes exaltavam o heroísmo de Rosemeire, ela respondeu para Alicia, já calma:

— Não estaremos mais aqui, moça. Vamos embora.

Alicia segurou com força a mão de Denis, enquanto Sabrina cochichou no ouvido dele:

— Pede pra sua mãe comprar uma maçã do amor pra mim, porque fiquei com vontade e minha mãe não tem dinheiro.

Denis puxou a mão de Alicia e pediu, encarando-a:

— Mãe, compre uma maçã do amor para essa menina, porque a mãe dela não tem dinheiro.

Nervosa, Rosemeire fez menção de estapear Sabrina, mas foi impedida por Alicia, que se colocou na frente dela:

— Ei, por favor! Vai bater na menina depois de me salvar? Espere um pouco.

Alicia virou-se para o ambulante, entregando-lhe desta vez o dinheiro trocado, tomou com rapidez uma maçã do amor e deu para Sabrina, pedindo para Rosemeire:

— Estou vendo que segue para o metrô. Por favor, acompanhe-nos porque estou apavorada.

— Então, vamos logo! — exclamou Rosemeire, emendando para Sabrina: — Em casa, teremos uma conversa séria.

Caminhando próxima do embarque, Sabrina andava distante de sua mãe, saboreando a maçã do amor ao lado de Denis:

— Obrigada. Eu não queria pedir, mas estava com muita vontade.

— De nada — respondeu Denis. — Sua mãe livrou a gente do assaltante, eu é que devia agradecer. Pode me responder uma coisa?

— O quê?

— Por que você tem um olho branquinho?

— Sou cega desse olho porque ele furou.

— Como assim, furou?

— Não quero falar sobre isso — devolveu Sabrina entristecida e Denis respeitou seu silêncio, enquanto Rosemeire se explicava com Alicia:

— A moça me desculpe se fui grossa, é que fiquei revoltada com o assaltante, porque outro dia um desses malandros levou minha bolsa e tive que voltar a pé para casa, além de precisar refazer os documentos que estavam nela.

— Imagine! E, antes que eu me esqueça, obrigada por me livrar do problema que é ter de refazer os documentos, porque os meus também estavam na bolsa.

— Não há de quê. Aprenda a manter a bolsa junto ao corpo, seja onde estiver, pois da maneira como a segurava, estava fácil de ser levada.

— Acho que, depois deste dia, nunca mais irei ao pediatra sem a companhia do meu marido. Desculpe, nem me apresentei, meu nome é Alicia e este é meu filho Denis. Prazer em conhecê-la, apesar do susto.

— Prazer. Meu nome é Rosemeire. Esta é minha filha Sabrina. Também fomos ao médico.

Alicia olhou para Sabrina e cumprimentou:

— Oi, Sabrina. Eu sou Alicia e seu novo amiguinho aí é o Denis.

Notando que a menina não respondeu, entretida com a maçã, Alicia perguntou baixinho para Rosemeire:

— Coitadinha. O que aconteceu com seu olho?

— Infelizmente ficou cega de um dos olhos, apesar de minha correria nos diversos hospitais públicos. O olho vazou. Não tem mais jeito — prosseguiu Rosemeire com tristeza. — Hoje a levei ao ginecologista porque ontem virou mocinha.

— Como aconteceu... ficar com o olho assim?

— Foi o pai dela. Ele bateu com a fivela do cinto e o gancho perfurou o globo ocular.

Alicia tentou conter-se. Horrorizada, ajuntou:

— Rosemeire do céu! Quanta violência com a pobre menina! E você chamou a polícia, prestou queixa?

— Não quis chamar a polícia porque o pai dela era muito violento e já tinha me agredido muitas vezes. Fez isso enquanto estava bêbado. Quando o pai dela ficava bêbado, virava o cão.

— Vejo que você é uma mulher do bem, pois para aguentar um sujeito desses, só sendo santa, mas por que *era* violento e *ficava* bêbado? Ele morreu?

— Antes tivesse morrido! Tive de pegar a Sabrina às pressas. Fugimos da favela onde morávamos na zona sul e fomos para um cortiço na zona norte, porque, além das surras, o infeliz tentou violentá-la e só não conseguiu porque cheguei antes de acontecer. Apanhei como cachorra, mas o verme não deflorou minha neguinha.

Muito comovida, Alicia não disse mais nada, passaram pela catraca e, como seguiram na mesma direção, perguntou para Rosemeire já dentro do vagão do metrô:

— Não me leve a mal, mas o que você faz para sobreviver?

— Trabalho como diarista.

— Mesmo?

— Se tiver alguma patroa que precise de passadeira, faxineira, ou coisa do gênero, por favor, me avise porque a minha situação está difícil. Queria trabalhar como empregada doméstica, mas ninguém quer uma com filha a tiracolo. Não tenho com quem deixar minha neguinha e no cortiço onde moramos vivem uns caras barras-pesadas. Deixo a Sabrina trancada em casa quando não posso levá-la comigo, torcendo para que nada de ruim aconteça a ela.

— Tenho uma notícia boa para você. Estou procurando uma empregada para trabalhar para nós. Dê-me seu telefone, pois vou consultar meu marido que certamente lhe pedirá referências e, dando tudo certo, você poderá morar com sua filha na edícula que temos no fundo de casa.

Rosemeire balançou a cabeça sinalizando lamentação, despertando a curiosidade de Alicia:

— Disse algo que a magoou, Rosemeire? Não se interessou?

— Não me entenda mal senhora, mas pela simplicidade de suas vestes e pela maneira pela qual nos conhecemos, não pensei que fosse uma patroa precisando de empregada.

— Quando saio sozinha de casa sinto tanto medo que só uso roupas velhas, mas mudou o tratamento por quê? Só porque sabe que preciso de empregada, virei senhora? — riu Alicia, emendando: — Quero que me chame de você, como estava fazendo há pouco, porque o fato de vir a ser minha empregada não significa que o tratamento deverá ser diferente.

— Está bem — respondeu Rosemeire com timidez. — Mas tem outro problema. Sei que hoje em dia qualquer um tem celular, mas não tenho, como também não tenho alguém para deixar recado. Quando fugi do pai da Sabrina, buscava a liberdade, mas, se ele nos encontrar, estaremos perdidas, então não tenho referências porque estamos sozinhas no mundo. Além disso, seu marido admitirá uma negra com uma filha a tiracolo morando com vocês?

Neste momento, Rosemeire não conseguiu segurar as lágrimas e tentou disfarçar, esfregando os olhos.

Alicia abriu a bolsa, procurou caneta e papel, anotou seu telefone e passou para Rosemeire:

— Não sofra por antecipação e pare de se diminuir. Tome meu telefone e espero sua ligação depois de amanhã, porque meu marido voltará de viagem e falarei com ele sobre você.

Alicia e Denis desceram muitas estações antes de Rosemeire e Sabrina, despediram-se e Alicia pediu:

— Rosemeire, não deixe passar de depois de amanhã porque não aguento mais ter de me virar com o serviço doméstico. Ah! E não brigue com Sabrina por causa da maçã do amor, está bem?

— Pode deixar Alicia, ligarei sim. E não vou brigar com a menina, prometo. Obrigada.

Sabrina olhou timidamente para Alicia e Denis, juntando as mãos e curvando a cabeça para agradecer.

Capítulo 2

No cortiço, Rosemeire e Sabrina ouviram um rebuliço. Dois policiais bateram com força na porta, anunciando a necessidade de revistarem o cômodo onde moravam, pois estavam à procura de um marginal.

A cadela latia muito. Sabrina, assustada, tomou-a no colo para que não avançasse nos policiais e Rosemeire justificou ao abrir a porta:

— Moço, sou somente eu, minha filha e a cadelinha. Não tem ninguém aqui além de nós.

— Sim, senhora, mesmo assim precisamos averiguar. Será rápido — informou um dos policiais, entrando com o revólver em punho, olhando ao redor, enquanto o outro fez o mesmo, mas permaneceu próximo à porta, rindo da cadela que rosnava e latia no colo de Sabrina.

— Aqui está limpo — disse o policial, já de saída, enquanto o outro recomendou:

— Fique atenta e chame a polícia se o morador da casa ao lado aparecer. O cara é fugitivo, perigoso.

— Sinto medo, por isso nem olho para a cara dele, mas o que aprontou desta vez? — perguntou Rosemeire.

— O delinquente estuprou a sua vizinha Maria Regina — respondeu um dos policiais, deixando Rosemeire apavorada:

— Ai, meu Deus! Semana passada esse sujeito começou a cercar a Sabrina, minha filha. Moço, tomara que encontrem esse infeliz, porque, se ele ameaçar minha filha, não sei do que sou capaz! Pobre Maria Regina, trabalhadora e tão indefesa, chegou não faz um mês do Rio Grande do Norte amargando a morte do pai e lhe acontece uma barbaridade dessas?

— Senhora, por favor, tome cuidado! — emendou o outro policial e saíram, deixando mãe e filha temerosas:

— Mainha, este lugar está cada vez pior. Quantas vezes vimos gente brigando, que vem morar e sai fugida da polícia. Eu e Dorinha ficamos apavoradas cada vez que sai à procura de emprego.

— Deus nos abençoe! Espero que o marido da madame que encontramos no metrô nos aceite. Amanhã é o dia de ligar para a Alicia e obter uma resposta. Estou preocupada...

— Com a Dorinha! — completou Sabrina. Mainha, não podemos deixar Dorinha neste inferno. Quem cuidaria dela?

— Filha, sei não... A menos que a casa seja muito grande e tenha um bom quintal, caso contrário...

— Senão o que, mainha? Não deixarei a Dorinha de jeito nenhum!

Rosemeire acariciou Dorinha e lamentou:

— Sabrina, minha filha. Acha que temos escolha?

No outro dia.

— Mãe, o papai chegou! — Denis exclamou, feliz.

Logo que Jorge entrou, Denis pulou em seu pescoço, fazendo festa e indagando:

— O que trouxe para mim, papai?

— Mal entrei e é só de presente que quer saber? — quis saber Jorge, sorrindo.

Alicia veio ao encontro do marido, beijando-o e dizendo:

— Claro que Denis não quer só saber do presente dele, quer saber do presente da mamãe também!

Com alegria, Jorge pediu, fazendo mistério:

— Filho, tem algumas coisas que eu deveria ter deixado onde fui, mas ninguém queria e as trouxe comigo. Estão no banco de trás do carro. O que acha de buscar?

— Oba! — gritou Denis correndo para a garagem buscar os presentes.

Jorge abraçou a esposa carinhosamente:

— Enfim, sós. Por pouco tempo até o reizinho entrar cheio de sacolas.

— Ah! Querido. Você mima demais a gente. Depois, não reclame porque a culpa é sua. Ai, que saudade amor! — Alicia disse e beijou os lábios do marido.

— Levou Denis ao pediatra ontem? Não liguei porque ficamos em reunião até tarde e deduzi que já estivessem dormindo.

— Amor, ontem quase aconteceu uma tragédia. Acredita que um trombadinha tentou roubar minha bolsa, mas uma mulher deu uma rasteira no moleque e resgatou a bolsa para mim?

— Que absurdo! Conte tudo.

— Depois, querido. Nosso reizinho está chegando com "sacoladas" de mimos.

— Nossa! Qual o presente dos vovôs e vovós? Comprou para os tios e tias, primos e primas também? — perguntou Denis, animado.

— Só para vocês e os vovôs e vovós — comentou Jorge. — Se trouxesse mais, teria que fretar o avião só para os presentes. Para levar tudo isso até o estacionamento do aeroporto demorei quase uma hora.

A tarde transcorreu com alegria, Jorge descansou, tomou banho e reunidos à mesa do jantar, Alicia revelou o ocorrido no dia anterior, contando sobre Rosemeire e Sabrina. Jorge ajuntou:

— Querida, não é por nada, mas não vejo a hora de contratar logo outra empregada...

— Está dizendo isso por causa da minha "aptidão" para cozinheira, ou porque viu o monte de roupas amontoadas na lavanderia? — questionou ironicamente Alicia, instigando Denis com o olhar e o menino não se furtou:

— Mamãe, como o papai sempre diz, como cozinheira você é ótima para fazer gororoba e como dona de casa é ótima para fazer compras!

A noite transcorreu em clima de festa com o retorno de Jorge.

Sozinhos no quarto, Alicia continuou a conversa com o marido:

— Querido, não quis comentar perto do Denis, mas aquela mulher, a Rosemeire e a filha dela, são negras.

— Então, nada feito querida! Você sabe que não me sinto bem na presença de pretos, revelou num tom preconceituoso — ainda mais se tiverem que morar com a gente.

— Jorge, a última empregada, Dolores, era branca como neve e fomos parar na delegacia porque nos roubou. Pela conduta da Rosemeire, você não acha que deveríamos dar crédito a ela, ainda mais sabendo pelo quem tem passado?

— Você se arriscaria, Alicia? — ela fez sim com a cabeça e ele prosseguiu: — Essa gente é mentirosa. Não pode dar carta de referência, contou-lhe uma história triste, derramou uma lágrima, mas desde quando lágrima é sinal de boa índole? Quem lhe garante que esta mulher não praticaria o mesmo ato de violência contra nosso filho, do mesmo modo como agiu com o trombadinha?

— Jorge, preciso que pelo menos conheça a Rosemeire. Senti segurança nas palavras e na postura dela. Confesso ter ficado comovida com sua história e com a filha, mas não acho certo julgar antecipadamente, ainda mais quando o motivo é preconceito em relação à cor da pele.

— Está bem, mas quero conhecê-la e entrevistá-la longamente, isto é, se ela telefonar como combinou, e já peça para deixar os documentos para eu rastrear a vida dela de cabo a rabo. Confesso não ter ficado nem um pouco comovido, como também espero que não ligue. Prefiro que você entre em contato com a agência de empregadas que lhe indiquei.

— Certo, querido. Teremos de esperar até amanhã e o máximo que pode acontecer é você ter que aguentar mais um dia com roupas amontoadas pela casa, além da gororoba e pizzas engordativas que o Denis adora.

— Muito bem. Agora é minha vez de dizer algo que não podia, porque o Denis estava perto.

— O que é, Jorge?

— Lembra-se que comentei, outro dia, sobre o plano de o diretor de obras contratar um engenheiro para eu supervisioná-lo a distância na construção da usina hidrelétrica?

— Sim, eu me lembro.

— Agora ele pediu que eu supervisionasse o trabalho do engenheiro pessoalmente, do início à finalização da obra, demandando a necessidade de nos mudarmos para aquele fim de mundo.

Instantes de silêncio se fez com Alicia pensativa.

— Jorge, e se eu lhe disser que fiquei feliz com a ideia, você acreditaria?

— É mesmo, amor? — indagou surpreso.

— Sim. Depois do que me aconteceu ontem, pensei como seria bom morar em um lugar onde não tivesse medo de sair nas ruas, que não tivesse de pedir para você me acompanhar cada vez que precisasse ir aos lugares, como médico, comprar roupas... Querido, depois de ontem, nem eu imaginava que estivesse tão farta de viver nesta metrópole.

— Fiquei surpreso, mas saiba que o local em que moraríamos é bem isolado.

— Primeiramente, imagino se será bom para sua carreira. Será?

— Certamente que sim! Mas não será bom para o nosso filho, pois a previsão de construção da usina é de seis anos e Denis não terá acesso a uma escola de alto nível como tem aqui, não terá shopping center na porta de casa, pelo contrário, não tem um centro comercial no raio de cem quilômetros naquela cidade. Para ver os avós, além dos parentes, seriam necessárias algumas horas de voo e provavelmente uma vez por ano.

— É realmente algo para se pensar, mas, amor, se pensarmos no bem-estar de nosso filho, já imaginou como a qualidade de vida será melhor? Denis tem nove anos. Quando a obra for finalizada, certamente a infraestrutura ao redor terá melhorado, além de lá não ter possibilidade de haver tanta violência e riscos que existem aqui.

— E se eu disser que fiquei feliz por suas ponderações, você acreditaria?

— É mesmo? Por quê?

— Porque para dizer a verdade, a diretoria não me deixou escolha... ou decido ir, ou não sirvo mais para eles.

— Que coisa! E o que você achou disso? É muita pressão.

— Achei que, se você não gostasse, teria de procurar outro emprego.

Alicia abraçou o marido e observou:

— Amor, vamos conversar com o Denis, mas se for bom para você, será ótimo mudar de ares... Moraremos perto da usina?

— Sim. Visitei o vilarejo onde estão concluindo as casas para abrigar os engenheiros e todo o pessoal ligado à construção. É um lugar muito agradável, a casa é um pouco menor do que esta, mas não deixa nada a desejar.

— E qual o prazo para mudarmos, caso decidamos positivamente?

— Três meses é o prazo necessário a fim de começarem as atividades iniciais para a construção da usina.

Capítulo 3

No dia combinado, Rosemeire, apreensiva, telefonou:

— Boa tarde, Alicia. Não vou chamá-la de senhora porque você mesma pediu que não lhe chamasse assim.

— Oi, Rosemeire! Boa tarde. Como está?

— Bem, graças a Deus. Confesso que estou ansiosa por sua resposta. O que disse seu marido?

— Jorge quer conversar com você. Pode vir hoje em casa à noite? Traga Sabrina também, pois assim já se conhecem. Preciso resolver logo esta questão. Anote o endereço...

No cortiço, Sabrina reclamava com a mãe:

— Tinha que marcar oito horas da noite? Quando voltarmos será tarde da noite e andar na nossa região é muito perigoso.

— Não estamos em posição de escolher dia e horário! Se der certo e o marido da Alicia concordar, por mim só voltaria aqui para pegar a Dorinha.

— A senhora falou da Dorinha para a Alicia?

— Sabrina, torço tanto para dar certo que não tive coragem de dizer. Prefiro falar direto com o senhor Jorge, porque mesmo que ele torça o nariz, quem sabe não consigo convencê-lo a ficarmos com a cachorra?

— E se o marido da Alicia não quiser a Dorinha?

— Não sei, filha... E se...

— "E se" nada, mainha! Já falei para a senhora que sem a Dorinha não vou a lugar algum! Seria justo abandonar minha boneca linda que adoro?

Percebendo o olhar carinhoso de Sabrina, Dorinha partiu alegre em sua direção, pedindo atenção. Sabrina a tomou no colo afofando seus pelos:

— Minha coisinha linda, tigresa da mamãe!

Rosemeire e Sabrina chegaram meia hora mais cedo. Alicia e Denis as recepcionaram com alegria:

— Olá, queridas! — cumprimentou Alicia. — Jorge até chegou mais cedo, já tomou banho e jantamos, mas está no escritório e não gosta de ser interrompido. Importa-se que eu mostre a casa para vocês enquanto isso? Querem jantar?

— Tudo bem, Alicia, não se preocupe, já jantamos — mentiu Rosemeire. — Esperaremos quanto for preciso.

Gentilmente, Denis convidou Sabrina e Rosemeire para irem à cozinha comer uma fatia de pudim, e Alicia fez da cozinha o primeiro ambiente apresentado às visitantes.

Após percorrerem o extenso quintal, deslumbrada, Sabrina disse secretamente à Rosemeire:

— Mainha do céu! Aqui cabem cinquenta Dorinhas.

Jorge surgiu enquanto todos conversavam alegremente na sala. Alicia apresentou as recém-chegadas e Jorge convidou Rosemeire para conversarem no escritório, alegando:

— Prefiro que minha esposa não participe de nossa conversa porque sou mais prático. Alicia já adiantou algumas coisas, mas gostaria que a senhora me contasse mais.

Acomodados no escritório, Rosemeire relatou alguns fatos que considerou importantes e Jorge a interrompeu:

— Senhora Rosemeire, assim como Denis e Alicia, também simpatizei com a senhora, mas confesso que me incomoda o fato de não possuir referências. Por favor, não me entenda mal, pois compreendo seus motivos, de ter saído da maneira como saiu de onde morava na intenção de dar melhores condições para sua filha.

Notando que Rosemeire permaneceu em angustioso silêncio, Jorge continuou:

— Senhora Rosemeire, eu lhe farei uma pergunta e peço que se coloque no meu lugar: Alicia não lhe contou, porque não convinha comentar, mas a última empregada que trabalhou aqui roubou joias dela, aproveitando-se de um momento no qual a casa estava vazia; levou diversos eletrônicos, certamente com ajuda de comparsas e está foragida da polícia. Mesmo com os documentos quites com a justiça, a outra empregada era um doce de pessoa, educada, e fez o que fez. O que me faria contratá-la se não tenho ninguém que lhe possa dar aval e sequer a senhora tem algum telefone para nos indicar, caso ocorra algum contratempo?

Sem esconder a mágoa, Rosemeire foi humilde em responder:

— Sinceramente, só tenho minha palavra, senhor Jorge. Desculpe, mas realmente não tenho ninguém para falar sobre mim aqui, nem no Estado onde morava, porque meus pais morreram, não tenho notícias de meus seis irmãos, nem sei onde foram parar. Neste mundo sou só eu e Sabrina, minha filha. Sabe, nossa situação está complicada, senhor Jorge. Moro num cortiço da periferia e fico apavorada de deixar minha filha sozinha enquanto saio para trabalhar. Recentemente houve um caso de estupro onde moro e sei que não é de sua conta, mas sou eu quem agora pede que o senhor se coloque no meu lugar para entender a minha angústia...

Tocado pela exposição, Jorge mudou a postura defensiva:

— Realmente, senhora Rosemeire, depois desta resposta fica difícil conversarmos apenas profissionalmente, mas continuemos: daqui a uns três ou quatro meses, precisaremos nos mudar para outro Estado, bem distante. Sou engenheiro e a empresa em que trabalho me escalou para gerenciar a construção de uma hidrelétrica. Depois que a obra terminar, com previsão de uns seis anos, não sei se voltaremos para cá.

Caso decida contratá-la, poderia nos acompanhar nesta mudança? Qual sua disponibilidade?

— Claro que sim — respondeu prontamente Rosemeire — e, se quer mesmo saber a verdade, para nós seria uma bênção, porque encaro isso como um presente de Deus, poder sair com minha filha desta cidade maluca.

Decidido a contratar Rosemeire, Jorge levantou-se para perguntar:

— Tem algo mais que a senhora não me contou? Por favor, não esconda nada.

— Tem apenas um detalhe.

— Qual?

— Temos uma cadelinha de porte médio. Haveria problema trazermos ela para cá?

Sem esconder a contrariedade, Jorge indagou irritado:

— Quando Alicia levou a senhora para conhecer esta casa, viu algum cachorro, gato, papagaio, passarinho ou peixe?

— Não, senhor.

— A senhora não viu porque amo animais... no zoológico, na casa dos outros, mas não na minha, porque não tenho tempo e sei que veterinário, limpeza de aquário e qualquer cuidado do gênero, sobraria para mim. A senhora também não sabe, mas Alicia tem uma alergia medonha a pelos de animais, então...

— Então teria que me desfazer da Dorinha — concluiu Rosemeire.

— Dorinha? Bonito nome! Não sei o que faria com a cadela, mas gostaria de saber por que a senhora omitiu até agora este fato de nós. Disse para Alicia que tinha esta cachorra?

— Não omiti. Só não imaginava que o senhor detestasse, nem que a senhora Alicia é alérgica a pelos de animais. Não pretendo insistir, mas a Dorinha fica presa dentro de casa o dia todo, só sai quando a Sabrina a leva para passear de manhã. Mesmo que me comprometesse viver com Dorinha presa no quintal, teria problema trazê-la?

Jorge ironizou:

— Sua cadelinha faz cocô, xixi e late? Se qualquer das afirmativas for verdadeira, então não dará certo, além do fato de que a senhora também não sabe, mas algumas vezes briguei com Denis porque vive querendo trazer bichos da rua toda vez que saímos. Definitivamente teríamos muitos problemas.

Rosemeire não escondeu a decepção:

— Sinto muito, senhor Jorge. Se tivesse jeito, daria a cadelinha para alguém, mas minha filha adora a Dorinha. O senhor não imagina como estou me sentindo em saber que o senhor não pode nos aceitar.

— Não preciso imaginar. Confesso que também fiquei decepcionado, porque gostei da senhora e lhe contrataria, mas sem animais. Deixemos como está e quero lhe pedir um favor, antes de sair.

— Qual?

— Não comente nada com o Denis, senão, ele vai começar com cobranças e deixe que conversarei com Alicia sobre o motivo de não ter dado certo, está bem?

A contragosto, Rosemeire concordou e, enquanto se despedia de Alicia informando que Jorge ainda iria decidir, três espíritos presentes comentaram:

— A decisão de Jorge muda o destino de Dorinha. Avisarei o protetor dela sobre os fatos — comentou Élcio, protetor de Denis, seguido de Fábio, intermediador dos animais, indagando Luiz, o estagiário:

— Sei que quer perguntar, Luiz. Fique à vontade, pois entendemos que esta é sua primeira incursão neste tipo de assistência.

Luiz sorriu para responder:

— É que me lembrei quando, há muito tempo, ainda questionava o destino. Como não será possível a cadelinha conviver com o menino Denis por conta da decisão de seu pai, ela morrerá para nova possibilidade de aproximação em encarnação quase imediata. Realmente, quando estamos encarnados costumamos dizer que nada acontece por acaso, mas aceitar as ocasiões de perda, na prática, é difícil. Ainda mais sem conhecer o contexto.

— Agora você me fez lembrar quando estagiei na intermediação dos animais — ajuntou Fábio. — Por quantas vezes questionei o destino que mudava tanto. Ainda bem que mesmo sendo sua primeira assistência, já consegue compreender.

Luiz retribuiu:

— Estou apenas começando. Quero ver quando conhecer o histórico das pessoas envolvidas neste caso.

No percurso de volta para casa, Sabrina ficou indignada ao saber da conversa entre Rosemeire e Jorge, exclamando:

— Mas que coisa! Um casarão daquele tamanho e o marido da dona Alicia não admitiu nem que a Dorinha ficasse com a gente no quarto de empregada? É maior do que onde moramos. Mainha, isso é maldade!

— É não, filha... Entenda que vivemos num mundo em que a máxima "cada um com seus problemas" se faz valer. Não se chateie com o senhor Jorge, porque ele tem suas razões e não é obrigado a aceitar nossos problemas.

— E desde quando Dorinha é problema, mainha? São onze e meia, chegaremos em casa quase uma da manhã. Querer que não ficasse chateada depois de ver onde moraríamos, é pedir demais, não acha?

— Não adianta lamentar, filha. Aprenda também que neste mundo manda quem pode e obedece quem tem juízo.

— Está certo. Obrigada por não querer se desfazer da Dorinha.

— Tudo bem, filha. Amanhã será outro dia.

Capítulo 4

Como de costume, na hora de dormir, Jorge acompanhava Denis até a cama:

— Filho, tome sua mamadeira.

— Obrigado, papai.

— Não é por nada, mas com nove anos já está mais que na hora de perder este costume de mamar antes de dormir. Já pensou se algum amiguinho da escola sabe?

— Ah, papai... Ninguém precisa saber. É que gosto, e daí?

— Sabe filho, também gosto, mas cá entre nós, você não tem mais idade para isso. O que acha de inventarmos, fazermos outra coisa para evitar a mamadeira, antes de você dormir?

— Inventar o que, papai?

— Sei lá. Que tal contar-lhe uma história?

— Só se for depois de mamar.

— Denis, meu filho, é sério. Precisamos mudar este ritual.

— Tá bom, papai, tá bom... Mas não precisa ser agora.

— Façamos o seguinte: Quando for seu aniversário de dez anos, você para. De vez. Podemos combinar assim?

— Ufa! Estou mais aliviado, papai.

No quarto, Jorge contou para Alicia a conversa que tivera com Rosemeire e comentou:

— Acha que pode? Queria nos colocar a cadela goela abaixo.

— Puxa vida! Fiquei tão chateada... No entanto, Jorge, já pensou que Denis pararia de pedir um cãozinho, ou gato, se você concordasse de trazer a cadelinha delas? A gente se livraria desse negócio do Denis querer trazer os bichos que encontra na rua e, além disso, ela podia ficar no quintal do fundo onde está a edícula. Podemos transformá-la no quarto de empregada.

— Você acha que o Denis ia se contentar? Além disso, já pensou você morrendo de tanto espirrar por causa de sua alergia? Também fiquei chateado, porque senti que a tal Rosemeire é uma pessoa de bem.

— Estou admirada de você dizer isso em relação a uma pessoa negra. Sinal de que está melhorando essa coisa feia que é o preconceito.

— Melhorando de que, Alicia? Não estou errado em pensar que noventa e nove por cento dos negros são ruins e um por cento é bom. As estatísticas criminais não mentem.

— Querido, não gosto deste seu preconceito porque o torna repulsivo. Pois lhe digo que as estatísticas devem ser preparadas por brancos que são mais criminosos e corruptos que os negros. Além do mais, vivemos em uma época em que a cor da pele não deveria mais servir de parâmetro para nada, apenas para realçar a beleza distinta de cada etnia.

Jorge ficou pensativo por instantes e nada respondeu.

Quando Rosemeire e Sabrina chegaram em casa, assustaram-se ao ver a porta de entrada arrombada. Sabrina entrou correndo, preocupada, observando sua cadela Dorinha estirada no chão, ensanguentada.

Ao aproximar-se chorando, viu que a cachorrinha estava morta e, dominada pelo desespero, foi amparada por sua mãe. Rosemeire abaixou-se, abraçou a filha. Passou levemente os dedos sobre o corpo inerte de Dorinha e, em lágrimas, lamentou:

— Deus do Céu! Mataram a pobrezinha... Filha, não fique assim.

Chorando muito, Sabrina passou a mão sobre a cachorrinha e, em seguida, olhou ao redor, observando que faltavam os poucos móveis. Irritada, vociferou:

— Desgraçados! Tinham que matar minha filhinha? Ai, minha Dorinha... O que farei de minha vida sem você, que amo tanto?

Contagiada pela triste emoção, Rosemeire conferiu as perdas, dirigindo-se à cozinha:

— Malditos! Isto tudo por causa de uma televisão velha, um liquidificador, um micro-ondas usado. Reviraram tudo.

Enquanto Rosemeire conversava horrorizada com uma vizinha que se aproximou, Sabrina pegou Dorinha nos braços e, chorando, conversava com a cadelinha morta, indignada e muito triste.

No panorama espiritual, Marcos amparava sua protegida Sabrina; Aurélio, por sua vez, observava a alma de Dorinha lambendo o rosto de Sabrina. Nesse instante, surgiram Fábio, intermediador dos animais e Luiz, o estagiário.

Quando Dorinha viu Fábio, correu em sua direção abanando o rabo e ele a pegou no colo:

— Oi, minha lindinha. Cá estamos novamente felizes por mais uma jornada! Pronta para seguir para uma outra casa?

Dorinha latiu em sinal de alegria, mas virou a cabeça e grunhiu olhando para Sabrina.

Marcos, aproximou-se, acariciando as orelhas de Dorinha, dizendo:

— Não fique preocupada com sua dona porque logo juntaremos vocês novamente, querida.

Observando Dorinha partindo com seu protetor Aurélio, Luiz comentou com Fábio, o intermediador dos animais entre os planos físico e astral:

— A cadelinha esperou Sabrina chegar para dar o último suspiro. Isto não é comum.

— Dorinha é especial. Ela esperou para agradecer e ficou preocupada com Sabrina. Estagiando em várias vestes caninas da vida material, desenvolveu vários atributos relacionados aos sentimentos e emoções, a exemplo do que acontece com muitos animais domésticos, contudo, no caso de Dorinha, tem obtido progressos que superam as expectativas.

— Dos diversos casos que pude lhe acompanhar, este é o que mais me surpreendeu. Como pode uma simples cadelinha ter o poder de escolha?

— À medida que a criatura progride, gradativamente exercita o livre-arbítrio relativo. No caso de Dorinha, o que vimos aqui se repetiu onze vezes.

— Impressionante! Francisco de Assis é quem dirige o local onde Dorinha vai ficar nos próximos dias, certo?

— Francisco de Assis é um dos dirigentes, dentre muitos no universo. É que pelos feitos neste planeta, ele adquiriu notoriedade e, sempre que algo acontece aos animais, seu nome é reverenciado. Por isso, sempre que um pedido é feito para ele, os emissários espirituais se encarregam de direcionar para entidades afins, quando tal pedido não corresponde à sua alçada.

— Estou entusiasmado com a oportunidade concedida de poder acompanhar esses processos.

— Quero que você acompanhe a reencarnação de Dorinha, que acontecerá depois de amanhã[1], mas no momento precisamos seguir para outros casos em andamento na Terra.

Fábio e Luiz se despediram de Marcos, que permaneceu ao lado de Sabrina, a fim de transmitir serenidade e calma à menina.

Na manhã seguinte, Rosemeire enrolou o corpo de Dorinha em um pano, carregando-a até um terreno baldio, na companhia de Sabrina com olhos inchados de tanto chorar, segurando a enxada emprestada.

Enquanto abria a cova, Sabrina perguntou:

---

1 - Assim como nós, os animais evoluem mais no mundo físico do que no espiritual. No plano espiritual, os animais não possuem expiações, por esse motivo a reencarnação deles ocorre de forma quase imediata, exceto quando ficam no plano espiritual por períodos maiores por necessidades especiais. Neste caso, ficam sob a tutela de espíritos que se dedicam a cuidar deles.

— Mainha, será que Dorinha foi para o céu dos cachorros?
— Ora, filha! Que céu dos cachorros o quê! Céu e inferno são para humanos, não para animais.
— Então, para onde vão os cachorros, se não para o céu? São tão inocentes, companheiros, fiéis e puros...
— Filha, se não sei para onde eu vou depois que sair deste inferno que é a Terra, acha que sei para onde vão os cachorros?
— Tenho certeza de que deve ter um céu para os cachorros, pois não dá para acreditar que tudo acaba aqui.
— Sabrina, não se atreva a perguntar essas coisas para o pastor quando formos ao culto. Não me faça passar vergonha.
— Não entendo por que a senhora tem tanto medo de perguntar as coisas para o pastor. Ele não é melhor que a gente, ainda mais depois do que andei sabendo...
— Sabrina, Sabrina... Julgar, ou levantar falso testemunho, pode levar alguém ao inferno.
— Não foi a senhora que acabou de dizer que o inferno é na Terra?
— Termine logo esta cova, menina! Preciso fazer faxina na casa da dona Odete.

Naquele mesmo dia, Rosemeire telefonou para Alicia:
— Olá, Alicia. É a Rosemeire quem fala. Tudo bem com você?
— Tudo bem, exceto que fiquei muito triste por saber que não deu certo você e Sabrina virem morar conosco.
— É por isso que estou ligando. Por favor, avise o senhor Jorge que não temos mais a cadela.
— Como assim? O que aconteceu? Deram a cachorra a alguém?
— Não. Ontem, quando chegamos em casa, estava tudo revirado e bagunçado porque ladrões entraram e, segundo a vizinha, os ladrões mataram a nossa cadelinha porque ela avançou neles.

— Oh! Pobrezinha... Sabrina deve estar arrasada.

— Está, e eu também estou, porque a Dorinha era como uma filha para mim.

— Meus sentimentos, Rosemeire. Mas não preciso e nem vou falar com o Jorge porque, neste caso, já sei o que decidir. Saia logo desse lugar perigoso em que mora. Pesquisei na internet e vi que é tenebroso. Preciso de você aqui, urgente! Quando pode vir morar conosco?

— Graças a Deus e aos anjos! Por mim sairia deste buraco agora mesmo, mas preciso arrumar uma perua para levar o pouco que os ladrões deixaram.

— O que levaram de sua casa?

— Uma televisão velha de tubo, um liquidificador e um micro-ondas usado.

— O que sobrou para você trazer?

— As duas camas de solteiro com colchões, o fogão e uma geladeira.

— Estão em bom estado?

— Alicia, desculpe. Sinto vergonha de dizer...

— Então arrume um jeito de doar tudo e venha só com as roupas do corpo, porque temos tudo o que precisam, inclusive duas camas de solteiro com colchões. Também vou lhes comprar algumas roupas. Saia já daí!

🐾 🐾 🐾 🐾

Quando Jorge chegou do trabalho, Rosemeire e Sabrina arrumavam as coisas no novo lar.

Ele andava de um lado para o outro, incomodado:

— Alicia, como pôde decidir sozinha algo tão importante?

— O único impedimento era a cadela. Sem cadela, sem problemas. E eu preciso muito de Rosemeire.

— Foi muita irresponsabilidade sua chamá-la sem ao menos assinar um contrato. Descobri que Rosemeire está com o nome limpo e sem passagens pela polícia. Entretanto, e se ela resolve nos processar por qualquer motivo, ainda por cima com uma filha menor na bagagem?

— Calma, Jorge! É só me entregar o contrato que ela o assinará sem problemas.

— Farei isso amanhã, mas não deixe essa mulher levantar um dedo para trabalhar antes de assinar. Até parece que você não conhece essa gente!

Alicia concordou contrafeita. Em seguida, foi até a edícula para conferir se Rosemeire e Sabrina já estavam instaladas e, ao chegar na cozinha, assustou-se ao encontrar Rosemeire na porta:

— O que faz aqui?

— Ia me oferecer para servir o jantar e saber no que posso ser útil desde já.

— Está aqui faz tempo? Ouviu o que Jorge falou há pouco no corredor?

— Ouvi. Não que quisesse, mas não foi de propósito e como o senhor Jorge falou quase gritando, não tinha como não escutar. Mas pode ficar tranquila que espero para assinar o contrato.

— Rosemeire... Não sei o que lhe dizer, mas é que hoje em dia a gente precisa tomar cuidado com tudo.

Rosemeire não deixou Alicia terminar:

— Fique tranquila, já disse, mas preciso lhe pedir um favor.

— O que, Rosemeire?

— Não diga para seu marido que ouvi, senão é capaz de ele mudar de ideia. Eu e Sabrina estamos tão felizes de vir para cá... Não coloque tudo a perder, por favor, porque não aguentaria voltar para aquele buraco em que vivia.

— Oh! Rosemeire... Claro que não falarei nada, mas não fique magoada com Jorge.

— Não estou... Com o tempo, você entenderá que nós sofremos tanto na vida que queremos paz e, só terão motivos para se alegrarem com nossa presença. Não somos de confusão.

Capítulo 5

Na colônia espiritual para onde Dorinha tinha sido conduzida, operava-se o planejamento de sua reencarnação sob o olhar atento do estagiário Luiz, acompanhado pelo seu mentor, Fábio:

— Veja como acontece — Fábio tentava ser didático — Aurélio, que é especialista em preparar o reencarne de animais domésticos, é também responsável em zelar por centenas de criaturas, dentre elas Dorinha, que vemos feliz correndo nestes campos. Ela será levada para a sala de miniaturização para, em seguida, reencarnar no ventre de uma cadela com características biológicas semelhantes às que possuía no planeta.

— Estou encantado! — exclamou Luiz. — Tudo é cuidadosamente planejado. Qual será o destino de Dorinha?

— Reencarnará em um sítio distante vinte quilômetros do local onde Denis residirá daqui a quatro meses.

— Soube que Dorinha já pertenceu a Denis em encarnações anteriores. Soube que ficariam juntos agora, não fosse Jorge recusar a permanência dela na casa. Por que reencarnará novamente para viver ao lado de Denis?

— Faz parte do desenvolvimento emocional de Dorinha. Embora não guarde muita memória do passado, Dorinha estabeleceu um vínculo afetivo muito forte com Denis e Jorge. Tal elo é fundamental para ficarem novamente juntos. A cadelinha e Denis exercitam o mesmo sentimento de ternura um pelo outro. No entanto, como ela não reencarnará no lar de Denis, a ideia é de estarem juntos nove meses depois do seu renascimento.

— Sei também que Dorinha reencarnou em diversos lares, que teve motivos em recíproco progresso junto aos donos. O que faz Dorinha vir tantas vezes ao planeta junto a Denis?

— Aos poucos, no decorrer dos avanços que observaremos juntos, vou lhe mostrar o porquê. Por enquanto só posso segregar que a primeira vez em que Dorinha e Denis se encontraram, representou significativo progresso emocional para ambos, resultando em aprendizado de amor constante que compartilham até hoje.

— Admirável essa integração entre os anjos guardiões das pessoas e dos protetores dos animais. Mas me diga, Fábio, há quanto tempo você exerce a tarefa de intermediador dos animais?

— Se contarmos o tempo tal qual na Terra, faz onze séculos que trabalhei como estagiário; em seguida atuei como protetor, trabalhei em algumas colônias próximas e planetas distantes da Terra, além de outros departamentos, mas não é a primeira vez que atuo como intermediador.

— Mais de mil anos de experiência... Digno de nota! Acompanhou inclusive a evolução das espécies?

— Sim, apesar de que a maior parte da evolução entre espécies acontece em planetas bem mais distantes da Terra, onde existem instrumentos biológicos mais apropriados para a transmutação de almas em diferentes corpos.

Sabrina não conseguia dormir:

— Mainha, estive pensando como será nossa vida daqui para frente.

— Não há com o que se preocupar, filha. Sinto que estar nesta casa é o maior presente que Deus nos deu. O fato de termos onde morar, sem pagar aluguel, viver em segurança e poder colocar a cabeça no travesseiro com a garantia de um solo tranquilo, é motivo para agradecermos eternamente esta dádiva. O que lhe preocupa?

— Não sei direito... Acho que me acostumei tanto a viver em meio a dificuldades que estou confusa... Parece que não acordei do sonho.

— Imagino, filha. Agora não dá para voltar à escola porque perdeu o ano e não poderá se matricular, além de que daqui a quatro meses nos mudaremos com a família de Alicia, mas, ano que vem, com certeza, retornará aos estudos. Tenho a esperança de que você terá uma vida bem melhor que a minha.

— Não sei, mãe... Sinto vergonha deste olho machucado. Será que para o lugar onde iremos as meninas me tratarão como tratam? Detesto quando alguém olha para mim como se eu fosse um alienígena.

— Pedirei para Alicia me liberar um dia desta semana para ir ao médico e saber se podemos fazer algo para melhorar o aspecto do seu olho.

Enquanto isso, Denis dormia em seu quarto e Alicia conversava com Jorge, no quarto ao lado:

— Querido, nem acredito no que a Rosemeire fez em um único dia. E olha que acabou de chegar. Como é maravilhosa esta mulher e bendita a hora que ela apareceu.

— É verdade. Adorei não ver você esbaforida com afazeres de casa, mas aquela filha da Rosemeire me incomoda...

— Não acredito no que diz! A menina até parece que não existe de tão quietinha que é.

— Estou falando daquele olho atrofiado. Deve ser difícil para uma menina ter o olho desse jeito, ainda mais pelo motivo que ocasionou o ferimento.

— Deve ser horrível para Sabrina, cada vez que se olha no espelho, lembrar-se de que foi o pai quem provocou essa deformidade no rosto, por causa de uma fivela de cinto. Pobrezinha.

— Querida, procure um médico e descubra o que pode ser feito para amenizar este problema. Uma cirurgia plástica, com prótese do olho, quem sabe?

Alicia encheu-se de orgulho:

— Este é meu marido maravilhoso! Como sinto orgulho de você quando age assim, Jorge!

— Não é uma questão de incômodo pessoal, querida. Fico pensando o quanto essa mocinha deve estar traumatizada e complexada. Mesmo receoso a princípio, também gostei das duas. Conviveremos muitos anos, quem sabe, então, nada mais justo do que investir no bem-estar de quem nos faz bem, não acha?

— Justíssimo, amor! Amanhã mesmo verei isso, mas você arrumará um tempinho para me acompanhar?

— Depois do que me contou como conheceu Rosemeire, já tivemos prova suficiente de que ela é ótima companhia para lhe dar segurança. Espere o Denis ir à escola e acompanhe as duas. Tenho certeza de que a menina ficará contente. Peço-lhe que não diga que foi minha iniciativa, diga que foi sua para não ficarem sem graça, e não meça valores, pois não importa o custo, importa que resolva.

No dia seguinte, Alicia esperou Denis ir à escola e logo depois de dar a boa notícia, Rosemeire agradeceu:

— Não tenho palavras, Alicia... Mal chegamos à sua casa e somos abençoadas com esta graça? Ainda ontem, antes de dormir, falávamos sobre isso.

— Jorge não quer que eu diga, mas direi: foi ele quem teve a ideia.

Sabrina, desconsertada, perguntou:

— Por que seu marido se ofereceu para me ajudar?

— Jorge pode parecer uma pessoa insensível, mas não é... Por favor, Sabrina, não é por pena que ele ofereceu ajuda, mas porque realmente pensou que você gostasse, sabendo que é complicado para uma mocinha ficar com o olho assim. Você não gostou da iniciativa?

Sabrina ficou pensativa por instantes e respondeu:

— Meu pai pareceu não sentir remorso algum quando isto aconteceu, porque estava bêbado e o marido da senhora, que acabei de conhecer, fará isso por mim...

Diante da exposição impregnada de sentimento, Rosemeire e Alicia entreolharam-se comovidas, aproximando-se juntas de Sabrina e Rosemeire disse:

— Está vendo, filha? Não falei que Deus nunca nos abandona?

— Concordo com sua mãe, Sabrina. Acrescento que sentiremos um prazer imenso em saber que seremos como uma família, mas peço apenas que mesmo depois de resolver este problema, não comente nada com Jorge, porque ele me pediu.

— Por quê? — perguntou Sabrina. — Não poderei nem agradecer?

— Não entenda mal, querida. Jorge é assim, ele não gosta que os outros saibam quando ajuda. Considere isto de forma positiva, pois ele sente prazer de fazer o bem sem querer saber a quem, mas deve ter seus impedimentos pessoais, porque conheço meu marido e ele não gosta que divulguem, nem gosta de receber agradecimentos. Se ele descobrir que eu disse a verdade para vocês, ficará muito bravo comigo.

Rosemeire interveio:

— Respeitaremos. Pode ficar sossegada que Sabrina não dirá nada para senhor Jorge.

Naquele mesmo dia, Alicia marcou a consulta. No fim da tarde, no consultório, as três ouviam atentas as indicações do médico:

— A prótese será a mais moderna, desenvolvida na Alemanha e na cirurgia conectaremos aos músculos do olho. Resumindo, você não enxergará com este novo olho, Sabrina, mas ninguém saberá disso porque os movimentos serão recuperados, demandando apenas de sua parte a higienização e manutenção corretas.

Ao verem fotos mostradas de pacientes atendidos, Sabrina procurou o ombro de Rosemeire e chorou, fazendo o médico rir contente para informá-las:

— Outra boa notícia, mocinha: a função da prótese não é somente estética, porque a função lacrimal também será restaurada.

Após o agendamento da cirurgia, o trio saiu feliz do consultório.

Logo que desceram do elevador, Alicia não deixou Rosemeire e Sabrina saírem à rua:

— Esperem. Chamarei um taxi aqui da recepção.

— Não podemos esperar fora do prédio, Alicia? — perguntou Rosemeire.

— Não. Basta colocar os pés na rua e meu coração parece que vai saltar pela boca, mas se quiserem, podem ir para a calçada que irei quando o táxi chegar.

— A senhora ficou com tanto medo depois que tentaram assaltá-la no metrô? — perguntou Sabrina.

— Não, Sabrina. Estou assim faz tempo. Tem dias que mesmo em casa sinto uma sensação esquisita, pressentindo a morte e me dá taquicardia, um desespero indescritível. Já me disseram que são sintomas de síndrome do pânico, por isso não vejo a hora de mudarmos desta cidade.

— Que coisa ruim! — exclamou Rosemeire. — Entendo o que diz, porque é a mesma sensação que sentia quando morava no cortiço. Eu morria de medo de acontecer algo com Sabrina enquanto estava fora.

O táxi chegou e, antes de entrar, Alicia finalizou:

— Ainda bem que a cirurgia de Sabrina será realizada um mês antes de nos mudarmos. E, sinceramente, meus pais e parentes que me desculpem, mas eles que me visitem se quiserem e quando desejarem, porque nunca mais volto para esta cidade.

Capítulo 6

Depois de alguns dias instaladas na nova casa, Rosemeire e Sabrina abençoavam a paz na qual viviam, mas estranhavam a presença sorrateira de Denis próximo ao quarto delas, que, ao ser percebido, corria de volta para o quintal.

— Mainha, o que será que se passa na cabeça desse moleque? Será que desconfia de nós?

— Que nada, Sabrina. Deve ser coisa de criança mesmo. Aproxime-se dele, sejam amigos... Denis é um menino bonzinho.

— Percebi que ele se aproxima da edícula, tenta escutar alguma coisa. Bom, vou descobrir o que ele quer.

— Sabrina, não arrume encrenca com o filho dos patrões!

— Fique sossegada, mainha, só quero descobrir qual é a desse moleque.

No dia seguinte, quando Denis voltou da escola, Sabrina manteve-se escondida atrás de uma porta em que ele ficava parado à espreita, olhando preocupado se estava sendo notado.

Denis se aproximou sorrateiro, empunhando algo numa das mãos e colocou cuidadosamente num buraco da parede da edícula e quando retornava deu um pulo de susto ao se deparar com Sabrina atrás da porta:

— Está louca, menina? Quase me matou de susto!

— Posso saber o que você faz aqui? O que colocou dentro deste buraco?

— Não posso lhe contar, mas pedirei que mantenha segredo.

— Só mantenho segredo se me contar.

— Já disse que não posso! Se eu te contar, meu pai perseguirá o Stuart! Ai, meu Deus! Não era para dizer... — revelou Denis decepcionado consigo mesmo por deixar escapar, aumentando a desconfiança da menina:

— Stuart? Por acaso quem é Stuart? — perguntou Sabrina. — Conte-me logo, prometo que não contarei para seus pais. O que você colocou neste buraco?

Denis se viu compelido a confessar, mesmo contrariado:

— Stuart é meu rato de estimação... Todo dia venho aqui para dar comida pra ele...

— Minha nossa! Tem um rato neste buraco?

— Você prometeu que não contaria pra ninguém! Pedi para minha mãe te comprar uma maçã do amor quando ficou com vontade. Não vai me trair, vai?

— Não, Denis, mas cadê esse rato?

— Desde que vocês mudaram para cá o Stuart não saiu mais do buraco.

— Se é mesmo um rato, ou ele sai de noite, ou quando não tem ninguém olhando, mas por que não nos falou antes? E desde quando se cria ratos de estimação? Não sabe que ratos transmitem doenças?

— Stuart é um rato do bem, não transmite doenças!

Percebendo a inocência de Denis, Sabrina continuou:

— Já pensou se o Stuart resolve passear na sua cozinha e sua mãe se depara com um rato dentro de casa?

— Pare de me botar medo, Sabrina! Já conversei com Stuart e combinei com ele de não ir à parte alguma porque ele fez uma casa neste buraco.

— Denis, deixe de ser burro! Ratos conversam com humanos? Se sua mãe descobrir, pedirá para colocarmos um quilo de veneno para ratos neste buraco.

— Você não faria isso como o Stuart, faria?

— Ai, meu Deus do céu... Era só o que me faltava, um menino criador de ratos!

— Meu pai não deixa eu ter cachorro, nem gato, daí o Stuart surgiu e ficamos amigos.

— Denis, você pega esse rato no colo, ele por acaso abana o rabo quando você chega, ou mia enquanto roça suas pernas?

— Stuart é muito assustado e sempre que chego perto ele corre para o buraco.

— Então, criatura! Ratos não são animais domésticos e se você tocar nele, vai mordê-lo e poderá lhe transmitir uma doença que irá te matar.

— Sabrina, você é minha amiga, ou não?

— Mas, Denis, o que isso tem a ver com o fato de ser sua amiga? E se o Stuart for para meu quarto? Pode dizer o que farei?

— Você espanta o Stuart, diga que fiquei bravo e ele obedece, não volta mais.

— Quer saber de uma coisa? Façamos um acordo. Stuart não entrará no nosso quarto porque, de hoje em diante, deixarei a porta fechada, mas se ele aparecer na sua casa e seus pais o virem, você não dirá que eu sabia da existência dele. Estamos combinados?

— Obrigado, Sabrina. Tinha certeza de que podia contar com você.

— Não guardarei isso só para mim. Não quero ser a responsável pela demissão de minha mãe, caso descubram. Venha comigo e conte para ela.

Denis a acompanhou e relatou para Rosemeire, que ficou preocupada:

— Querido, já pensou se seus pais descobrem que ocultamos o fato de você dar de comer para um rato nesta casa?

— Fique tranquila, dona Rosemeire. Podem me torturar que eu nunca contarei.

— Está bem, filho. Torço para que os próximos meses passem rápido e, quando mudarmos para o interior, não haja mais este "segredo".

— Não sairei daqui sem o Stuart! Preciso da ajuda da senhora e da Sabrina para colocarem o Stuart numa caixa e ir com a gente.

Enquanto Sabrina levava mão à testa, Rosemeire sorriu para dizer:

— Calma, filho... Depois, veremos o que fazer.

Sabrina esperou Denis sair para dizer à Rosemeire.

— Mainha, se eu topar com este rato pelo quintal lhe darei uma vassourada!

— Se fizer isso na frente do menino arrumará um inimigo, portanto não faça. Ficaremos com a porta da frente fechada para não termos problemas. Logo nos mudaremos e Denis esquecerá.

— Mas que moleque estranho, mainha! Criar um rato! Acha que pode uma coisa dessas?

— Pobre menino, Sabrina... O pai não o deixa ter um bichinho, queria que fosse diferente? Denis deve ter visto o rato entrar no buraco e ficou fascinado com a ideia de ter um animalzinho de estimação. Deixe-o pensar que tem um.

— O senhor Jorge é mau,... Ai que saudade da Dorinha... — Sabrina começou a chorar.

— Não diga isso, filha! Lembre-se onde estaríamos agora, não fosse o senhor Jorge concordar de vir trabalhar para eles.

Depois de duas semanas, Rosemeire serviu a mesa do café da manhã e Jorge a indagou:

— Rosemeire, você tem medo de ratos?

Ela engasgou amedrontada, enquanto Denis ficou apreensivo:

— Morro de medo de ratos, senhor Jorge. Por quê?

— Porque hoje vi um rato no corredor, matei o infeliz a pauladas e o joguei dentro do latão de lixo do jardim. Estou lhe avisando para você fazer o favor de livrar-se do saco, antes que comece a apodrecer.

43

Denis empalideceu, derramou a xícara de chocolate e saiu chorando em disparada para seu quarto.

Alicia e Jorge entreolharam-se. Ela foi categórica:

— Você sabe que Denis tem dó até de ver matar uma formiga e tinha de falar isso na frente dele?

— É verdade, querida. Desculpe, nem pensei para falar. Estou atrasado e preciso sair para trabalhar, mas depois explique para Denis os benefícios de matar um rato.

Jorge levantou-se, beijou a esposa apanhando o paletó, e, antes de se despedir, brincou com Rosemeire:

— Não se esqueça de dar fim no defunto que está no latão de lixo do jardim.

Pouco depois, Alicia foi às dependências de empregada e pediu:

— Rosemeire, desculpe lhe incomodar. Sei que hoje é dia de lavar roupas, mas poderia lhe pedir que me acompanhe para levar o Denis ao pediatra?

— Claro que vou, Alicia. Mas o que aconteceu a ele?

— Não sei. Liguei para o transporte escolar avisando que o Denis não iria à aula, porque está com um febrão danado, com os olhos inchados e amuado no quarto.

Rosemeire ficou introspectiva por instantes e disse:

— Acho que ele ficou chocado com a notícia sobre a morte do rato, por isso ficou assim — em seguida quis saber: — Alicia, você tem aula de inglês logo mais, certo?

— Pois é, teria, mas fazer o quê? A saúde do meu filho vem em primeiro lugar.

— Se importa se lhe der uma sugestão?

— Claro que não! Pode falar.

— Farei um chazinho de erva-doce e pedirei para a Sabrina conversar com o Denis e ver se ele melhora. Se ele melhorar da febre, você pode ir para o inglês que ficaremos ao lado dele. O que acha?

— Acho ótimo! Alicia respondeu feliz. — Eu já tentei conversar com o Denis, mas está emburrado e tudo que falo entra por um ouvido e sai pelo outro. Se Sabrina tiver prática como benzedeira também serve — brincou Alicia, retornando para suas dependências, enquanto Sabrina saiu do quarto para a cozinha e disse para sua mãe, sorrindo:

— Eu ouvi tudo. Prepare o chá que levo para o menino. O pobrezinho está de luto.

Quando Denis viu Sabrina abrir a porta de seu quarto, desabou a chorar:

— Meu pai matou o Stuart e não pude fazer nada para salvá-lo...

Sabrina ofereceu o chá para Denis que se recusou a tomar:

— Não quero saber de nada! Quero o Stuart de volta!

Sabrina tornou, de forma carinhosa:

— Calma, Denis... Eu sei onde Stuart está.

— Stuart não morreu? Onde ele está?

— Está com Dorinha.

— Quem é Dorinha?

— É minha cachorrinha que morreu antes de eu me mudar para cá.

— Mas se sua cachorrinha morreu, como pode saber onde está? Só pode estar no lixo também, como o Stuart.

— Não, Denis. Dorinha e Stuart estão no céu. Dorinha no céu dos cachorros e Stuart no céu dos ratos.

— Como você pode saber que estes céus existem de verdade?

— Eu sinto que amei minha Dorinha e fiz tudo o que pude por ela.

— Eu não pude fazer nada pelo Stuart.

— Precisa enterrá-lo e fazer uma prece para ele ficar sob proteção divina.

— Ajude-me a enterrá-lo, Sabrina.

Ela encostou a testa de Denis com a mão:

— Agora a febre está baixando. Vamos enterrá-lo no jardim, mas não diga nada para seus pais.

No jardim, Sabrina tirou cuidadosamente o rato do lixo e o enterrou na presença de Denis.

Capítulo 7

Jorge encontrava-se em reunião na sede da empresa, com outros engenheiros e profissionais que trabalhariam com ele na hidrelétrica, quando o presidente finalizou:

— Neste que será um dos empreendimentos mais importantes da história da nossa empresa, fico feliz de tê-los como protagonistas desta obra que beneficiará milhões de pessoas. Conto com a costumeira dedicação de cada um de vocês, sob a liderança de Jorge, agradecendo a disposição e empenho de todos que se prontificaram a mudar suas vidas daqui a dois meses, em prol do profissionalismo. Obrigado.

Os cinco engenheiros e dez outros profissionais levantaram-se aplaudindo; cada um foi para seus afazeres, enquanto Jorge permaneceu com Edvaldo na sala:

— Quase não me contive com sua cara, Edvaldo. Rapaz, você não é astronauta e não vai para a lua! Já pensou se a usina fosse em outro país?

— Pois lhe digo que a lua está mais perto de onde vamos, mas não reclamo, tanto que levantei e aplaudi, apesar do blá-blá-blá...

— Verdade... No seu caso é rir para não chorar — disse Jorge, brincando.

— Você tem sorte de ter um filho pequeno e uma esposa que quer sair da civilização para se embrenhar na mata.

No meu caso, sendo solteiro, esse trabalho é apenas uma oportunidade de acrescentar experiência ao currículo.

— Seria complicado se minha esposa não quisesse ir, mas se livrará de um ciclo ruim, pois percebo que vivendo aqui está enveredando para o caminho da síndrome do pânico. Ela mal consegue sair de casa!

— O cronograma prevê sete anos de construção. Será que depois de a obra terminar, seu filho e sua esposa conseguirão continuar vivendo naquele fim de mundo?

— Não sei. Participaremos da evolução econômica do lugar e em sete anos muita coisa pode acontecer, mas nem você sabe se continuará! Vai que você se apaixona por uma índia e vira cacique!

Acompanhando a risada de Jorge, Edvaldo emendou:

— É mais fácil me apaixonar por alguma manifestante daquele grupo ambientalista. Cara... Você por acaso já viu aquela tal de Neusinha que vive atazanando na mídia?

— Claro que já. O que ela tem de bonita, tem de "possuída". Já vejo quando abrirem as comportas, ela colocando todo mundo deitado à frente para impedir nosso trabalho e ainda por cima sermos tachados de nazistas da natureza.

Faltando um mês para Jorge se mudar com a família, um dos responsáveis pela construção das moradias apresentava sua nova casa na vila:

— Fizemos sua casa acrescentando a piscina que o senhor pediu no projeto, mas foi difícil lidar com este grupo ambientalista, pois nos dois últimos meses vieram quase todos os dias aqui, atirando paus e pedras nas janelas, chegando, inclusive, a invadir algumas casas; enfim, foi um horror!

— E por que a polícia não tomou providências?

— Porque quando o grupo percebe a polícia chegar, sai correndo, ou juntam-se e a enfrentam aos montes. Como o delegado da cidade já foi indiciado por permitir agressões aos manifestantes, mostraram na televisão... então é necessário agir politicamente para não complicar ainda mais, evitando atrair mais ambientalistas, que mais parecem cupins num cupinzeiro. Não sei de onde aparecem tantos!

— Infelizmente, teremos de lidar com esta situação, mas e você, Dagoberto, já se familiarizou com o pessoal que mora neste lugar?

— Vou lhe dizer com segurança, senhor Jorge: Nunca mais quero ouvir falar de morar em cidade grande. Gostei tanto que já combinei com minha "patroa" de vender nossa casa, porque arrumei tanta coisa para fazer, que não quero outra vida.

— Fiquei curioso: O que se tem para fazer num lugar como este, sem shoppings, sem parques, cinemas, tampouco restaurantes?

— O senhor descobrirá por si mesmo. Em relação a parques, basta o senhor olhar ao redor e ver o paraíso que é este lugar. Olhe que natureza maravilhosa! Descobrirá o prazer de pescar e caçar no fim de semana, sua esposa se encantará quando o sol se põe e, detalhe, nada de carne congelada, é fresquinha, assim como todas as frutas e verduras...

— Caçar? Dagoberto, não tem medo da polícia florestal? Este lugar é considerado uma reserva e isso dá prisão, sabia?

Dagoberto sorriu:

— Senhor Jorge, dê uma olhada na extensão deste lugar. Acha mesmo que quatro ou cinco policiais florestais dão conta de monitorar toda a mata? Já comeu carne de jacaré, de anta, de porco-do-mato, de cobra? Se não comeu, comerá e pensará que a picanha e o contra-filé a que se acostumou, não passam de pedaços de plástico, perto do quão deliciosas essas variedades.

— Para quem gosta, deve ser um prato cheio — riu Jorge.

— Só fico imaginando o cárcere que será para mim, que não gosto destes programas e diversões indígenas. Ainda bem que não estamos tão distantes da capital, senão teria de me eleger prefeito para construir aqui o que me faz contente.

— Lamento lhe informar, mas se considerar algumas horas de viagem em estrada de terra, bem, só tendo muita sorte de não chover para conseguir chegar à capital.

— Nada de sofrer por antecipação, não é, Dagoberto? Mudando de assunto, tudo pronto na casa da empregada?

— A casa dela é bem simples. Se for para sua empregada, não entendi por que não quis construí-la anexa à sua casa. É aquela quase na esquina. Quer ver como ficou?

— Não precisa. Fez o quarto maior do que a planta, conforme lhe pedi?

— Sim, o senhor me pediu porque a empregada tem uma filha, mas se quisesse poderia ter feito dois quartos, pois espaço é o que não falta neste terreno.

— Foi melhor assim. Não quis que elas ficassem em casa anexa porque prezo pela privacidade. Não quero mais saber de empregada morando conosco. Além disso, terá de andar só alguns metros para chegar à nossa casa. Quanto ao único quarto, não quis arriscar fazer dois quartos, pois sabe como é este pessoal...

— O que quer dizer, senhor Jorge?

— Para começar, a empregada por enquanto está solteira, mas o que não faltará será homem feio aqui para gostar dela e quanto à filha, por enquanto tem onze anos. Se a previsão da obra é de sete anos, tempo suficiente para a menina fazer muitos filhos, pois é só isso que esse pessoal sabe fazer, então não quero saber de criar filhos dos outros e se quiserem empilhar filhos até o teto, que façam, mas não no conforto que investirei.

— Entendi...

Neste momento, ouviu-se um estrondo de estilhaços de vidro. Jorge correu para conferir o que aconteceu.

Dagoberto tentou evitar, correndo atrás de Jorge:

— Senhor Jorge, não vá atrás de ninguém, porque não sabe em quantos estão!

— De jeito algum! Esses safados não podem vandalizar o patrimônio com justificativas idiotas!

49

Dagoberto mais outros empregados seguiram Jorge, mas em determinado ponto pararam porque Jorge sentiu o ar lhe faltar.

Um grupo de quinze pessoas, a maioria nativos, cercou Jorge e os dez empregados, que empunhando pás e picaretas, ameaçavam partir para cima dos manifestantes, quando Jorge os impediu:

— Parem! Não queremos confusão com covardes!

Uma mulher entre eles respondeu, estabelecendo discussão com Jorge:

— Quem é covarde? Vocês, que matam a natureza, ou nós, que queremos preservá-la?

— Ora essa! Querem preservar a natureza vandalizando o patrimônio alheio?

— Animais e árvores nativas já sofrem vandalismos! Ou você acredita que isso é realmente lícito?

— Isto não é justificativa para violência! — tornou ele. — Sabem que prevemos a preservação das espécies deste lugar e vocês não têm o direito de impedirem o progresso.

— De que progresso está falando? Se for o que destrói a natureza para satisfação da "suposta" civilização, então me diga se justifica suas ações!

— Estou me lembrando de você... Sei, é a tal Neusinha que veste roupa de boa samaritana da natureza para aterrorizar as pessoas.

Ofendidos, os manifestantes fizeram menção de avançar sobre Jorge, mas Neusinha os impediu:

— Parem com isso! Escute aqui, moço: Você pode se achar o salvador da pátria do progresso e vestir a roupa que quiser, mas não faça nada para os nativos e moradores, entendeu? Eles deixarão você seguir em segurança, mas esteja certo de que para desviar o curso da vida desta terra, ou desapropriar moradias, terá que passar sobre meu cadáver, antes de fazer cadáveres dos animais.

Neusinha se retirava com os outros, quando Jorge gritou:

— Hipócritas! Quero ver vocês tomarem essas atitudes quando estivermos aqui morando com nossas famílias!

Neusinha deu meia-volta, aproximou-se devagar de Jorge e disse calmamente olhando nos olhos dele:

— Essa gente é do bem. Plantam e colhem somente o que precisam para sobreviver. Tenha paciência porque no momento estão pensando que vocês vieram para tirá-los daqui. Não são criminosos.

Jorge foi dominado por uma estranha sensação ao fixar seu olhar na oponente e baixou o tom de voz:

— Não estou dizendo isso. Só não posso admitir testemunhar quebrarem vidros de nossas casas a pretexto de protegerem a natureza.

Sem conseguir explicar o envolvimento que sentiu, Neusinha perguntou:

— Você por acaso é o dirigente deste negócio?

— Sim, sou. Meu nome é Jorge. Podemos conversar em particular?

— Prazer, Neusinha. Por enquanto não temos nada para conversar... Hoje não, mas se quiser conversar outro dia, estou no acampamento do IBAMA distante daqui alguns quilômetros — apontou para a frente. — Todo mundo conhece.

Neusinha retirou-se com seu pessoal, Jorge fez menção de continuar, mas foi impedido por Dagoberto:

— Seu Jorge, não continue essa discussão agora... Vai por mim, este não é o momento.

Contrariado, Jorge retornou ao vilarejo enquanto os espíritos observaram entre si:

— Mal sabem eles que esta discussão vem de longa data... — comentou o protetor de Neusinha.

Capítulo 8

No escritório da empresa em que trabalhava, Jorge conversava com seu colega Edvaldo:

— Depois do episódio com a tal Neusinha, fiquei preocupado por Alicia e Denis. Nem contei a ela, para não desesperá-la, mas já pensou se esses nativos e ambientalistas resolverem apedrejar nossas janelas quando estivermos morando lá? Alicia terá saído da expectativa de paz e tranquilidade, para lidar com isto?

— Imagine, Jorge! Fizeram isso porque sabiam que não havia moradores, além disso, estão apenas preocupados de roubarmos o sossego deles...

— Estou vendo que precisarei de muito jogo de cintura para lidar com esse pessoal, pois eles acreditam que estão salvando o mundo, mas pergunto: Essa gente não tem o que fazer?

— Verdade! Jogo de cintura não poderá lhe faltar, porque já pensou se ambientalistas se juntarem para reivindicar e pleitear o embargo da construção da hidrelétrica? Se eles têm o que fazer, não sei, só sei que vestem máscaras de salvadores do planeta.

— Interessa saber que falta apenas um mês, as passagens estão compradas, fretes contratados para levar os móveis dos funcionários, toda logística montada e estou ansioso como a maioria... Sinto-me como um desbravador adentrando terrenos desconhecidos e espero não ter que lidar com índios.

Edvaldo riu ao dizer:

— Engenheiro Jorge, o bandeirante que comanda sua trupe de construtores! Só faltava irmos a cavalo como faziam antigamente, mas iremos no conforto do avião.

— É... Conforto até desembarcar no aeroporto, porque depois são mais três horas de estrada de terra para chegar ao destino final! Seremos a "caravana rumo ao desconhecido". Isso, se não chover e sermos a "caravana dos afogados", porque naquele lugar só chove.

Muito feliz, Rosemeire retornava da clínica com Sabrina e foram recepcionadas com festa por Alicia e Denis.

Denis aproximou-se de Sabrina:

— Deixe ver mais perto como ficou seu olho.

Sabrina tirou o tampão provisório e o menino exclamou:

— Olhe, mãe! Está perfeito!

— Incrível mesmo! — concordou Alicia — Quanta felicidade, não é, querida? Podemos recomeçar a vida, com um "olhar" diferente, daqui a um mês em outro lugar e para comemorar...

Denis chamou todos para a cozinha onde havia balões de festa espalhados e um bolo sobre a mesa.

Encantadas pela iniciativa, Rosemeire e Sabrina sorriram e a menina disse:

— Nossa! Realmente sinto-me outra pessoa, mais "normal", feliz... Obrigada, dona Alicia, obrigada, Denis!

Enquanto Denis e Sabrina se divertiam estourando os balões, comendo bolo, Rosemeire comentou com Alicia:

— Sabrina está tão feliz, que eu não estou me cabendo. Não tenho palavras para traduzir o que estou sentindo, é como se vocês tivessem resgatado minha filha das trevas... Terei de me vigiar para não encará-la o tempo todo, abençoando vocês eternamente por esta iniciativa.

— Sabe que eu também digo o mesmo, Rosemeire. Engraçado como ficamos tão felizes quando alguém faz alguma coisa por nossos filhos, não é? Eu também terei que ficar atenta para não encarar Sabrina o tempo inteiro, enxergando seu rosto perfeito, olhos perfeitos. Estou muito feliz. Para brindar à nuvem de bênçãos, só falta mudarmos!

— Nem me fale, Alicia! Estou morrendo de medo porque nunca viajei de avião. Sabrina está eufórica e por ela a viagem de avião demoraria o dia inteiro, mas quanto a mim... Se soubesse, teria lhe pedido para comprar passagens de ônibus, mesmo tendo de viajar três dias.

— Deixa de ser boba, Rosemeire! É só entrar no avião e, depois de poucas horas de voo mais algumas de estrada, estaremos na nova casa, chegaremos ao paraíso.

Neste instante, ouviram Jorge estacionar o carro na garagem, Rosemeire e Sabrina movimentaram-se para sair, mas Alicia as impediu:

— Calma, meninas! Não precisam sair correndo, levem o bolo que, afinal, é de Sabrina.

Rosemeire levantou-se dizendo que metade do bolo ficaria para Denis e enquanto guardava, Jorge entrou cumprimentando a todos. Denis correu em sua direção para abraçá-lo, como sempre fazia, Jorge beijou Alicia e ela disse:

— Estávamos comemorando o retorno da Sabrina do médico. A cirurgia foi um sucesso. O olho dela ficou perfeito.

— Que bom ter dado tudo certo — Jorge deu um parco sorriso, tirou o paletó e disse, sem entusiasmo:

— Parabéns, Sabrina. Com licença, vou para o banho.

Enquanto Jorge se dirigiu ao banheiro, notou a inconveniência de sua aparente indiferença, porque Sabrina de cabeça baixa não respondeu, então resolveu mudar o caminho, dirigindo-se próximo dela, curvando-se para pedir:

— Olhe para mim e deixe-me ver se ficou bom mesmo.

Sabrina levantou a cabeça fixando o olhar em Jorge e num impulso da vontade o abraçou pela cintura, pousando a cabeça sobre seu ombro:

— Obrigada, senhor Jorge.

Aquele gesto promoveu automática reação emocionada em Rosemeire e Alicia, que tentavam disfarçar as lágrimas, e Denis aproximou-se de Jorge:

— Papai, quer um pedaço de bolo?

— Não filho, obrigado — respondeu Jorge desconcertado, desfazendo-se delicadamente do abraço de Sabrina, passando a mão no seu rosto para dizer a ela, antes de se dirigir ao banheiro:

— De nada, Sabrina... Fiquei feliz por você estar feliz.

Era noite num sítio distante quando uma cadela começava o trabalho de parto na presença de Fábio, intermediador dos animais, o estagiário Luiz e Aurélio, o protetor.

Ao observar os sete filhotes recém-nascidos, Luiz disse:

— Que gracinhas! Aquela — apontou — inconfundivelmente é Dorinha, novamente respirando os ares da Terra, estou certo, amigos?

— Sim — respondeu Aurélio, seguido de Fábio, aproximando-se da mãe para aplicar-lhe passes de restauração:

— Agora é preciso a mamãe recuperar-se do esforço.

A cadelinha percebeu a presença confortadora de Fábio, regozijando-se, enquanto lambia os filhotes.

Ao amanhecer, percebendo o ocorrido, um menino correu para seu pai que cuidava da horta:

— Pai, vem ver, nasceram sete filhotes!

— Já sabe o que fazer. Não demore.

— Mas pai... Posso ficar com três filhotes?

Irritado, o pai fincou a ferramenta de corte no chão e gritou:

— Já disse que não! Seja homem e faça o que mandei, porque daqui a pouco teremos mais cachorros do que tatus neste lugar! Vá logo, moleque dos infernos!

Observando o filho sair entristecido, o pai bufou e deu novo grito:

— Fique apenas com um filhote e, se disser que não teve coragem de se livrar do resto, lhe darei uma surra que nunca se esquecerá.

55

Observado pelos espíritos, o menino colocou os filhotes num balde, enquanto a cadela, mãe deles, rosnava.

— Não rosne para mim, cadela dos infernos! Foi meu pai que mandou e se quiser, se entenda com ele!

O menino caminhou por quinhentos metros onde havia um rio, escolheu aleatoriamente um filhote, atirando-o nas águas, e assim sucessivamente até que sobrou apenas um. O menino olhou, pegou o filhote virando-o para saber qual o sexo e lamentou:

— Essa não! Devia ter olhado antes para saber se era cadela... Desculpe cadelinha, mas aqui já temos cadelas de mais.

O menino preparou-se para atirar a filhote no rio, mas o seu anjo da guarda interveio a pedido de Fábio, fazendo o menino escorregar na lama e a cadelinha caiu de suas mãos.

Levantando-se contrariado, com a roupa cheia de lama o menino maldisse:

— Mas que droga! Se aparecer em casa desse jeito minha mãe me mata.

Colocando a filhote de volta no balde, o menino tirou a roupa, tirou o excesso de lama nas águas do rio, dizendo para a cadelinha que chorava de fome e frio:

— Veja que seus irmãos nem estão mais boiando porque devem ter afundado ou foram comidos. Meu pai disse para pegar um, mas não disse que não podia ser cadela, então levarei você, sua sortuda, que será a única sobrevivente desta ninhada.

O menino submergiu o balde junto com a filhote trazendo-a à tona novamente:

— Calma, cadelinha! Era só para tirar o barro... Batizo você com o nome de Desafogada.

Retornando para o sítio, o menino, colocou a filhote junto à cadela-mãe para mamar.

Luiz confidenciou:

— Não consigo evitar a tensão nestes momentos em que vejo animais serem sacrificados.

— Quando se tem sentimentos e, sabendo que cada vida é uma dádiva, é impossível não ficar chateado, mas com o tempo compreenderá que para tudo existe uma razão de ser — tentou consolá-lo Fábio.

Refletindo consigo mesmo, Luiz expos suas impressões para Aurélio, o protetor de Dorinha:

— Esta fase de protetor de animais deve ser crucial! Mesmo sabendo que os seus filhotes protegidos foram sacrificados, embora logo reencarnarão, qual seu sentimento em relação a isso?

Aurélio respondeu:

— Pude perceber a agonia de cada um dos filhotes se afogando e promovi o desligamento imediato deles para evitar o sofrimento, retornando seus corpinhos adormecidos para a colônia. Enquanto eram levados até o rio, perceberam outra vez o medo, debatendo-se o quanto podiam, ativando o instinto de sobrevivência e, mesmo por instantes em que tiveram a chance de permanecer vivos, desenvolveram algum aprendizado. Meu sentimento, portanto, é o de contentamento.

— E com relação à decisão do pai do garoto, que ordenou a matança dos bichinhos, o que sentiu? — quis saber Luiz.

— Percebo que sua questão tem a ver com o fato de considerar reprovável a decisão do pai do menino em afogar os filhotes indefesos, mas avalie sob o aspecto dos conhecimentos deste homem. Se o convívio dos homens com animais está na razão de evolução recíproca, responda-me: Qual o julgamento que devemos prestar a quem ainda não desenvolveu capacidades de compreender qualquer aspecto sobre a valorização da vida? Se pensar bem, não se trata de depreciação moral, pois o homem do qual estamos falando não tem cultura e sua evolução não está muito mais adiantada do que a dos filhotes que mandou afogar.

Luiz permaneceu introspectivo, digerindo as informações.

Capítulo 9

No dia da mudança, parentes foram se despedir de Denis, desejando felicidades à família.

No avião, Jorge fazia planos com Alicia, Rosemeire permanecia estática e com medo, enquanto Denis narrava orgulhoso, admirando a expressão de surpresa de Sabrina junto à janela:

— Está vendo como as casas lá embaixo sumiram? Estamos a quilômetros do chão.

— Não dá para acreditar! Estou viajando de avião... — respondeu a menina, estupefata.

— Sabrina... Queria perguntar uma coisa, mas não quero que fique chateada.

— Se não perguntar, não saberá. O que é?

— Você enxerga do olho que operou?

— Não. Minha operação foi para colocar uma prótese para não parecer pirata, não para enxergar, Denis — riu Sabrina — Mas por que achou que ficaria chateada com a pergunta?

— Mamãe pediu para eu não fazer mais perguntas sobre a cirurgia.

— Talvez sua mãe esteja preocupada se perguntasse qual foi o motivo de ter ficado cega de um olho, mas isto não é mais motivo de eu ficar chateada e posso te contar, se quiser saber.

— Então conte, por favor. Desde que nos conhecemos tenho curiosidade em saber.

— Está bem, vamos lá: Meu pai bebia e batia em mim e em mainha. Num desses momentos de bebedeira, ele me bateu de cinto e a fivela fincou no globo ocular, que vazou.

— Deus do céu, que crueldade! Como teve coragem de fazer isso com você?

— Denis, não seja burro! Desde quando bêbados pensam no que fazem?

— Tá bom, não precisa ficar brava... Mas e o que aconteceu com ele?

— Nós fugimos porque ele era muito violento... Por favor, peço. Não quero que fique comentando nossas conversas com seus pais, além disso, este assunto causa muita tristeza para minha mãe.

— Fique tranquila. Sou seu amigo e pode contar comigo, porque nunca deixarei nada de ruim lhe acontecer.

— Obrigada, Denis. Também pode contar comigo.

Quando o avião pousou, todos entraram na van contratada por Jorge para levá-los até a nova casa.

O clima era de alegria e esperança. Principalmente Sabrina e Denis que não cabiam em si de tanta felicidade:

— Sabrina, olhe aquele bicho correndo no meio da mata! É um veado!

— Sim, Denis — observou Sabrina deslumbrada. — Nunca na vida vi um lugar mais bonito que este!

Depois de quase três horas, Denis apresentou sinais de cansaço:

— Pai, tudo é lindo, mas não aguento mais só ver estrada e mato... Falta muito para chegar?

Jorge anunciou:

— Então fique feliz, filho! Olhe naquele ponto ao longe, aquele grande grupo de casas. Estamos em casa!

Denis pulava de felicidade e todos sorriram.

59

Ao adentrarem no vilarejo, Jorge ia apresentando o pequeno comércio que se formava, fazendo parte da infraestrutura em desenvolvimento na região:

— Praticamente todos os funcionários da companhia chegaram esta semana. Teremos pão fresquinho, farmácia, açougue, enfim, tudo no vilarejo, nosso lar daqui para frente.

Quando a van estacionou, Dagoberto já os esperava e ajudou Jorge a levar as malas para a nova residência da família. Alicia perguntou:

— Amor, você não tinha falado que Rosemeire e Sabrina morariam em uma casa separada da nossa...

— É que no projeto já estava determinado a dimensão das instalações — respondeu Jorge num tom para que Rosemeire ouvisse — daí reservamos uma casa independente a alguns metros da nossa, que será exclusivamente de Rosemeire e Sabrina, que certamente se sentirão à vontade e contentes pela independência. Você gostou, Rosemeire?

Rosemeire pensou por instantes e respondeu:

— Claro que sim, senhor Jorge. Obrigada. Estamos felizes por estarmos com vocês.

Denis objetou:

— Eu não gostei! Queria que Rosemeire e Sabrina morassem na mesma casa que a nossa. Como eu e Sabrina brincaremos juntos, papai?

— Filho, você não estará mais tão preso como estava e poderá andar na rua tranquilamente. Sabrina estará com Rosemeire em nossa casa quando quiser e você irá quando quiser à casa de Sabrina.

— Inacreditável ouvir isso, querido — ajuntou Alicia contente — demorará um tempo para nos acostumar a essa liberdade que não tínhamos.

Dagoberto aproximou-se de Jorge para dizer reservadamente:

— Chefe, sobre este assunto de liberdade que sua mulher falou, preciso que depois vá à minha casa para termos um aparte.

Logo que terminaram de acomodar as bagagens em ambas as casas, Jorge pretextou deliberar sobre alguns assuntos e foi ter com Dagoberto.

— O que queria me dizer naquela hora? — quis saber Jorge.

— Sorte que o senhor chegou quase por último, porque os ambientalistas e nativos fizeram passeata nas ruas do vilarejo no começo da semana.

Jorge ficou furioso:

— O quê? Não me diga que esses vagabundos quebraram vidraças do nosso pessoal? Porque, se quebraram, irei agora mesmo ao posto policial que aquele delegado molenga montou.

— Calma, chefe. Eles só andaram pelas ruas carregando faixas com dizeres de proteção à natureza, só isso.

— Ah, bom... Já estava pensando se não seria melhor contratar capangas para darem um cacete nestes caras e pendurar a cabeça dessa tal Neusinha numa árvore para servir de exemplo. A gente sair de uma cidade violenta para acabar nas mãos desses idiotas, não teria cabimento. Mas eles escreveram algum palavrão nas faixas?

— Coisas como: "O curso do rio não pode ser desviado", "A mãe natureza não pode ser assassinada"... Coisas do gênero.

Jorge ficou pensativo e observou:

— O custo de murar em torno do condomínio ficou muito alto, mas precisávamos ter pensado nisso... Quer saber? Se pudesse, teria construído um forte com cerca elétrica, só para não ter problemas, mas como imaginar que esses infelizes apareceriam do nada para nos atormentar?

— Desculpe o comentário, chefe, mas basta a possibilidade de o ser humano ter acesso a algum lugar para não existir paz.

— Não esperarei acontecer algum confronto, Dagoberto. Preciso pensar em algo para me livrar desse pessoal.

À noite, Edvaldo, o engenheiro agora subordinado a Jorge, estava em sua casa dando boas-vindas e foi convidado por Alicia:

— Não repare na bagunça porque ainda estamos nos organizando, mas fique para jantar. Jorge me fala tanto de você, mas o tempo que faltava para conviverem como amigos na cidade compensará daqui para frente.

— Não quero atrapalhar — respondeu Edvaldo que recebeu o pedido de Jorge:

— Por favor, jante conosco porque preciso conversar com você sobre o trabalho.

— Amor, nem chegamos e já vai encher a cabeça de seu amigo com trabalho? — reclamou Alicia, e Edvaldo aceitou sorrindo:

— Neste caso não podemos questionar, Alicia. Jantarei com vocês.

Depois do simples jantar preparado por Rosemeire, Jorge chamou Edvaldo para conversar na varanda, sentados ao luar:

— Olhe para isso, Jorge. Quando imaginávamos conversar sob um céu estrelado, sendo que não conseguíamos nem sequer ver as estrelas?

— Está muito poético para meu gosto, Edvaldo! Vamos ao que interessa. Preciso ter uma conversa com a tal Neusinha, senão farei disso uma guerra, porque não tolerarei terrorismo com nossas famílias.

— Já tentei falar com ela quando cheguei, semana passada.

— E por que não comentou nada comigo?

— A rede de internet instalada por satélite ainda não está em funcionamento e as antenas que transmitem os sinais de celular ainda não estão cem por cento, mas ela não quis me atender.

— Como assim, não quis atendê-lo? O que pensa ser esta mulher? Presidente da República dos animais sem causa?

— Ela olhou para mim e disse que se eu não mandava nada, que não aparecesse. Ela disse também que quer falar com o chefe dos assassinos da natureza.

— Não entendi. Quer falar com o presidente da nossa empresa?

— Não. Para ela o assassino da natureza é você, Jorge — afirmou Edvaldo soltando longa gargalhada.

Jorge balançou a cabeça e começou a rir, contagiado por Edvaldo:

— Você acha engraçado? Pois lhe digo que se jogarem uma minúscula pedrinha numa de nossas vidraças, ela verá o assassino no qual me transformarei... Até já sugeri ao Dagoberto procurar capangas para dar uma lição nesse pessoal.

— Jorge, estes caras não são traficantes e bandidos... São estudantes, pessoas de bem, biólogos, nativos, trabalhadores rurais... Soube que a Neusinha é veterinária, funcionária do IBAMA, uma pessoa ótima, de boa índole. Precisaremos dela. Procure-a e converse para chegar a um acordo.

— Quis conversar com ela naquele dia e ela me respondeu "agora não"! Não acho que deva insistir, mas pensei em fazer o mesmo jogo de terror, porque quem sabe, assim, não tomam o rumo de suas casas e param de nos atormentar?

— Pois lhe digo que se conduzir as coisas desta forma, colocará mais lenha na fogueira. Não foi você mesmo quem admitiu precisar ter jogo de cintura para lidar com este pessoal? Seja político!

— É verdade... você tem razão. Temos previsão de seis anos e será melhor ter paz do que guerra, além disso, não é uma questão pessoal, pois lidaremos com ideais diferentes os quais nunca questionei. Amanhã mesmo procurarei essa tal Neusinha, mas por acaso, onde eles vivem?

— Num acampamento, perto da usina. Vivem de maneira simples, mas você se surpreenderá com a estrutura montada por eles, embora seja bem mais simples que a nossa.

— É mesmo? Ainda mais essa! Se estiverem próximos da usina, significa que nos atormentarão todos os dias e poderão fazer um verdadeiro terrorismo, colocando bombas nas turbinas quando as tivermos instalado.

— Jorge, não vá até eles com este pensamento porque estará lidando com ideais, não com criminalidade e terrorismo. Essa gente só quer viver em paz.

Capítulo 10

Na primeira semana, logo que Denis saíra para ir à escola com Sabrina, Alicia e Rosemeire tratavam dos assuntos domésticos. Alicia comentou:

— Difícil acreditar que finalmente estamos num paraíso. Faz muito calor, mas o fato de podermos escolher dormir de janelas abertas, é tudo.

— Verdade, Alicia. Sabrina também parece que não está acreditando. Às vezes, eu a observo olhando para o nada a pensar. Ontem, quando fomos à padaria e a vi pedindo o pão... ela olhou nos olhos do balconista, imagine você! Ela, que não olhava ninguém, de vergonha do olho defeituoso. Fiquei tão emocionada.

— Sabrina vivia escondendo o rosto, coitadinha. É estranho como há fases na vida em que não queremos que passem. Estou vivendo uma fase assim e estou até pensando em fazer alguma atividade. Estava tão afastada da vida que esqueci o que é viver.

— Está pensando em trabalhar, Alicia?

— Não quero trabalhar para a construtora, porque não quero dar motivos para falatórios aos funcionários do Jorge, de que ele estaria favorecendo a família. Pensei numa lojinha de roupas, ou alguma coisinha ligada ao comércio. Claro que não é uma atividade de tanta responsabilidade como eu tinha quando trabalhei como gerente financeira, embora soube que estão para abrir uma agência de banco aqui, em breve. Quem sabe?

— Percebi que dificilmente você saía de casa. Não quis perguntar por que não sou de bisbilhotar a vida dos outros, mas ficava curiosa para saber o porquê.

— Não tem problema, Rosemeire, não está bisbilhotando. Antes eu gostava de trabalhar, saia à noite para me divertir com Jorge, mas certa vez vi um homem ser assassinado ao nosso lado e, no meio de tantas notícias de sequestro relâmpago, assaltos, latrocínios etc., acabei entrando num processo de síndrome do pânico, uma doença que faz a gente não ter vontade de sair de casa e quando sai tem medo, é um terror.

— Eu me lembro de você ter comentado algo comigo quando nos conhecemos.

— Pois é. Agora você imagina como me senti quando aquele trombadinha tentou levar minha bolsa. Pelo menos neste lugar a gente sabe que não há tantos perigos.

— Isto também é verdade e, se quer saber, prefiro enfrentar cobras a bandidos — finalizou Rosemeire.

Jorge foi com Edvaldo e Dagoberto para conversar com Neusinha, que os recebeu numa clínica veterinária nos fundos de sua casa, na companhia de três pessoas.

Decidido a não enveredar para um tom agressivo, Jorge iniciou com cumprimentos e elogios:

— Muito prazer. Meu nome é Jorge. Sou engenheiro responsável pela construtora e viemos conversar a respeito deste maravilhoso trabalho que seu grupo desenvolve, de preservação à natureza, do qual também queremos participar.

Tanto os companheiros de Jorge, como os demais presentes entreolharam-se com discreto sorriso diante da apresentação visivelmente demagógica, fazendo Neusinha expor serenamente:

— Considerando sua reação em nosso primeiro encontro, agora o senhor está parecendo um político falando que nosso trabalho é "maravilhoso"...

Jorge dirigiu um olhar fulminante em direção a Neusinha, controlando-se a custo para não mudar a condução pretendida da conversa, respondendo:

— Sim, a senhora me desculpe se fiquei contrariado por testemunhar jogarem pedras nas vidraças das famílias que viriam morar aqui, incluindo a minha, mas se me permite, gostaria que nossa conversa não fosse direcionada em tom de ironia e, sim, em tom de acordo.

Um membro do grupo ambientalista rebateu com agressividade:

— O que chamam de ironia? Construir uma usina como quem constrói uma casa imensa em cima de novo cemitério, ou... — Neusinha interrompeu o rapaz:

— Calma, Chico! Calma...

Respirando fundo e percebendo que a conversa se tornaria novo desentendimento, Neusinha levantou-se, convidando Jorge para conversarem em particular do lado de fora, mas Jorge não se conteve e quis responder à questão não terminada:

— Não sei o que chama de cemitério se... — desta vez foi Edvaldo que tomou à frente de Jorge para interrompê-lo:

— Jorge, não ouviu o que Neusinha disse? Conversem vocês dois lá fora! Assim será melhor.

Jorge silenciou contrariado e quando chegou do lado de fora, disse à moça:

— Seu amigo não parecia disposto a conversar como gente!

Neusinha olhou sorrindo para seu interlocutor, respondendo serenamente:

— Não tivemos um bom começo, mas diante de interesses diferentes, achei melhor discutirmos a sós, porque pelo andar da carruagem, essa discussão poderia demorar anos e, pelo que percebi, jamais chegaríamos a um acordo.

— Fico feliz que pense dessa forma, porque, sinceramente, o que menos quero é confusão para o meu lado.

— Mesmo que o "seu lado" represente a morte de milhares de criaturas?

— Está vendo, dona Neusinha? Não consigo vislumbrar uma conversa civilizada com a senhora, pois acha que tem razão em tudo!

Neusinha mirou o horizonte à sua frente, respirou fundo, abriu e fechou os olhos e novamente convidou Jorge:

— Engenheiro, por favor, vamos caminhar um pouco. Quero lhe mostrar algo.

Enquanto caminhavam, Jorge perguntou:

— A senhora tem família?

Neusinha riu graciosamente para responder:

— Não, claro que não! Sou filha de chocadeira e o engenheiro está olhando para um protótipo de clone.

Jorge riu também:

— A senhora entendeu minha pergunta. Não se faça de rogada. Perguntei se tem filhos, se mora com parentes.

— Posso te pedir uma coisa, engenheiro Jorge?

— O quê?

— Pare de me chamar de dona e senhora porque detesto. Não tenho filhos e meus pais moram numa cidade de Santa Catarina.

— Concordo, desde que pare de me chamar de engenheiro. Embora procure ser bom profissional, também detesto formalidades. Perguntei sobre sua família porque acredito que seus pais devem sentir sua falta.

Novamente Neusinha riu:

— Está querendo me convencer a voltar para meu canto para deixá-lo em paz?

— Pelo contrário. Penso por que não vieram com você.

— Meus pais têm mais de setenta anos, estão com a vida estabilizada e não viveriam neste lugar a que chamam fim de mundo...

— Não precisa responder se não quiser, mas você ganha para fazer o que faz?

— Sim, sou funcionária do IBAMA, formada em veterinária.

Chegando ao destino que queria, Neusinha orientou Jorge falar baixo, mostrando a pequena jaula de madeira a poucos metros, e apontando:

67

— Olhe ali naquela jaula. Há um filhote de onça pintada, está vendo?

— Sim, estou. É um belo animal, mas porque está enjaulado?

— Enjaulada. É uma fêmea que, levou um tiro de um caçador na pata traseira direita, a encontramos agonizando perto do acampamento, tratamos e a colocamos debaixo desta árvore, alimentando-a por alguns dias até ter condições de retornar ao seu ambiente, quando a libertaremos.

— Que coragem a de vocês! Um bicho desse tamanho poderia devorá-los...

— Respondi à sua pergunta?

— Que pergunta?

— Você perguntou se ganho fazendo o que faço. É isso o que eu ganho.

Jorge reparou no corpo e no rosto de Neusinha, exclamando em pensamento: "Quanto desperdício"!

Retornaram ao acampamento, conversando no caminho:

— Jorge — tornou ela — o desvio do rio e a consequente vazão das águas alterarão consideravelmente o equilíbrio ambiental, dizimando milhares de espécies.

— Temos um impasse. A usina contribuirá para suprir a carência de energia de milhões de pessoas... O que faremos, Neusinha? Precisamos nos ajudar.

Em tom de lamentação, Neusinha parou para reconhecer:

— Tenho consciência dos fatos... Sei que não conseguiremos impedir a construção da usina e sinto-me impotente, confesso a você.

— Neste caso, digo que me solidarizo com você, afinal não sou tão insensível quanto parece e reconheço que, infelizmente, o progresso representa prejuízos ao meio ambiente, mas poderemos trabalhar juntos para minimizar prejuízos.

— Acompanho o processo desde que sua construtora venceu a licitação, vi o projeto da represa, do curso do rio e não vejo como minimizar prejuízos.

— Você fez algum estudo sobre a concentração de populações das espécies, localização etc.?

— Sim, porém são números estimativos.

— Serei sincero. Ainda não começamos a construção e, como sou responsável pelo projeto, me passe esses números que possui e faremos o que puder para afetar o menos possível a natureza. Entenda que não é meu interesse agredir o que não for necessário no meio ambiente.

O panorama da visão sobre o que pensavam um do outro mudou entre Neusinha e Jorge, que se fixaram no olhar, sem entender a estranha sensação de atração que sentiram.

Após breve silêncio, Neusinha expôs:

— De minha parte farei uma avaliação junto com meu pessoal e depois o procuro para informar à qual conclusão chegamos.

— Neusinha, ainda vão avaliar o quê?

— Avaliaremos o projeto, sobre trabalharmos juntos, mas confesso que talvez seja mais difícil acalmar os ânimos dos nativos.

— Você mesma reconhece que as necessidades demandam urgência da obra e não tem como impedir o andamento, porque estamos falando de contrato assinado, o IBAMA já aprovou e nos resta cumprir. Posso ajudar você se quiser que eu faça exposição dos planos para o seu pessoal.

— Tudo bem. Verei como farei e o procuro depois.

— Pode contar comigo.

Antes de chegar ao acampamento, Jorge perguntou:

— Neusinha, você tem namorado?

— Para que quer saber?

— Calma! É que fiquei pensando que viver aqui deve ser muito solitário.

— Sei... sim, tenho, mas no momento não é namorado, é namorada.

Engolindo em seco a resposta, dada à expressão de decepção de Jorge, Neusinha complementou sorrindo:

— E minha namorada você acabou de conhecer lá atrás, presa na jaula. Mas se tiver passando algo por sua cabeça doentia de homem, pode esquecer porque você não faz meu tipo.

Desconcertado, Jorge respondeu:

— Fique tranquila, porque não passou nada pela minha cabeça. Foi só curiosidade mesmo, além disso, sou casado e tenho um filho.

Chegando ao acampamento, Jorge fez questão de apertar as mãos de cada um dos presentes para se despedir e ainda segredou ao rapaz com o qual havia começado a discussão:

— Desculpe por alguma observação inapropriada.

E Jorge partiu com Edvaldo e Dagoberto, deixando Neusinha expor os fatos novos aos demais.

Capítulo II

Sob a luz do luar, próximas do acampamento onde moravam, Neusinha e Kelly conversavam, sentadas ao lado de uma pequena fogueira:

— Olhando para esta chama, penso o quanto pode queimar...

— Do que está falando, Neusinha? Percebi que você anda triste ultimamente. O que se passa?

— Disse que distantes do fogo, ele nos aquece, muito perto pode queimar.

— Sim, e dependendo da finalidade com a qual o usamos, pode queimar esta floresta inteira. Muito poética, mas não respondeu à minha pergunta, Neusinha!

— Um homem me confundiu.

— E desde quando um homem confunde a Neusinha "toda-poderosa"? Quer dizer que um homem "mexeu" com você? Já sei: É aquele engenheiro arrogante da construtora, não é? Notei que está diferente desde o primeiro dia que ele nos encontrou.

— Sim, é ele, mas não é um homem comum.

— Claro que não! É um homem arrogante e presunçoso.

— É apenas um homem, mas senti algo estranho nele. É um misto de medo e atração, muito esquisito... não sei explicar.

— Não entendo o que viu para sentir atração por aquele "almofadinha", pois pelo pouco que vimos e ouvimos está na cara que o engenheiro não passa de um machista chauvinista, convencionalista e tudo quanto mais "ista".

— Sei lá, Kelly! Como explicar... parece que o conheço há muito tempo, sabe? Ele tem certo charme. Vai ver que é feiticeiro! — riu Neusinha.

— Só se for mesmo, porque nas poucas vezes que estivemos com ele, de minha parte o vejo como uma nuvem, que quando vai embora o dia fica lindo! Aliás, não me sentiria desconfortável se acidentalmente ele topasse com a onça que tratamos e libertamos.

— Deixe de ser exagerada, Kelly! Não ouse comentar essa nossa conversa com ninguém, senão sabe muito bem o que pode acontecer.

— Eu sei, Neusinha! Você perderá sua fama de "mau", mas voltemos, porque precisamos acordar mais cedo para ir ao vilarejo comprar mantimentos. Graças a Deus, porque estou farta de comer mandioca. Menina, esses moradores daqui só plantam mandioca!

No leito, Neusinha, introspectiva, recordava as conversas com os pais:

— Papai: Não sou mulher submissa como a mamãe! O senhor não pode querer que eu seja como ela, só para continuar sua "linhagem". Tornar-me do lar, só cuidando de filhos, não é meu objetivo de vida.

— É isso que dá ter filha única! Pergunto por que não considera ser normal, em vez de correr atrás do que em nada contribuirá para um futuro melhor. Que homem quer uma mulher que só vive de "defender a natureza", viajando pra lá e pra cá, levantando bandeiras que não levam a nada? Enquanto isso, minha filha, a Terra gira! As florestas e os animais que se danem, porque não será você que vai mudar o rumo das coisas.

— Mas, pai. É isso o que me faz feliz! Eu não sou, nem penso como o senhor e a mamãe. Sei que tem idade, mas, mesmo assim, é difícil compreender que meus objetivos de vida não sejam casar e ter filhos, ou bater ponto em multinacional como o senhor, só para viver uma vida de conforto?

— Quer saber? Acho que sua mãe tem razão quando diz que a mimei demais, pois é fácil dizer isso quando se teve tudo de mão beijada. Gastei uma fortuna investindo em seus cursos para esse negócio de ser veterinária, viagens, estágios e tudo isso para quê? Para você querer se meter no meio do mato!

— Basta, papai! Não suporto mais ouvir o senhor me depreciar, julgando-me como se fosse uma menina mimada!

— E eu não suporto mais. Perdi a esperança de você mudar de opinião!

Neusinha voltou a se revirar na cama. Aquela cena com o pai aconteceu havia alguns anos. Ela não tinha ficado rica. Mas amava o que fazia. Virou de lado e adormeceu, com um sorriso nos lábios.

Dois meses se passaram.

Alicia abriu uma lojinha de roupas e essências aromáticas no vilarejo e recebeu uma cliente, que a cumprimentou sorrindo:

— Boa tarde, moça. Inaugurou faz pouco tempo esta loja?

— Sim, semana passada.

Olhando ao redor, a moça apresentou-se:

— Muito prazer, meu nome é Neusinha. Adorei saber que também vende essências. Você é esotérica?

— O prazer é meu. Meu nome é Alicia, contudo, não sou esotérica, apenas gosto de essências, por isso também resolvi vendê-las. Na verdade, quando morei em outra cidade, na loucura metropolitana, já tinha planos de fazer coisas mais "light", mas só aqui encontrei ensejo para melhorar a qualidade de vida.

— Que surpresa! Também saí "fugida" de um lugar assim e reconheço que foi a melhor coisa que fiz. Vivo aqui, trabalho para o IBAMA e sou veterinária.

— Que maravilha! Que bom conhecer pessoas desprendidas como você.

— Adorei essa blusinha! Será que fica bem em mim?

— Venha até o provador.

Nascida a amizade entre Neusinha e Alicia, ambas combinariam de conversar mais vezes.

Na usina, Jorge finalizava as instruções para Edvaldo:

— Essa retroescavadeira é nova e não deveria dar defeito. Faça contato com a revendedora para trocar. Se precisar, me coloque em contato com eles e aciono o departamento jurídico.

— Tudo bem, chefe, deixe comigo! Dos males o menor, pelo menos não temos mais as impertinentes manifestações lideradas pela Neusinha. Depois daquela sua conversa com ela, parece que os ânimos se acalmaram e espero que dure.

— E por falar nisso, conseguiu conquistar o coração da bonitona, Edvaldo?

— Eu, hein? Bem que tentei, mas a mulher mais parece um sargento! O Dagoberto acha que ela parou de atormentar porque está arrastando asa para seu lado.

— Terei uma conversa com Dagoberto, pois se a Alicia ficar sabendo deste tipo de comentário irei chamá-lo para resolver a encrenca.

— Entre nós, Jorge, tem alguma maneira de eu me aproximar daquela muralha da China?

Jorge riu:

— Sei lá! Diga que você é vegetariano, simule apagar um incêndio na frente dela, monte uma cabana no meio do mato e comece a fazer parto de onças, daí quem sabe ela não se derreta para seu lado?

— Já tentei de tudo e... nada! A mulher fala comigo como se eu fosse um "amiguinho imaginário". Só com você ela conversa como gente...

Jorge respondeu introspectivo:

— Acho essa mulher estranha, mas confesso que me sinto esquisito diante dela.

— Como assim, esquisito? Sente atração por ela?

— Tem como não sentir atração por uma mulher bonita, Edvaldo? Ela me confunde. Não sei explicar, é um misto de medo e atração.

— Ah! Isto sim! Medo eu entendo. Neusinha não passa da típica dondoca que se tornou suposta arrogante-roceira, feminista ferrenha a favor de causas supostamente nobres, mas bem que eu gostaria de pelo menos, uma noite, ser o predileto da dondoca.

Rindo muito, Jorge observou:

— Está despeitado porque a ativista não lhe deu bola. Mas falando sério, cara. Parece que conheço essa mulher há muito tempo. Além de bonita, ela tem certo charme.

— Não fui só eu que vi o lado bom da "coisa".

— Estou vendo que os ares deste lugar o tornaram um sonhador inspirado! E não ouse comentar essa nossa conversa com ninguém, senão sabe muito bem o que pode acontecer.

— Claro que sei! Fique tranquilo que você não perderá sua fama de incorruptível, mas voltemos ao trabalho, senão esta obra é capaz de ser inaugurada quando estivermos aposentados e eu, no caso, estarei virgem! Cara, tão pouco tempo e estou farto deste lugar! Não há nada para fazer além de trabalhar!

— Também estou farto de trabalho-casa, casa-trabalho. Está na hora de você me dar alguma sugestão.

— Tanto para mim, que sou solteiro, quanto para você, que é casado, a única opção de lazer está na cidade. Pela distância só dá para fazermos algo no fim de semana, mas se quiser, amanhã no fim da tarde iremos ao matadouro para comprar carne fresca. Este é um dos programas prediletos de quem mora aqui.

— Ir ao matadouro para comprar carne fresca? Desculpe dizer, Edvaldo, mas se isto é programa, estamos em fim de carreira! E por acaso onde fica este "cinema"?

— Foi o Dagoberto quem me mostrou o lugar. É legal pra caramba! Os caras matam frangos, bois e porcos para vender na cidade. Aproveitamos para comprar a carne fresca que é uma delícia e você pode levar o seu filho para sair um pouco da rotina. O que acha?

— Nunca pensei que isto pudesse ser programa, mas gostei! Será ótimo para eu e Denis sairmos da rotina. Dará tempo de sair do trabalho e pegar meu filho em casa antes de irmos?

— Claro que sim. Amanhã pego você na sua casa para virmos trabalhar, iremos para sua casa no final do expediente, pegamos o seu menino e nos encontramos com o Dagoberto no matadouro.

— Obrigado, Edvaldo. Combinado.

Capítulo 12

No fim da tarde do dia seguinte, Jorge entrou em sua casa com Edvaldo e ambos se surpreenderam com a presença de Neusinha e Kelly, tomando suco na sala, em animada conversa com Alicia e Rosemeire.

Alicia cumprimentou o esposo com um beijo, todos se cumprimentaram e Jorge demonstrou educação com as visitantes:

— Que satisfação encontrá-las em nossa casa. Não sabia que se conheciam.

Alicia esclareceu:

— Nós nos conhecemos em minha loja quando Neusinha foi primeiro e trouxe a Kelly depois. A conversa foi tão boa que já ficamos amigas. Ah! Elas me contaram que vocês já se conhecem.

— Sim, claro que nos conhecemos. Onde está Denis?

— Está no quarto com Sabrina se preparando para sair com vocês, querido. Está tão animado! Disse que vai a um a safári na África. A propósito, ele queria levar a Sabrina, mas não sei se é possível.

Jorge olhou para Edvaldo, que logo respondeu:

— Não há problema, Jorge. Pode levar a menina, porque o seu Benedito tem filhas e se a coleguinha do Denis não quiser ficar com a gente, terá com quem brincar.

— Difícil! — respondeu Rosemeire. — Esses dois não se largam.

— Então, tudo certo — anuiu Jorge. — Sabrina irá conosco.

Com pretexto de falar sobre assuntos da construção da usina, Neusinha chamou Edvaldo para conversar do lado de fora da casa, e Jorge dirigiu-se para o quarto:

— Com licença, trocarei de roupa para sairmos rápido, senão escurece e perderemos o passeio.

Do lado de fora Neusinha disse enfática para Edvaldo:

— Não quis comentar com a mãe do menino para não gerar confusão para o casal, mas o que vão fazer não é programa para crianças como Denis e Sabrina!

— E eu que tinha esperança de você me chamar em particular por outros motivos, foi para me dar bronca?

— Deixe de ser engraçadinho, Edvaldo! Acho que já ficou claro que se quiser, seremos apenas amigos. Falando sério. Foi sua a ideia de levar o filho do Jorge para assistir a um circo de horror e sangue?

— Não vimos problema algum, Neusinha. Não somos idealistas como vocês.

— Deus do céu! Não é uma questão de idealismo, homem. Você e Jorge pararam para pensar que o menino pode ficar traumatizado ao ver o que acontece num matadouro a céu aberto?

— Bobagem, Neusinha! As crianças irão adorar a novidade!

— Já observou as condições de higiene que eles adotam na fazendinha? Sabe como o seu Benedito mantém aquele matadouro clandestino?

— Neusinha... Todo mundo por aqui compra carne dele e é uma delícia. Nunca tivemos problema.

Quando observou todos saindo, Neusinha finalizou contrariada, desabafando para Edvaldo:

— Cada vez mais de decepciono com a humanidade! Vocês são muito irresponsáveis.

Ao observar Denis saltitante de alegria, Edvaldo disse para Jorge:

— Vamos com minha caminhonete, assim as crianças poderem apreciar a paisagem e teremos espaço para colocar muitas carnes e enchermos o freezer.

Vendo Denis e Sabrina pularem felizes na caçamba da caminhonete, Kelly cochichou para Alicia:

— São loucos. Não deixe, Alicia. A estrada de terra tem um monte de buracos e valha-me Deus se as crianças não estiverem se segurando.

Imediatamente, Alicia pediu ao marido:

— Amor, de caminhonete, não! As crianças podem se soltar, caso encontrem obstáculos. Por favor, vá com seu carro mesmo, caso contrário, não ficarei em paz.

— Está bem, querida, você tem razão. Desçam, crianças! Já para o carro.

Decepcionados, Denis e Sabrina obedeceram e trocaram de carro.

Enquanto Denis e Sabrina se distraiam apontando da janela as novidades do caminho, Jorge, ao volante, discretamente comentou com Edvaldo:

— Pelo visto suas preces foram ouvidas e finalmente conseguiu o que queria.

— Não conte com isso, Jorge! Se estiver pensando que a "onça" me chamou do lado de fora para combinar um encontro, está enganado. Ela queria mesmo era frustrar nosso passeio.

— Como e por quê?

— Sim, ela queria que eu desistisse de sair com vocês porque não aguenta mais ficar longe de mim. Queria sair comigo dali mesmo de sua casa.

Diante da expressão espantosa que provocou em Jorge, Edvaldo riu para desmentir:

— A "onça" veio com aquela conversa mole que não é programa para crianças, que o matadouro do Benedito é clandestino, e toda sorte de lições de moral.

Jorge soltou uma gargalhada fazendo Denis parar para perguntar do que Jorge ria e ele respondeu com sarcasmo:

— Nada não, filho. É que o tio Edvaldo me contou uma piada suja que não posso contar para vocês, mas a moral da piada é que "o que é do homem o bicho não come".

Jorge entrou em íntima confusão de seus sentimentos, que disfarçou com risos, quando na verdade tentava sem sucesso encontrar respostas que justificassem o ciúme que sentira ao imaginar o amigo conquistando Neusinha, sem entender o porquê, pois se considerava feliz no casamento e amava sua esposa.

Quando chegaram à fazendinha, foram recepcionados por Dagoberto que os esperava e os levou para conhecerem seu Benedito e a família.

Correndo de um lado para outro, Denis e Sabrina logo foram chamados para perto de Jorge, Edvaldo e Dagoberto ao lado de pequena arena elevada a um metro do chão, onde aconteceria o abate de um boi.

Próximas dali diversas entidades sombrias aguardavam o momento de poderem extrair os fluidos do sangue do animal que seria sacrificado, quando um daqueles espíritos cutucou outro, apontando em direção a Denis:

— Aquele ali é William num corpo de criança, ou estou vendo assombração?

A entidade aproximou-se mais para confirmar:

— Inacreditável! Ele mesmo e olhe quem está ao lado dele em um corpo de adulto — apontou para Jorge: — Nada menos que Brian. Precisamos levar esta novidade para Charles, pois se souber que os vimos e não revelamos, estaremos fritos.

— Claro que contaremos para ele, mas não antes de nos refestelar, pois Charles não matará nossa fome.

O espírito atormentado emendou:

— Espreitaremos a distância para extrair mais informações, enquanto preparam nosso jantar, pois se chegarmos para Charles informando só que os encontramos, estaremos fritos do mesmo jeito.

— E precisamos mesmo ficar a distância, pois olhe só as companhias dos "amigos"... — o espírito referia-se aos anjos guardiões ao lado de Denis e Jorge.

Pouco depois, três homens conduziram o bovino amarrado sobre a pequena arena, iniciando os trabalhos.

Um dos homens garroteou o pescoço do animal junto de uma das colunas da arena, enquanto outro apanhou grande marreta, atingindo com violência o crânio do bicho indefeso, acima do focinho, fazendo-o produzir curto mugido de dor, antes de tombar atordoado.

O coração de Denis disparou desordenado. O seu anjo da guarda, Élcio, iniciou no menino aplicação de passe de conforto, dizendo a Marcos, o anjo da guarda de Sabrina:

— Denis começa a entrar em contato com as memórias do passado...

Rapidamente os homens amarraram as patas traseiras do boi, içando-o por meio de grande roldana, de cabeça para baixo, quando seu Benedito aproximou-se com grande facão, enterrando-o com veemência no coração do animal.

Com o olhar fixado nos olhos abertos do bicho morto, Denis sentiu a angustiosa sensação, fazendo-o dar um passo para trás, começando a tremer, preocupando Jorge, que abaixou para perguntar:

— Filho, está tudo bem com você?

De repente, Denis parou de tremer, mas permaneceu estático, arregalando os olhos, enquanto as entidades espirituais se atropelavam em frenesi, extraindo os fluidos vitais que se esvaiam através do sangue, aos borbotões.

Uma cena se abriu à frente de Denis, visualizando na penumbra diversos lobos sendo jogados mortos em uma pilha enorme de sangue.

Jorge desesperou-se ao perceber o estado de choque no qual o filho entrou e tentou o chacoalhar pelos ombros para chamá-lo à razão, porém Denis demonstrou insensibilidade aos apelos do pai, deu outro passo para trás e assim permaneceu até que Sabrina, inspirada por seu anjo da guarda, pediu para Jorge:

— Por favor, deixe-me falar com Denis.

Dada a segurança que a menina manifestou, Jorge afastou-se um pouco, Sabrina tocou a testa de Denis com a mão direita e disse:

81

— Denis, volte.

Denis estremeceu, retornando à razão, sendo abraçado pelo pai:

— Filho, desculpe. Não imaginava que fosse ter esta reação.

Surpreendentemente, Denis desvencilhou-se agressivamente do abraço de Jorge, permanecendo próximo dele e apontando a arena, gritou com revolta:

— Acha divertida esta cena covarde? Já pensou numa martelada na sua cabeça e um facão enterrado no seu coração?

Chocado com a inesperada reação de Denis, Jorge respondeu com voz embargada, comovendo os presentes:

— Filho. Não estou lhe reconhecendo. Não parece você falando. Olha, se quiser, podemos voltar para casa agora mesmo, mas por favor, não fique desse jeito...

Denis virou as costas seguindo para o carro, sentou no banco de trás e ficou esperando, deixando Jorge sem saber o que fazer ou como agir.

Edvaldo aproximou-se dele dizendo comovido:

— Volte para casa, Jorge. Não se preocupe comigo porque retornarei com Dagoberto.

Jorge, Sabrina e Denis retornaram para seus lares sem dizer uma palavra no trajeto.

Capítulo 13

Nas trevas do mundo espiritual, em uma dimensão próxima ao centro da Terra, os dois espíritos que presenciaram o fato ocorrido no matadouro seguiam por túneis que as levavam ao encontro de Charles.

Ao chegarem próximos de uma caverna, um das sentinelas perguntou:

— O que fazem aqui?

— Desejamos relatar um fato que julgamos importante para o mestre — respondeu um deles.

— Anunciarei a chegada de vocês, mas estejam cientes de que, se o mestre julgar inútil seu relato, pagarão caro pela imprudência.

— Não importunaríamos o chefe se não julgássemos útil, mas, por favor, diga a ele que sabemos disso e que somos submissos aos seus julgamentos — respondeu o outro espírito.

As entidades se assustaram ao observar que a entrada da caverna havia se fechado, forte cheiro de enxofre invadiu o ambiente e a sentinela apontou às costas dos visitantes, onde estava a entrada:

— Neste caso, acompanhem-me.

As entidades o seguiram por meio de extenso labirinto de túneis que se estreitavam a cada curva, até chegarem a um amplo espaço, observando ao longe uma cadeira onde Charles estava sentado.

Ao notarem ser observados fixamente pelo mestre, ambos se ajoelharam.

Diversos animais disformes, assemelhando-se a cães, correram rosnando para cima das entidades que permaneceram imóveis e, ao sinal de Charles, cessaram os latidos, babando sobre suas cabeças, quando o anfitrião questionou, fazendo eco na grande câmara:

— Como se atrevem a não sentirem medo de minhas feras?

Ainda ajoelhados e de cabeça baixa, uma das entidades respondeu:

— Confiamos no mestre e sabemos que não podemos sentir medo das trevas para não contrariá-lo.

— Como criaturas desprezíveis como vocês podem saber?

— Sabemos que somos desprezíveis, mestre, assim como também sabemos os códigos que nos mantêm submissos às suas vontades.

A outro sinal de Charles, as feras afastaram-se e um dos espíritos começou a falar:

— Eu sou... — a entidade não conseguiu continuar, sendo surpreendida por Charles, segurando sua garganta, sufocando-o:

— Cale a boca, criatura bestial! Aqui, vocês têm o nome que eu quiser dar e sei o que veio fazer. Como ousa falar sem minha autorização?

No mesmo instante, Charles estava sentado novamente em sua cadeira, ordenando, enquanto a entidade sufocada tentava se recompor:

— Quero que fiquem de pé, olhem para mim, porque se o que vieram me dizer não for importante, se tornarão mais duas de minhas bestas.

Ambos obedeceram, mas permaneceram em silêncio, até que Charles sorriu exibindo a dentição negra:

— Agora sei que me conhecem. Abram a latrina de suas bocas e podem falar.

— Mestre, viemos lhe dizer que encontramos William e Brian...

Mal terminou a frase e Charles apertou a garganta do espírito:

— Sinto o cheiro de sangue... Vocês extraíram o resto de vida de uma carcaça em agonia... Dê-me!

Charles extraiu as energias de ambas as entidades, deixando-as extenuadas ao chão e novamente de seu trono, observou:

— Estou intrigado. O que estariam fazendo William e Brian próximos de uma floresta brasileira, num lugar empesteado de orixás? Respondam!

Com muita dificuldade, uma das entidades respondeu:

— Não sabemos, mestre. Viemos lhe contar assim que soubemos.

— Como têm certeza de que eram os dois?

— Além deles, reconhecemos os protetores que estavam ao lado deles.

— Imbecis! Não atinaram para o fato de que se os protetores se permitiram ver para rastreá-los, é porque sabiam que viriam até aqui?

— Mas nós sabemos que os protetores não podem rastrear o mestre em seu antro. Viemos contar assim que soubemos, porque sabemos que tem seus informantes e poderia descobrir, mas queremos sempre servir ao mestre.

Charles dirigiu o olhar hipnotizando a entidade e ajuntou:

— Sim... Estou vendo o que você fez com seu irmão no holocausto. Você se parece um lobo. Você se sente um lobo.

A entidade hipnotizada mudou o comportamento, transformando-se em algo semelhante a um lobo, começando a uivar, se rastejando, enquanto Charles disse à outra entidade:

— Eu sei o que vocês fizeram. Pensarei se você tornará a ver seu irmão, mas terá de cumprir uma tarefa. Vá! Agora que já sabe onde estão William e Brian, descubra mais a respeito deles e volte para me dizer. Você será monitorado, mas se for pego pelos protetores, sabe o que lhe acontecerá se revelar nosso esconderijo.

85

Enquanto o espírito, apavorado, foi conduzido para fora pela sentinela, Élcio e Cíntia, respectivamente protetores de Denis e de Jorge, invisíveis, trocavam impressões:

— Charles ainda cultiva a ignorância de acreditar-se invisível e intocável — comentou Cíntia.

— É melhor que pense assim — emendou Élcio — Acreditar que possui imunidade constitui ainda uma necessidade para ele que não se dá conta para que servem os atributos que conquistou.

— Levará muito tempo para tentarmos fazer Charles entender que não se pode impedir os desejos de mudança de alguém.

— Sim, será outro trabalho de paciência, pois prender Charles seria inútil para os propósitos futuros. O interesse dele por Denis fará com que nós possamos, em breve, libertar muitos espíritos que estão sob hipnose, presos naquele antro.

A quilômetros de distância da casa de Denis, acontecia uma caçada de tatus:

— Dois tatus. Está bom por hoje. Podemos ir embora.

— Pai, está faltando a Desafogada.

— De novo essa cadela desorientada! Não chegaremos tarde novamente por causa dessa cadela burra. Preciso roçar amanhã.

— Mas pai, ela deve ter se perdido na mata.

Pai e filho retornaram ao sítio chamando pela cadela Desafogada, mas não a encontraram e, chegando à rústica cabana, o menino lamentou:

— Desafogada ficou para trás...

O pai do menino jogou os tatus sobre a bancada de madeira do lado de fora, consolando-o:

— Esquente não, filho. Se não tiver enroscado numa onça, a cadela saberá voltar para casa. Agora limpe estes tatus e não se esqueça de jogar as tripas para os cachorros novos cheirarem. Vou dormir porque terei de madrugar.

Na mata, a cadela Desafogada era conduzida pelo espírito Aurélio, seu protetor e Luiz perguntou:

— Em quanto tempo Desafogada chegará ao vilarejo onde Denis mora?

— Duas semanas, mais ou menos... — respondeu Aurélio.

— Pelo caminho da floresta não poderá ser devorada por um predador?

— Se encontrarmos algum predador interessado nela, precisaremos intervir.

— Como fará isso?

— Da mesma forma como desorientei seu faro e direção do caminho de volta à cabana, tentarei desorientar o predador, ou apelarei para os elementais da natureza, que farão o que eu não conseguir.

— Como conseguem manipular os elementais? Eles parecem agir mecanicamente, de forma tão independente.

— Da mesma forma como fazemos em situações nas quais necessitem vibrações de envolvimento da vontade por meio do pensamento, com a diferença que no caso dos elementais a técnica envolve esforço maior, pois é preciso dissuadi-los do que estiverem fazendo na natureza, pois os elementais são entidades entre o mundo material e espiritual.

— Dissuadir os elementais do que estiverem fazendo não equivaleria produzir desequilíbrio da ordem natural do tempo-espaço, já que deles depende o equilíbrio da natureza?

— Momentaneamente. São prejuízos ínfimos, se comparados aos desequilíbrios produzidos pelo homem. Além disso, os elementais são tão numerosos quanto suas atribuições. Com isso, quero dizer que não é preciso utilizar duzentas partes de milhar de elementais para distrair uma presa, enquanto outras partes se organizam para cobrir a tarefa de outros milhares.

— Pobrezinha da cadelinha. Sofrerá por alguns dias enquanto não encontrar comida. É possível não sobreviver?

— Sim, é possível, mas pouco provável, porque Desafogada terá recursos favoráveis pelo caminho. Já cuidamos para encontrar a carcaça de um pequeno animal morto pelo caminho, assim ela restabelecerá as energias, mas se vier a desencarnar, promoverá sua reencarnação rapidamente, e seu destino será redirecionado para estar com Denis, Jorge e Sabrina.

— Pensei ter ouvido o Fábio dizer que a prioridade de Desafogada é estar com Denis.

— Inicialmente sim, mas o discorrer de seu destino segue para estar na companhia de Jorge e Sabrina.

— Impressionante! Quem podia imaginar que animais possuem destinos definidos de forma tão organizada?

— Realmente. Imagine a responsabilidade de um intermediador de animais como o Fábio. Não se esqueça de que tudo o que existe na matéria possui destino.

— Verdade... E com destino de progresso, sempre!

Capítulo 14

Duas semanas depois do desastroso programa no matadouro de seu Benedito, Edvaldo foi à procura de Neusinha, em seu acampamento.

— Vim me desculpar pela última vez que nos encontramos.

— Se desculpar por quê?

— Você tinha razão sobre o que previu que aconteceria com o filho do Jorge.

— O que houve com as crianças?

— A menina Sabrina já tinha visto abates onde morava antes de trabalhar para Alicia, mas quanto ao Denis...

Após revelar detalhes do ocorrido, Edvaldo finalizou:

— Não devia ter desprezado seu alerta, mas não pensei que o menino pudesse ter aquela reação.

— Preciso pagar algumas coisinhas que comprei na loja de Alicia e irei até a casa dela para ver o Denis. O que Jorge fez a respeito?

— Não há o que fazer, Neusinha. Jorge pediu desculpas ao menino, mas reclama que sentiu uma mudança de comportamento no moleque. Ele disse que já não tem o mesmo carinho de antes pelo pai, como se Jorge fosse o responsável por tudo o que aconteceu no matadouro.

Contrariada, Neusinha levantou-se, andando de um lado para outro:

— Jorge foi irresponsável, aliás, você também, Edvaldo! Cambada de ignorantes machistas! Acham que é preciso assistir a um assassinato de um indefeso animal para ser macho!

— Não precisa pegar pesado. Não foi irresponsabilidade. Só não imaginávamos que o moleque fosse ficar daquele jeito.

— Mas que droga! Não quis provocar desavença, por isso não falei para Alicia o que penso a respeito, mas estou arrependida, pois deveria ter falado.

— Está vendo? Nem a mãe do moleque pensou que isto poderia acontecer.

— Claro que não! Acho que ela não faz ideia de como é feito um abate! Alicia é ingênua demais, como toda mulher de cidade grande, pensa que quando entra no açougue a carne é plantada num vaso como pé de alface!

Edvaldo riu, irritando Neusinha:

— Você acha engraçado, não é? Vocês não têm nada na cabeça e... por favor, não conte este meu desabafo para ninguém, está bem?

— Pode deixar, Neusinha, não contarei nada, fique sossegada, mas é isso mesmo que falou. Confesso que a gente só se dá conta dessas coisas quando ouve de uma pessoa como você.

— Engraçado... por acaso "confundem" um bife ensanguentado com suco de uva? Não me venha com essa que nem pensam nisso! Humanos carnívoros são inconsequentes, comodistas e midiáticos! E para não dizer que são ignorantes, pois são políticos ao atribuírem "saúde" ao consumo de carne. Por acaso você sabe os prejuízos à saúde provocados pelo consumo de carne?

— Acabou, Neusinha? Pode por gentileza descer um pouco do seu palanque vegano?

— Está bem, desci — disse Neusinha cruzando os braços. — Agora pode me dizer por que veio me contar isso? Você veio pedir desculpas por ser burro, ou está me gozando?

— Não. Vim a pedido de Jorge.

— É mesmo? Pode me dizer por que Jorge pediu para você vir me contar essa novidade, que não é "tão" novidade assim? Sim, porque "quando a cabeça não pensa, o corpo padece", como diria minha mãe.

— É que o Denis não quer mais saber de comer carne e eu mesmo dei sugestão de que talvez você possa ajudar.

Neusinha arregalou os olhos, respirando fundo antes de dizer:

— Edvaldo, se veio aqui para sugerir que convença o pobre filho do irresponsável do Jorge a comer carne, lhe colocarei para correr!

— Calma, mulher! Você é radical demais! Acha mesmo que quero ser morto? É que você deve conhecer uma dieta. O Jorge e a Alicia estão preocupados do moleque ficar anêmico, é isso! Quem sabe se você, sendo vegetariana, o convenceria de pelo menos comer carne branca, peixe, sei lá...

Indignada, Neusinha corou de raiva, levando as mãos à cabeça, mas se controlou para ironizar:

— Mas é claro que sim... claro. Tenho outras sugestões, como pintar um bife com tinta branca. Aliás, pode entupir um tenro bife com maionese que fica branquinho, ou quem sabe convencer o menino que boi faz "co-ró-có-có" e que peixe é tão quietinho que não faz "muuuuu". Quer saber? Dê meia-volta e suma daqui, Edvaldo!

Neste momento, Kelly entrou para ver o que se passava, preocupada com a reação inflamada da amiga que estava de braço esticado apontando a porta para o rapaz:

— Oi, Neusinha, oi, Edvaldo. Que eu saiba ainda não abriram comportas, porque a usina ainda está em obras... O que está acontecendo?

Edvaldo respondeu:

— Tomara que quando abrirmos as comportas, a correnteza leve as "onças humanas" deste lugar também. Até mais ver e obrigado por nada, Neusinha!

Quando Edvaldo saiu a passos largos, Neusinha gritou:

— Diga para o irresponsável do Jorge que procure um nutricionista!

Sem compreender a atitude inesperada da amiga, Kelly saiu atrás de Edvaldo, perguntando:

— Edvaldo, por favor, não saia assim. O que aconteceu?

— Essa mulher é louca! Vim pedir ajuda para ela e quase fui bombardeado.

— Calma, espere. Não quer que eu fique andando atrás de você, não é?

Jorge cessou o passo, ficou de frente com Kelly, explicando o ocorrido.

Após concluir, Kelly segurou o quanto pode, mas explodiu em gargalhadas, se esforçando para parar:

— Desculpe, Edvaldo, desculpe. Por favor, não se zangue comigo.

— Acho que enlouqueci. A louca número um quase me joga pela porta afora, enquanto a louca número dois quase morre de rir à minha custa? Não entendi qual a piada.

— Edvaldo, Edvaldo. Espere, não vá embora que vou te explicar. Você, sugerir para uma criatura como Neusinha, convencer o filho do Jorge a comer carne branca e esperar que ela... — Kelly não conseguiu completar a frase e teve uma crise de riso, contagiando Edvaldo que começou a rir também:

— Agora estou entendendo... Putz, verdade. Fui burro demais...

Kelly parou, olhou para Edvaldo e não conseguia se controlar, esforçando-se para dizer:

— Cara... burro é mais inteligente...

Rindo com Kelly em desvario, Edvaldo respondeu:

— Neste caso sou obrigado a concordar contigo... mas me consolo pelo fato de pelo menos uma de vocês me fazer rir.

Kelly esforçava-se para parar de rir:

— Fique tranquilo que Neusinha se acalmará e certamente vai procurar Alicia para orientá-la, Edvaldo, mas este dia será inesquecível. Olhe, chorei de tanto rir.

— Fico feliz por isso, pois não tinha reparado que seu sorriso é tão lindo.

— Ai, meu Deus! Era só o que me faltava. Agora não sei se rio ou se choro por você ter saído vivo dos braços da Neusinha, para me dar uma cantada.

— Mas sabe, fazia tempo que eu não compartilhava risadas tão gostosas.

— Está bem, Edvaldo, confesso que fazia tempo que eu também não ria desse jeito. Então posso dizer que apesar de trágico, foi bom.

— Precisamos nos encontrar outras vezes para rir mais. O que acha?

— Não sei, mas pensarei nisto.

— Pense direitinho, mas como saberei se estou com mais sorte com você do que com a Neusinha?

— Você saberá. Seja paciente.

— Preciso ir, mas valeu a pena estar aqui. Pense com carinho.

— Está bem. Desde que você não pense que quero ver espetáculos no matadouro do seu Benedito, você não será morto, está bem? Quando Kelly entrou, Neusinha perguntou:

— Ouvi suas gargalhadas daqui. Esse sujeito estava gozando com minha cara?

— Calma, Neusinha. Ele me contou sobre a barbaridade que veio lhe pedir e não resisti. Mas você não sabe que esse pessoal é completamente sem noção?

— Então que aprendam ter noção! Mas pelo que vejo não é só engraçado que você achou... Hum, estou vendo um certo brilho neste seu olhar maléfico de bruxa.

— Não sei não. Até que o Edvaldo sem noção é bonitinho, você não acha?

— Nada que um bom arreio e chicotadas não consigam melhorar, mas não faz meu tipo.

— Eu sei quem faz seu tipo.

— Como não bastassem sugestões para eu convencer um menino a comer "carne branca", agora vem você para me lembrar de pensamentos "coloridos", Kelly?

Chegando à usina, Edvaldo entrou na sala de Jorge comemorando:

— Mirei a onça e acertei a tigresa!

— Como assim, Edvaldo? Convenceu Neusinha a conversar com Alice sobre uma dieta para Denis?

— Fique tranquilo que a convenci por meio da Kelly.

— Conte isso direito, Edvaldo.

Depois de revelar o ocorrido, Jorge interpelou o amigo:

— Liberei você para me ajudar e sai para dar cantadas na amiga da onça, Edvaldo? Se a Neusinha não orientar Alicia a tempo de o Denis não ficar anêmico, colocarei você em dois turnos diretos, sábado e domingo.

— Fique tranquilo que tenho certeza de que Neusinha irá, porque Kelly a convencerá, mas se você me colocar nos turnos que falou e puder contratar a Kelly como minha auxiliar, não precisa pagar pelas horas extras.

— Dureza... um cara apaixonado fica bobo mesmo. Mas parabéns! Até que enfim você encontrou alguém para lhe aguentar — finalizou Jorge em clima de alegria ao ver o contentamento de Edvaldo.

Capítulo 15

Denis saiu da escola e perto de sua casa observou um cão de porte médio revirando um latão de lixo.

Com medo da reação do animal, aproximou-se devagar e quando se sentiu observado, imediatamente o cãozinho seguiu em sua direção abanando o rabo.

Encantado, Denis abaixou-se para fazer carinho, rindo da felicidade de ser repetidamente lambido no rosto:

— Tadinho de você. Tão magrinho e tão sujinho...

Como se quisesse responder, o cão começou a latir, representando a alegria que sentiu, e de tanta alegria entre latidos e lambidas, Denis soltou o cachorrinho que corria de um lado para outro para chamar-lhe a atenção.

— Venha cá e fique quieto! — ordenou Denis enfático, fazendo o animalzinho esforçar-se para conter-se, baixando as orelhas, permaneceu ofegante com a língua de fora.

— O que você acha de ir para minha casa tomar um banho e comer uma comida gostosa? Você se chamará Stuart, que era o nome do meu antigo rato doméstico que foi para o céu dos ratos.

Observando melhor o animalzinho, Denis reparou:

— Você não tem bolinhas, nem pintinho, então é uma cadelinha! Hum... Terei que escolher outro nome para você, mas de momento não tenho ideia... Diga qual seu nome.

A cadela começou a latir novamente de alegria e Denis balançou a cabeça demonstrando tentar entendê-la. Começou a conversar com ela, rindo:

— Não estou entendendo... Como é? Au-au? Preciso aprender a sua língua, mas deixe que depois penso em um nome bem bonitinho para combinar com você, mas farei um trato: Só deixo você vir à minha casa se me alcançar.

Denis saiu em disparada com a mochila nas costas e a cadelinha facilmente o alcançou, fazendo graça mudando de um lado para outro enquanto corria, até que o seu novo dono se cansou, parando para respirar:

— Nossa! Você é boa corredora... Marronzinha? Luluzinha? Ainda não sei que nome vou lhe dar, mas a minha casa é logo ali. Agora terá que convencer minha mãe, depois meu pai quando chegar. Terá que se comportar direitinho...

Denis entrou com a cadela no colo, dirigindo-se à lavanderia onde estavam Rosemeire e Sabrina. Quando Sabrina olhou para a cadelinha, explodiu de alegria, vindo acarinhá-la:

— Mainha, olhe como se parece com minha Dorinha querida! Marronzinha amarelada... E é uma menininha mesmo... Lindinha, gostosinha, fofinha!

Rindo da reação de Sabrina, Denis passou a cadelinha para seu colo e vendo-a beijando sem parar, disse:

— Você é doida, Sabrina. Pare com isso porque há pouco ela estava virando uma lata de lixo.

Rosemeire interveio:

— Deixe de ser boba, Sabrina! A bichinha está imunda. Se continuar beijando ela desse jeito vai pegar doença!

— Denis, vamos dar um banho nela... Posso chamá-la de Dorinha? — perguntou Sabrina.

— Não gostei deste nome porque não combina com ela.

— Qual nome será então?

— Não sei... Estou pensando em deixar meu pai batizá--la, porque se fizer isso, é capaz de gostar dela. Se fosse macho o chamaria de Stuart em homenagem ao meu rato que morreu, mas como é uma cachorrinha, deixarei o nome por conta do meu pai.

Rosemeire coçou a cabeça para dizer desconfiada:

— Sei não, filho. Acho que precisará de sua mãe para convencer seu pai a ficar com a cachorra...

— Mas agora não dá para mudar! A cachorrinha é minha e ninguém pode tirar. Sabrina, vai, me ajude a dar um banho nela para ficar cheirosa e mostrar para meus pais.

— Claro que sim. E também precisamos dar comida, porque a pobre está pele e osso. Deve ter se perdido do dono.

— Achado não é roubado! Se vier alguém por ai procurando uma cadela, não diga nada, por favor.

— Claro que não digo! Também adorei essa bichinha lindinha, "gotosinha" — Sabrina não cansava de esfregar as orelhas da cadelinha.

Na loja, Neusinha conversava com Alicia:

— Não fique preocupada! Denis não morrerá de fome só porque não come carne.

— Fico mais tranquila. Farei como você orientou, abusando dos grãos, verduras, legumes e frutas. Difícil será convencer Denis, porque nunca foi afeito a saladas.

— Com o tempo ele se acostuma, ainda mais se você e Jorge incentivá-lo mudando seus hábitos também.

— De mim pode esperar, porque como disse, se for sobre os benefícios à saúde, estou dentro, mas quanto ao Jorge, duvido! Se não tiver carne no almoço e no jantar, Jorge acredita que não se alimentou.

— Jorge mais noventa e nove por cento da população!

— Obrigada por suas orientações.

— Imagina, Alicia. Já está na hora de você me visitar, assim lhe ensinarei a preparar umas receitas vegetarianas.

— Agora dá para ir à sua casa, pois finalmente criei coragem e estou de carro. Jorge comprou uma caminhonete como a do Edvaldo e fiquei com o carro que era dele. Agora me sinto livre como um pássaro.

97

— Que bom, Alicia! Vamos combinar. Prepararei um chá com ervas mistas. Você vai adorar!

— Quarta-feira da semana que vem, à tarde. Posso levar Denis, Rosemeire e Sabrina?

— Ficarei muito feliz e adicione um bolo de aipim ao chá de ervas que farei com muito carinho.

Quando Alicia chegou em casa, aprovou a surpresa, ansiosa pela chegada de Jorge, mas quando Jorge se deparou com a nova integrante da família, tentou disfarçar a contrariedade, apesar da alegria demonstrada por Denis:

— Olhe, pai! Esta é a mais nova integrante da família e está esperando você dar um nome a ela.

— Muito interessante, filho. Bonitinha a cadelinha...

— Que nome dará a ela, pai?

— Ainda não sei, filho. Pensarei num nome e amanhã lhe falo. Não está pensando em deixá-la no seu quarto, está?

— Claro que não, pai. Arrumei uma grande caixa de papelão para ela dormir do lado de fora, até você comprar uma casinha para ela.

Logo que terminou o jantar, Rosemeire despediu-se junto com Sabrina:

— Boa noite. Durmam bem. Denis, a caminha de sua filha mais nova está arrumada.

— Obrigado, Rosemeire. — respondeu o menino, animado.

A caminho de casa, Sabrina comentou com Rosemeire:

— O senhor Jorge não gostou do Denis trazer a cadelinha.

— Conte uma novidade! Claro que não gostou, porque pessoas como o senhor Jorge não gostam de ter preocupações que julguem desnecessárias.

— Mainha, o senhor Jorge arrumará um jeito de se livrar da cadelinha.

— Problema dele, Sabrina! De nossa parte devemos assistir e se isso der briga, já lhe adianto: Não se meta, justamente porque não é problema nosso.

— Eu também quero uma cadelinha para mim.

— A casa em que moramos é do senhor Jorge, então precisaremos pedir para ele, mas acho que não fará objeção, pois ele nunca aparece.

Quando Denis deitou, Jorge entregou-lhe a mamadeira, esperou ele dormir, saiu do quarto e foi ter com Alicia:

— Como você admitiu a entrada dessa cachorra, Alicia? Estávamos em paz sem este tipo de preocupação!

— Amor, onde morávamos tínhamos desculpa de não querermos um bichinho, mas agora com tanto espaço. Denis é criança e é natural que queira ter um animalzinho.

— Uma "bichinha" você quer dizer! Ainda mais essa. Uma cadela para nos preocuparmos com alguma prole quando passar pelo portão e cruzar com outro vira-latas, aliás, essa cadela parece uma meleca! O focinho não se parece com nada, tem cabeça maior que o corpo, patas grandes. É a personificação de uma meleca!

— Não adianta ficar nervoso. Não tenho culpa de nosso filho ser uma criança normal e saudável que gosta de animais domésticos! Se acha a cachorrinha feia e sem graça, por que antes não trouxe outro bichinho para o Denis? Ele sempre lhe pediu, mas você sempre negou dando desculpas, como se desculpas pudessem convencê-lo.

— Cuidarei disso, mas precisarei de sua ajuda.

Jorge e Alicia não sabiam, mas Denis fingia dormir, escutava a conversa atrás da porta e correu sorrateiro para seu quarto ao perceber quando seu pai se levantou do sofá.

Sem fazer barulho Jorge apanhou a cadelinha da caixa, levou para seu carro e a abandonou a quinze quilômetros de sua casa. Colocou a cadelinha no chão e disse:

— Não me leve a mal, cadelinha. Espero que encontre seu antigo dono, ou arrume um novo — e retornou para sua casa.

Nas trevas, a entidade prestava contas a Charles que mal podia acreditar:

— Maldito animal! Pode morrer mil vezes e reencarnará duas mil vezes na casa de William!

— Fique tranquilo, mestre. O Brian, agora Jorge, livrou-se da cadela.

— Cale a boca, quadrúpede imbecil! Já vi a criatura morrer dezenas de vezes, mas os protetores de estrume sempre encontram uma forma de uni-los novamente.

— Mestre, aqueles que o senhor pôs para me ajudar a vigiar a casa de William acabaram fugindo, porque acharam que o senhor não conseguiria encontrá-los.

— Você pode encontrá-los. Olhe, — apontou — eles estão ali. — É isto que acontece com quem tenta me enganar.

A entidade olhou com atenção na direção indicada por Charles, apavorando-se ao observar os espíritos que lhe acompanharam sofrendo muito, amarrados por correntes e farpas fincadas sob suas peles, que iam da cabeça aos pés.

Capítulo 16

De manhã, Jorge esperou Denis acordar:

— Filho, eu e sua mãe temos uma novidade feliz para lhe contar. A cadelinha viu uma mulher passando pela rua, ficou toda feliz e abrimos o portão para ela correr, pulando no colo de sua dona, que chorou de emoção. Não é verdade, amor?

Alicia respondeu comovida, sem olhar para Denis, que perguntou:

— Como era a dona da cachorra, papai?

— Era uma mulher gorda, alta, estava usando um vestido e a cachorrinha latia sem parar quando a viu.

— Se latiu, por que não acordei papai?

— É que... foi bem cedo e você ainda dormia, filho.

Notando a patente indiferença de Denis, Alicia perguntou:

— Filho, você tem prova hoje?

— Não, mamãe.

— Está se sentindo bem? — continuou Alicia.

— Não.

— E por que está agindo desta maneira? — perguntou Jorge.

Denis levantou-se violentamente da mesa, explodindo de raiva:

— É que você diz para eu não mentir, mas mente muito mal papai! Eu ouvi o que você disse sobre minha cachorri- nha ontem à noite.

Ao ver Denis chorar e correr para o quarto, Jorge levantou-se, mas foi impedido por Alicia:

— Querido, pare! Eu mesma falarei com Denis. Não piore as coisas.

— Essa é boa! Quer dizer que escuta nossa conversa atrás da porta. Alicia, isso não pode ficar assim!

— Amor, novamente preciso lhe dizer que nosso filho ainda é uma criança. Deixe que chamo a atenção dele, mas você há de convir que livrar-se da cachorrinha desta maneira foi uma péssima ideia.

— Mas que droga! De que jeito queria que eu me livrasse dela? Está bem, arrumaremos um cachorro decente para ele, então!

— Jorge, querido. As coisas não são assim. Sabe muito bem que nosso filhinho agora terá algo para superar. Ele está crescendo, Jorge. Entre criança e pré-adolescente, entende?

— Quando pensei que viveríamos sem problemas porque mudamos de lugar, foi um engano. Agora serei tachado de mau pai, só porque não quis uma "meleca" em nossa casa!

— Não fique assim, querido. Eu sei como se sente, mas o que é a vida se não tivermos de enfrentar desafios? Conversarei bastante com Denis e quando você chegar verá que tudo estará diferente.

☙ ❧ ☙ ❧

Jorge saiu para trabalhar e Alicia perguntou para Rosemeire que retirava a mesa do café da manhã:

— Não vi Sabrina hoje. Onde ela está?

— Ontem Sabrina escorregou na cozinha de nossa casa e bateu o joelho. Não quis sair de casa porque estava com dor.

— Então não abrirei a lojinha hoje. Passaremos em sua casa para levar Sabrina ao hospital na cidade.

— Não precisa, Alicia. Foi só uma pancada. Fiz compressas frias no joelho dela e enfaixei.

— E se tiver fraturado? É melhor tirar um raio-x para ter certeza.

— Imagine, Alicia! Se tivesse fraturado estaria chorando de dor, mas não é o caso, mesmo assim, obrigada.

Alicia chamou Denis e conversava com ele no carro, a caminho da escola:

— Filho, seu pai ficou muito chateado da maneira como falou com ele. Isso não se faz querido...

— E você acha certo o que ele fez, mamãe?

Alicia ruminou por instantes para encontrar uma resposta:

— Denis, precisa aprender que nem tudo é do jeito que a gente quer. Quando vivemos em família precisamos nos adaptar a algumas coisas que nos contrariam. Isso faz parte do bem viver.

— Entendi, mamãe. Isso significa que quando a gente não estiver contente com alguma coisa, devemos fazer outras coisas escondido e mentir para quem a gente gosta, para ser do jeito que a gente quer, não é? — ironizou irritado, deixando Alicia perdida:

— Mas que coisa, Denis! Puxa, você tem resposta para tudo? Precisa aprender a ser mais flexível!

— Mamãe, serei flexível. Pede para o papai trazer minha cachorra de volta.

— Ai, meu Deus! Denis, seu pai não gostou da cadela. Tenha paciência, pois lhe contarei um segredo: Ele irá à cidade para trazer um cachorro com pedigree para você, está bem?

— Não! Eu quero a minha cachorra de volta!

— Você chama isso de flexibilidade, Denis?

— A senhora foi obrigada a gostar do papai e o papai a gostar de você? Se não foi, por que eu tenho de gostar do cachorro que ele vai escolher para mim?

— Denis, meu filho, assim não dá!

— Eu sei que dá, mamãe! Se o papai não devolver minha cachorra, sairei para procurar!

— É mesmo? E vai procurá-la onde?

— Papai só pode tê-la levado para a fazendinha do seu Benedito! Eu sei onde fica a estradinha que leva até lá.

— Denis, não faça isso e não se atreva a me desobedecer! Imagine, não quero saber de você ser devorado por uma onça-pintada! Estamos na floresta, não no parque de diversões! Prometo que conversarei com seu pai à noite.

— Papai trará minha cachorra de volta?

— Como saberei, Denis? Olhe que situação você me coloca!...

— Está bem, mamãe.

— Não me deixe preocupada e prometa que quando sair da escola irá para casa.

— Está bem, prometo.

Alicia deixou Denis na escola, beijando-o e recomendando:

— Filho, concentre-se nos estudos. À noite, conversaremos com seu pai.

O instinto de mãe não deixou Alicia trabalhar em paz.

Perto do horário de encerramento da aula de Denis, ela fechou a loja e foi para a escola.

O drama se iniciou quando esperou todos os alunos saírem e Denis não estava entre as crianças.

Quando procurou informações na secretaria, uma das professoras informou que Denis faltou à aula, instaurando pânico em Alicia, que saiu em disparada fazendo o caminho que Denis normalmente fazia e, chegando em casa, entrou perguntando para Rosemeire se o filho já tinha chegado.

— Denis ainda não chegou, Alicia. Mas por que você está tão pálida?

— Pelo amor de Deus, Rosemeire, me ajude! Denis não entrou na escola e quando o deixei me deu a entender que sairia à procura da cadela.

— Onde Denis procuraria a cadela? O menino falou aonde ia?

— Disse que acreditava que Jorge tivesse deixado a cadela na fazendinha do seu Benedito. Você sabe como ir até lá?

— Sabrina me disse que levaram uma hora e meia de carro, no dia que foram com senhor Jorge. Não sei se ela sabe como chegar lá.

— Deus do céu! A antena de celular foi instalada neste fim de mundo, mas não está em operação, não tenho como falar com Jorge. Largue tudo do jeito que está. Vamos perguntar à Sabrina e, se ela não lembrar, iremos à usina pedir socorro para Jorge.

— Nunca fui à usina. Você já foi lá, Alicia?

— Não, mas seguiremos pela terra batida que abriram para acesso dos caminhões. Não posso esperar. Já pensou se Denis se meteu no meio da mata, está perdido e for devorado por uma onça?

— Deus me livre guarde! Vamos, precisamos correr, Alicia!

Quando chegaram à casa de Rosemeire, Sabrina não estava e Alicia desesperou-se:

— Peça para sua vizinha avisar Sabrina quando chegar. Vamos, Rosemeire.

Depois de relatar rapidamente os fatos à vizinha, Rosemeire deixou recado para Sabrina, assim que chegasse, esperar na casa de Alicia. Já dentro do carro, ela disse para Alicia:

— Onde será que se meteu Sabrina? Alicia, correndo desse jeito nos matará!

Após quarenta minutos de angústia, Alicia leu pequena placa indicando a direção:

— Olhe, Rosemeire: "IBAMA". Deve ser onde Neusinha trabalha e provavelmente terá mais recursos para nos ajudar.

Chegando ao posto, foram recepcionadas por um funcionário que as levou até Neusinha que se prontificou a ajudar:

— Mas que coisa! Tudo isso por causa de uma cadelinha. A Kelly é especialista em resgates. O que acha que pode fazer, amiga?

Kelly deu um copo de água com açúcar para Alicia que não se cabia de preocupação:

— Seu menino não veio nesta direção, Alicia. Se ele lembra da estrada que leva à fazendinha, é no sentido contrário. Na idade do Denis, costumam andar pela trilha da estrada. É difícil embrenharem-se na mata, porque tem muitos obstáculos.

— O que devo fazer?

— Você, nada, querida. Nós faremos — disse Kelly. — Seguiremos você até sua casa com nosso carro, você ficará lá, enquanto sairemos à procura de Denis pelo caminho que talvez ele tenha feito.

— E se ele tiver se perdido? — indagou a mãe desesperada, quando Neusinha tomou a palavra:

— Será complicado, porque estamos falando de muitas possibilidades, afinal a área é muito extensa. Terá de confiar em nós, Alicia. Vou com Kelly, mais dois homens nossos, de confiança.

— Preciso avisar Jorge, que ainda não sabe do sumiço de Denis.

— Pedirei para um funcionário tentar avisar seu marido pelo rádio, mas se não conseguir, ele irá até a usina com meu carro.

Após fazerem as últimas recomendações no posto, Kelly juntou espingardas, desesperando Alicia:

— Para que as armas?

— Fique tranquila, Alicia — respondeu Kelly. — São de tranquilizantes, não de balas, levamos apenas por medida de segurança, caso encontremos indícios do Denis ter entrado na mata. Vamos — ela olhou para o relógio na parede — porque são seis da tarde e logo vai escurecer.

Capítulo 17

Depois de chegarem à casa de Alicia, e a deixarem com Rosemeire, Neusinha e Kelly, mais dois homens, saíram à procura de Denis.

Rosemeire perguntou à Sabrina onde estivera e ela mentiu:

— Fui tomar caldo de cana na casa de Ana Bela. O pai dela comprou um moedor de cana e ela me chamou.

— Já te falei para não sair de casa sem me avisar, Sabrina! Por que me desobedeceu?

— Desculpe, mainha... A casa da Ana Bela é muito perto da nossa e eu não podia andar muito por causa deste machucado — Sabrina exibiu o joelho com a bandagem. — Mas — desviou o assunto — conte direito essa história do Denis ter ido à caça da cachorrinha...

Após chegarem à fazendinha e não encontrarem Denis, Neusinha disse:

— Assim fica difícil... Se o menino tentou vir para cá, se perdeu, e estamos sem pistas.

— Está escurecendo e daqui a pouco deve vir chuva — anunciou Kelly. — Faremos uma procura no perímetro entre a estrada e a mata, retornando pelo mesmo caminho, mas se não encontrarmos o menino, não teremos escolha senão entrar na mata.

Seu Benedito, que escutava a conversa, ofereceu-se:

— A gente pode pegar meus "peão" do matadouro para procurar o menino. Daí vocês me trazem uma peça de roupa sem lavar dele, damos para os cachorros de caça cheirar e cada um de nós sai para caçá-lo.

Neusinha se irritou:

— Cães de caça, seu Benedito? Por acaso o seu pessoal anda caçando nessas terras, mesmo sabendo que é reserva florestal e é crime caçar por aqui?

— Claro que não, dona Neusinha... claro que não. É que cachorros têm instinto, sabe como é — disfarçou seu Benedito, com observação final de Kelly:

— A verdade é que se não encontrarmos o menino hoje, cães farejadores de nada valerão, porque a chuva apagará rastros e cheiros, mas precisaremos de toda ajuda possível e viremos procurar o senhor para colocar mais pessoas para procurar Denis na mata.

Denis caminhava perdido mata adentro, quando começou a chover torrencialmente.

Exausto e sem forças, parou e se sentou no meio da mata, ignorando que junto dele estavam entidades perversas a mando de Charles. Um dos espíritos comentou:

— O mestre adoraria se o moleque morresse e pudéssemos ter a oportunidade de levá-lo até ele — ao que outro espírito emendou:

— Não seja idiota! Se ele morrer, o protetor o levará para outro lugar. Não estamos vendo o protetor, mas certamente está perto, nos observando e nos escutando.

Três horas depois ainda chovia quando Neusinha, Kelly e os dois homens chegaram à casa de Alicia que saiu no meio da chuva, desesperando-se ao observar que Denis não estava com eles.

Jorge ameaçou sair para procurar Denis, mas foi impedido por Neusinha:

— Não vá, Jorge! Se nós, que estamos habituados, não encontramos o Denis, não será você que vai encontrá-lo. Muito pelo contrário. Se sair agora, serão duas pessoas a serem resgatadas. Amanhã bem cedo retomaremos a busca.

Fora de si, Jorge gritou:

— Sugere que deixe meu filho perdido no meio da noite, sem saber onde está?

Condoída ao ver a situação do marido, Alicia abraçou-o, tentando confortá-lo:

— Querido, eles sabem o que dizem. Precisamos fazer o que sugerem. Vamos rezar para essa chuva parar, para que tenham condições de recomeçar as buscas amanhã. Por favor, Neusinha, durmam aqui para facilitar.

— Certamente, Alicia — respondeu Neusinha. — Ficaremos aqui e planejaremos estratégias de resgate.

Depois de tomarem um lanche e consultarem Sabrina e Alicia sobre a rotina de Denis, Neusinha dormiu com Kelly no quarto de hóspedes e os dois homens dormiram em colchonetes no quarto de Denis.

Rosemeire e Sabrina foram para a casa delas descansar, mas Alicia e Jorge não conseguiram dormir, apoiados um ao outro.

Na madrugada, Neusinha sonhou que estava próxima a Denis, encolhido debaixo de uma árvore, mas, quando se aproximou dele, uma mulher acompanhada de um homem apresentou-se:

— Você não conseguirá acordá-lo, Neusinha.

— Por que não? Estou lembrada de você, mas não sei de onde. Quem são vocês?

— Sou sua protetora, e este é o protetor de Denis, que está cuidando dele.

— Mas preciso levar o Denis de volta para casa. Seus pais estão desesperados.

Élcio, o protetor de Denis, tomou a palavra:

— Voltaremos com você para que guarde o caminho, para resgatar Denis amanhã pela manhã. Venha conosco.

— Não posso retornar sem Denis! — disse Neusinha, confusa, tentando em vão acordá-lo — Não consigo tocá-lo — cansada e impotente, cedeu: — Está bem, seguirei vocês. Por favor, me ensinem o caminho.

Ao chegar perto da estrada de terra, Neusinha exclamou:

— Mas que menino! Não previmos que estivesse ali. Desviou-se da rota que pensávamos ter seguido.

— Sim — respondeu Brenda, sua protetora, levando a mão sobre sua fronte, mas Neusinha a impediu de tocá-la, exigindo explicação:

— Estou aqui, mas sinto que não estou. Como pode ser?

Élcio respondeu:

— Brenda fixará este lugar em sua memória para recordar-se onde esteve, quando acordar.

— Estou preocupada. E se não me lembrar?

— Fique tranquila que a auxiliaremos para se lembrar. Não vai se recordar de nós, nem deste momento, mas guardará tudo o que viveu nesses instantes por meio da intuição.

Neusinha mexeu a cabeça em uma afirmativa e deixou que Brenda a tocasse. Brenda encostou levemente uma das mãos na testa de Neusinha e seria novamente conduzida para seu corpo físico, mas ela voltou-se dizendo antes de perder a consciência:

— Com licença, um minuto...

— Para onde ela foi? — perguntou Élcio.

— Para o passado — respondeu Brenda, seguindo sua tutelada através do tempo, acompanhada de Élcio.

Os dois benfeitores espirituais passaram a observar as lembranças de Neusinha, que arrastava sua irmã pelos cabelos, diante dos pais:

— Alicia, hoje é o dia de aprender como preparar o jantar.

Obrigando Alicia a entrar em um pequeno cercado de madeira onde estava um cordeiro, Neusinha jogou-lhe uma pequena corda, ordenando:

— Amarre as pernas do bicho!

— Não tenho coragem de fazer isso. Não me obrigue, Neusinha, lhe peço, por favor...

Irritada, Neusinha apanhou o chicote, gritando:

— É minha obrigação lhe ensinar a se tornar uma mulher de verdade! Como mandar nos empregados se não sabe como fazer? Qual homem vai querer casar-se com uma mulher inútil que não sabe sequer preparar um jantar?

Observando da janela, o pai de ambas gritou:

— Agora é você quem está com pena, Neusinha? Está esperando o quê para descer-lhe o chicote? Nossa família não admite mulheres covardes. Acabe logo com isso!

Neusinha preparou-se para dar chibatadas em Alicia, mas ela mudou de ideia:

— Está bem, está bem, eu faço!

Observando a dificuldade de a irmã fazer o cordeiro cair, Neusinha tomou à frente, apanhando as patas traseiras do bicho, derrubando-o violentamente, orientando em voz baixa:

— É assim que se faz criatura! Deixe de ser mole e faça direito, senão eu que levarei uma surra do papai, mas não sem antes deixá-la cheia de cicatrizes!

Neusinha soltou o cordeiro para Alicia tentar novamente dominá-lo que, enchendo-se de coragem, atirou-se ao chão para segurar as patas traseiras do animal, conseguindo derrubar o cordeiro, para o deleite dos pais que observavam juntos, rindo da janela da cozinha. A mãe ajuntou:

— Neusinha, não entregue o punhal ao cordeiro, porque é capaz de ele matar sua irmã!

Neusinha novamente orientou em voz baixa:

— Alicia, amarre sem dó, molenga dos infernos! Se deixá-lo escapar não terei alternativa senão surrá-la.

Chorando e com dificuldade, Alicia conseguiu amarrar as patas traseiras do animal, enquanto Neusinha segurou as patas dianteiras, virando-o de bruços:

— Está quase lá. Pegue o punhal e enterre-o aqui, onde fica o coração. Veja, é esta a posição lateral na qual o punhal deverá penetrar. Enfie com força e pare de chorar!

Chorando muito, Alicia segurou o punhal e confessou:

— Neusinha, eu não tenho coragem de fazer isso.

— Preste atenção, Alicia. Vou ajudá-la porque papai e mamãe não conseguem ver de onde estão, mas da próxima vez não estarei com você para fazer isso. Permaneça imóvel e finja que é você.

Neusinha segurou com firmeza a mão trêmula de Alicia, enterrando o punhal no coração do cordeiro que gritou até morrer.

Acreditando que tinha sido Alicia a autora, os pais aplaudiram da janela. Sua mãe exclamou aliviada:

— Está melhorando! Muito bem!

Enquanto Neusinha ensinava escalpelar o cordeiro, Alicia fazia cara de nojo.

— Não sei por que nasci nesta família. Deveria ter nascido morta!

— Cale a boca, Alicia! Se continuar reclamando, lhe mostrarei que nunca é tarde para satisfazer sua vontade de morrer. Se quiser, mate-se!

— Quer mesmo que eu morra?

Neusinha parou, suspirou e disse:

— Alicia, você é minha irmã mais nova, amo você. É meu dever lhe ensinar as obrigações. Não sou culpada de nascermos numa família de bárbaros. Pare de ser molenga e faça o que tem de fazer!

— Neusinha... será que escolhemos onde nascer?

— Não! Mas certamente escolhemos onde morrer, então pare de falar e termine logo este cordeiro, porque se atrasarmos o assado, papai vai descontar sua raiva em nós.

Capítulo 18

Às seis horas da manhã, Neusinha, Kelly, os dois homens e Jorge partiram para a mata à procura de Denis.

Em determinado ponto, Neusinha teve ímpeto de parar, despertando a curiosidade em Kelly:

— Por que parou, Neusinha?

Introspectiva, Neusinha demorou para responder:

— Não sei... sinto que passei por este lugar. Mas seria ilógico Denis entrar por aqui, porque este não é o caminho para a fazendinha.

Brenda, protetora de Neusinha, pediu para Esteves, protetor de Kelly:

— Neusinha não confiou na intuição. Por favor, tente você com Kelly.

Esteves tocou a cabeça de Kelly e, quando Neusinha prosseguiu, foi impedida pela amiga:

— Pare, Neusinha!

— O que foi, Kelly?

— Não sei... estou com um estranho pressentimento...

Kelly desceu do carro, apanhou a espingarda e pediu para um dos homens no banco de trás:

— Por favor, dê-me o sinalizador. Precisamos nos separar. Na dúvida, quero vasculhar este lugar e, se encontrar o menino, farei o disparo.

Neusinha discordou:

— Entre no carro, Kelly. A mata é muito fechada e perigosa, Denis não entraria aí.

— Ficarei aqui. Caso tenha acontecido uma tragédia ao menino, cuidem para que o pai dele não veja.

Kelly adentrou a mata e Neusinha prosseguiu.

Após trinta minutos caminhando, Kelly encontrou um pequeno pedaço de pano, deduzindo que poderia ser de alguma peça de roupa de Denis e observou à frente galhos quebrados, por onde seguiu em linha reta, deparando-se com uma cobra cascavel:

— Mas que droga! Justo o tipo do qual mais tenho medo.

As entidades trevosas estavam próximas e uma delas disse à líder:

— Ela não percebeu que há outra cobra bem ao seu lado.

A líder ordenou:

— Assuste a cobra para picar essa idiota!

A entidade obedeceu, mas Esteves, invisível a elas, incitou os elementais, fazendo a cobra correr para o lado contrário, assustando Kelly:

— Ai, meu Deus! Tinha outra cobra bem ao meu lado e não vi. Obrigada, meu anjo da guarda.

— Idiota. Era para assustar a cobra na direção dela! — impôs a líder.

— Foi o que fiz. Não entendi porque avançou do lado contrário — lamentou a outra entidade.

Kelly parou para fixar o olhar no céu ensolarado, pedindo:

— Espíritos da mata e meu anjo protetor, por favor, rogo humildemente para que me conduzam até o menino Denis, se estiver na minha direção. É pelo sentimento de compaixão por ele e pelos pais angustiados que lhes peço.

Um vento forte levantou folhas do chão, produzindo brisa agradável no rosto de Kelly, quando incógnito espírito de grande estatura, portando um cocar, surgiu por trás das entidades trevosas:

— O que esta criatura de carne que caça e invoca, faz diante das criaturas escuras?

Recebendo um choque energético por aquela presença, as entidades partiram em disparada.

Quando a entidade aproximou-se de Kelly para perceber suas intenções, Esteves tornou-se visível, cumprimentando-a:

— *Okê arô, Oxossi!* Minha protegida caça um menino perdido na mata e pede nossa assistência.

— A "corda" do sopro branco não consegue agarrar a carne, mas a minha pode.

Utilizando de recursos materializados, a entidade laçou a mão de Kelly, fazendo-a sentir-se empurrada, colocando-a a andar rapidamente, sem parar até que em determinado ponto parou exausta, ofegante:

— Minha nossa! Acho que estou ficando louca! Embalei uns dois quilômetros mata adentro, para quê?

Oxossi fez Kelly virar a cabeça para o lado direito, dando um pulo ao ver um tênis fora de grande touceira, observando mais apuradamente que se tratava do pé de Denis.

Antes de seguir até lá, ajoelhou-se, implorando, quase a chorar:

— Meu Deus, faça com que este menino esteja vivo, mas se não estiver, dê-me forças para suportar.

Correndo até a touceira, Kelly puxou cuidadosamente Denis pelo pé, respirando. Aliviada ao ouvi-lo balbuciar, agradeceu:

— Obrigada, espírito das matas, obrigada, meu anjo da guarda! Graças a Deus!

Sem que Kelly percebesse, Oxossi respondeu antes de dissipar-se:

— Aceito sua gratidão como oferenda.

Kelly disparou três sinalizadores intercaladamente, sentando-se com Denis, apoiado entre suas pernas, oferecendo-lhe água do cantil:

— Calma, Denis... tome devagar... Tem que ser devagar, porque está desidratado.

Denis delirava:

— Tia, estou morrendo de sede. Eu vi um monte de fantasmas durante a noite. A tia Neusinha esteve aqui, mas me deixou e foi embora.

— Calma, querido. Pare de se movimentar, descanse que logo voltaremos para casa.

Quando os demais os encontraram, Kelly solicitou:

— Coloquem-no na maca. Está muito debilitado.

Jorge aproximou-se, abraçou Denis muito emocionado. Em seguida, o menino perguntou com dificuldade:

— Papai, você trouxe minha cachorrinha de volta? Não podia ter tirado ela de mim, papai.

Jorge caiu em prantos e foi acolhido por Neusinha, que o consolou enquanto caminhavam pela mata:

— Não fique assim, Jorge. Denis está delirando porque está exausto, emocionalmente abalado e desidratado. Iremos direto para nosso posto, pois lá administrarei soro e ele ficará bem.

Somente Jorge parou na vila para apanhar Alicia, Sabrina e Rosemeire, seguindo para o posto do IBAMA, onde Neusinha tinha recursos para tratar Denis adequadamente e quando lá chegaram, Neusinha recomendou:

— Fiquem tranquilos. Denis ficará melhor daqui a algumas horas. Alicia, aguente um pouquinho, deixe-o dormir. Dei soro para reidratá-lo, mas precisa descansar. Sentem-se e esperem. Jorge, por favor, precisamos conversar.

Do lado de fora, Neusinha quis saber:

— Para onde levou a cadelinha?

— Para um casebre desabitado a uns quinze quilômetros de nossa casa.

— Por favor, não fique contrariado, mas haveria a possibilidade de ir até lá para tentar encontrar a cachorrinha?

— Posso tentar, mas...

— Fale, Jorge.

— Não sei... e se eu fosse até a cidade para comprar outro cachorro para Denis?

— Devolverei a pergunta: E se Denis continuar magoado porque você sequer tentou encontrar a cadelinha? Creia-me, no momento, o melhor a fazer é procurar a cadelinha e, se não a encontrar, eu mesma testemunharei que você tentou.

Concordando em procurar a cadela, Jorge quis levar Sabrina, pois como ela havia cuidado do animal com Denis, se ainda estivesse próxima do local onde a deixou, era possível que a cadela sentisse o cheiro da menina.

— Não sei, senhor Jorge — Rosemeire estava indecisa — Sabrina está com o joelho machucado e não pode caminhar.

— Mas Sabrina poderá ficar no carro, esperando. Não precisará andar.

Sabrina respondeu antes que Rosemeire:

— Mainha, por favor, deixe-me ir com o senhor Jorge. Eu quero ir.

Rosemeire consentiu e Jorge seguiu com Sabrina em direção ao lugar onde havia deixado a cachorra.

No caminho, Jorge manifestou seu arrependimento e Sabrina quebrou o silêncio quando estavam já perto do vilarejo:

— Por favor, pare senhor Jorge.

— Devemos ir logo, Sabrina. Se pararmos...

Sabrina não deixou Jorge concluir, pedindo novamente, dessa vez de maneira enfática:

— Eu pedi para o senhor parar. Por favor!

Estranhando a atitude de Sabrina, Jorge concordou:

— Já sei. Pode dizer que ficou chateada, Sabrina. Estou escutando.

— Não é isso, senhor Jorge. Sabe que não faria nada para chateá-lo porque gosto muito do senhor.

— Está bem. Também gosto de você. Podemos seguir agora?

Sabrina respirou fundo:

— Preciso lhe contar uma coisa, mas estou com medo de ficar bravo comigo.

— Está me preocupando, Sabrina. Diga logo.

— O senhor promete que não vai despedir a minha mãe?

— Sim, prometo, mas o que pode ser tão grave que faria eu despedir Rosemeire?

— Eu sei onde está a cachorrinha.

— Como pode saber, se a deixei a quilômetros daqui?

— Previ que o senhor daria cabo da pobre e fiquei vigiando sua casa enquanto minha mãe dormia, na noite em que o senhor levou a cadela.

— Sim, e daí?

— Daí que o senhor não viu, mas eu estava na caçamba de seu carro, onde machuquei o joelho e quando o senhor desceu para deixar a cachorra, desci junto, mas o senhor não me viu, porque fiz tudo escondida.

Tentando concatenar as ideias, Jorge disse:

— Mas deixei a cachorra a mais ou menos quinze quilômetros de casa, Sabrina...

— Sim, senhor Jorge. Eu voltei todo o caminho a pé para casa e deixei a cadela escondida na casa da minha amiga Ana Bela, que é minha vizinha.

— Como pode ter andado tudo isso com o joelho machucado, carregando a cadela? Machucou quando desceu da caçamba?

— Não. Machuquei porque no caminho o senhor pegou um buraco e quase fui jogada para fora. Bati o joelho na lataria. Doeu muito para voltar andando, mas valeu a pena.

— Querida. Por que ficaria bravo com você? Você praticamente nos salvou! Já pensou se eu não encontrasse essa cadela?

— Não sei, senhor Jorge... só não queria que se sentisse aborrecido.

Comovido, Jorge deu um beijo carinhoso no rosto de Sabrina, agradecendo:

— Obrigado, Sabrina. Não fiquei bravo e estou orgulhoso de você. Nunca esquecerei o que fez por mim e desculpe por ter machucado seu joelho, mesmo sem saber.

Sabrina retribuiu o beijo:

— Eu também nunca vou esquecer o que o senhor fez por mim quando me deu este olho. Não fique preocupado com meu joelho... ele vai sarar logo.

Com muita alegria, Jorge e Sabrina passaram na casa de Ana Bela e retornaram com a cadelinha para o posto do IBAMA.

Capítulo 19

Quando Jorge entrou na salinha do posto, Denis, sentado, conversava com Rosemeire, Alicia e Neusinha:

Jorge os interrompeu:

— Olá, filho. Está bem melhor, não é?

— Papai, desculpe ter fugido para procurar minha cadela — respondeu o menino de cabeça baixa, levantando em seguida para pedir: — Prometa que a trará de volta.

— E se eu disser que não a encontrei?

— Pedirei para procurar. Vou junto com você, papai.

Jorge sorriu, fez um sinal e chamou Sabrina que entrou acompanhada por Kelly, soltando a cadela da coleira. A cachorrinha saiu correndo em direção a Denis, que a abraçou e a beijou várias vezes:

— Obrigado por trazer minha cadelinha de volta, papai. Nós nunca mais vamos nos separar!

Emocionada, Alicia comentou:

— A cadelinha deve estar cansada de não ter nome e ser chamada somente de cadelinha...

Sabrina emendou:

— É mesmo, Denis! Que nome dará para ela?

Denis fez mistério:

— Eu sei que você queria dar o nome da sua cachorrinha, Dorinha, mas como eu disse que o papai daria o nome, ele já deu...

Jorge estranhou:

— Filho, acho que você sonhou. Não dei nome à sua cachorrinha.

— Claro que deu e gostei do nome, papai. A mamãe ouviu. Lembra-se, mamãe?

Alicia concordou com Jorge e disse ao filho:

— Querido, seu pai não deu nome algum a ela. Será que não sonhou?

Denis sorriu e prosseguiu:

— O nome da cadela mais linda do mundo é Meleca!

Todos caíram na risada. Neusinha perguntou:

— Poderia explicar como se deu essa "inspiração", Jorge?

Jorge não parava de rir e Alicia tomou a palavra:

— É que, há dois dias, Denis ouviu Jorge dizer que a cachorrinha era a personificação de uma meleca.

Os risos intensificaram em gargalhada geral, mas Sabrina discordou com severidade:

— Denis, não se dá o nome de Meleca a uma cachorra.

— Por que não? Eu gostei. O nome dela é Meleca, não é, Meleca?

— Quer ver como não pode ser Meleca? — insistiu Sabrina, posicionando-se agachada e pedindo — Solte-a um pouquinho.

Sabrina chamou:

— Dorinha, vem!

Para contentamento de Sabrina, a cachorra saiu correndo em direção a ela, mas Denis desafiou:

— Quer ver como o nome dela é Meleca? Solte-a.

Denis chamou:

— Meleca, vem!

A cachorrinha partiu em disparada, latindo e pulando para o colo de Denis, fazendo todos rirem com a observação espontânea de Sabrina:

— Está bem, você venceu, Denis! Então, bem-vinda ao lar, senhorita Meleca!

Incógnito como os protetores, Luiz dirigiu-se a Marcos, protetor de Sabrina e Élcio, protetor de Denis, comentando com alegria:

— Dorinha, ou Meleca, servem os dois, por tratar-se da mesma cadela, personificada em alegria.

Aurélio, o responsável por trazer Meleca de volta ao mundo, aproveitou para prestar esclarecimentos a Luiz, apontando em direção a Neusinha:

— Lembra-se daquela moça?

Observando-a de maneira mais apurada, Luiz respondeu sem muita convicção:

— Parece que já a vi.

— Há noites em que Neusinha, quando está em desdobramento do sono físico, vem trabalhar na colônia.

— É verdade, agora lembrei, mas por que sua aparência está diferente?

— Quando está conosco, Neusinha toma a aparência de uma das encarnações em que era irmã daquela moça que está ao lado dela, Alicia. É que, de certa forma, aquela encarnação foi muito marcante para ela.

— Interessante saber! O Fábio, certa vez, disse que me revelaria sobre as encarnações passadas deste grupo. Fiquei contente em saber que ela é uma de nossas colaboradoras em nossos trabalhos.

— Sim, mas agora eu o levarei até o local onde Charles vive para conhecê-lo, mas terá de manter a invisibilidade e nossa comunicação terá de ser somente por meio do pensamento.

Nas trevas, Luiz e Aurélio notaram que o clima não era de alegria:

— Foi isso que aconteceu, mestre. Fomos surpreendidos por uma entidade que impregnou toda a atmosfera da floresta com boas energias.

— Descreva a entidade.

— Tinha grande envergadura, um cocar e portava uma espécie de arco e flecha.

— Estereótipo de Oxossi, ou seja, uma das pragas sem asas do universo — resmungou. — Tive alguns embates e aprendi muito com eles quando vivi na superfície, mas não valem o tempo perdido, pois são ignorantes demais por se acreditarem protetores, mas não passam de fantoches. Mantenham vigília, pois oportunidades não faltarão para que eles reapareçam e tentem impedir nossa empreitada. Mas você, fique — apontou para uma das entidades, que, tremendo, perguntou:

— Obedeço. O que quer de mim, mestre?

— Não me obedeceu e foi atrás de outro cretino. Eu vejo...

— Mestre,... sei que se refere ao fato de ter ido ao bar extrair energias do bêbado, mas há de compreender que sou vampiro e estava com fome, precisava me alimentar.

— Sim, precisava, contudo, você é mais que um vampiro. É um vampiro que rasteja e rosna pelado.

— Mestre,... por favor, não... eu sou... — em segundos a entidade se transformou em disforme lobo sem pelos com focinho de cobra, recostando-se em agonia pelas paredes.

— Qual o interesse de Charles no menino Denis? — perguntou mentalmente Luiz para Aurélio.

— Em tempos remotos eram amigos e comungavam dos mesmos interesses, porém, Denis se converteu e Charles não se conformou, nutrindo esperança de juntar-se a ele novamente.

— Qual o interesse da espiritualidade em permitir que Charles descobrisse o paradeiro de Denis?

— Há chance de resgatar as entidades que Charles aprisionou e Denis poderá servir de instrumento para que esta possibilidade se concretize.

— É lamentável observar o que um espírito pode fazer aos que lhe servem.

— Charles desenvolveu atributos de manipulação energética e por isso consegue uma macabra conexão com estas criaturas que lhe prestam servidão. Uma vez que tenham contato com ele, não há nada que possam fazer, nem um lugar onde possam se esconder. Não há como fugir, porque estão ligados energeticamente e Charles pode atraí-los para si quando quiser.

Luiz olhou em volta, deslocando-se na grande câmara, avistando outras criaturas rondando desnorteadas pelas paredes incandescentes, e comentou com Aurélio:

— Sorte uma criatura como Charles não construir labirintos negros como este na superfície da Terra.

— A luz e a atmosfera em que há alegria e vida são venenos para ele, que não admite a possibilidade de ceder ao extremo egoísmo e ao amor-próprio do qual se tornou escravo, a pretexto de libertar-se do suposto domínio de Deus. Este é o preço pago por desenvolver atributos espirituais com objetivos escusos.

— Tão tétrico quanto este preço é a forma como vive junto destas criaturas que lhe fazem companhia na escuridão.

— Não devemos lamentar por aqueles que cultivam a escuridão, pois não declinam da ganância de poder, nutridos pelo ódio. Charles sobrevive das energias dos que lhe servem aos propósitos rasteiros, transformando-os nas criaturas animalescas próprias do ambiente em que um sorriso alegre de uma criança poderia derruir todas as estruturas destes labirintos móveis que Charles constrói. Mesmo assim, acredita que se esconde do seu maior inimigo: a luz do ser, essência de amor, da qual tudo faz parte e da qual tudo é constituído. A bem da verdade, Charles esconde-se de si mesmo.

— Não seria melhor Charles ser detido para ter oportunidade de reencontrar sua essência divina?

— Não é preciso porque ele próprio se encarcerou, e a oportunidade de reencontrar-se está na capacidade de ele próprio perceber que pode mudar.

Luiz aproximou-se de uma das criaturas que agonizava, rastejando próximo dele. Luiz tocou o que parecia ser a cabeça daquele ser, observando-o parar de se debater, virando-se para ele e clamando por misericórdia.

— Em pensar que este ser pode ter sido uma mãe, ou pai de família, e agora encontra-se nesta situação tenebrosa.

— Está nesta situação porque se colocou nela.

Ao ouvir tal comentário, a criatura começou a rosnar, tentando morder Luiz que se afastou.

Aurélio finalizou:

— Em todo lugar, as coisas funcionam da mesma forma: vícios e virtudes são instrumentos que usamos com vários propósitos, moldando o nosso ser, ou na dependência, ou na liberdade.

Capítulo 20

Neusinha e Kelly conversavam:

— Kelly, agora que o susto passou, onde já se viu um pai fazer uma crueldade dessas com uma cachorrinha indefesa?

— Sem comentários, amiga. Quando penso já ter visto de tudo, aparece uma coisa nova para me lembrar de não querer nascer aqui novamente.

— Você acha mesmo que escolhemos onde nascer?

— Sei lá, Neusinha! Foi só um desabafo, mas se for verdade, eu acredito que não escolhemos. Acho que estamos aqui no mundo para ajustar os ponteiros.

— Sendo assim, em encarnações passadas, devo ter sido um dos empregados do matadouro do seu Benedito.

— E eu devo ter sido a sua assistente — riu Kelly. — Por acaso, como está este seu coraçãozinho em relação ao cruel engenheiro Jorge, sequestrador de cachorrinhas indefesas?

— Estou me sentindo perturbada. — desabafou Neusinha. — Meus pensamentos têm se intensificado e confesso que estão me incomodando, porque, apesar de conseguir disfarçar, sinto-me estranha, como se tivesse traindo Alicia.

— Realmente, deve ser desagradável. O que pretende fazer a respeito?

— Evitar ir à casa de Alicia, porque sinto uma sensação angustiante quando Jorge chega antes de eu sair. É como se eu o esperasse me levar para casa e, quando saio, sinto como se o abandonasse.

— Nossa! Perturbador e incômodo! Valha-me, Senhor! Torturante!

— Exatamente! Mas, mudando de conversa, o Edvaldo já se ajoelhou? Quer dizer, ele a procurou?

— Engraçadinha! Edvaldo anda me passando rádios aqui no posto. Fez um convite para irmos à casa de um amigo no fim de semana e aceitei.

— Que bom! Até que enfim uma "onça" daqui se dará bem.

— Veremos!

Na casa de Denis, Jorge entrava com a mamadeira no quarto e foi surpreendido por uma decisão:

— Papai, lembra-se que combinamos de eu parar de mamar quando viéssemos para cá e não parei? Pois o dia de parar é hoje porque você me trouxe a Meleca.

— Que coisa. Verdade, filho?

— Ué, papai. Parece que não ficou contente!

Jorge sentou-se na cama, acariciando os cabelos do filho:

— Sentirei saudades desses momentos tão nossos.

Denis riu:

— Eu também, papai, mas concorda que está na hora de parar? Já sou quase adolescente.

— Você me pegou de surpresa. Então, que este seja o último dia. Tome sua derradeira mamadeira!

— Então, me dê! Ótimo que seja o último dia, pois estou babando de vontade. Colocou Meleca na cama dela?

— Mas é claro que sim! Está toda feliz e orgulhosa. Amanhã pedirei para o marceneiro construir uma casinha para ela.

No fim de semana, Kelly retornou para sua casa, seguida por Edvaldo, cada qual com seu carro. Os dois estacionaram seus carros de maneira abrupta e Kelly desceu do carro dela, enquanto Edvaldo vinha logo atrás, em sua direção, discutindo:

— Deixe de ser radical! Não sou adivinho.

— Não se faça de besta, Edvaldo! Sou uma fiscal do IBAMA e isto que você fez é uma afronta!

Kelly fez um gesto com o dedo da mão, entrou no carro dela e bateu a porta, enquanto Edvaldo pedia do lado de fora:

— Não pode me deixar desse jeito! Por favor, pelo menos converse comigo!

— "Por favor" peço eu, Edvaldo. Deixe-me em paz!

Ouvindo a movimentação, Neusinha saiu de sua casa para ver o que se passava:

— Oi, Edvaldo. O que aconteceu?

Edvaldo não respondeu, voltando contrariado a passos largos para seu carro, mas Neusinha foi até ele:

— Calma, Edvaldo. Sei que nossa última conversa fui grosseira e peço desculpas, mas acalme-se, não vá assim, venha para minha casa para tomar um cafezinho.

— Não, obrigado! Estou farto de ser enxovalhado por vocês.

— Ficarei chateada com você. Venha, eu insisto... tomarei mais cuidado daqui em diante, mas, por favor, acalme-se.

Edvaldo aceitou e acompanhou Neusinha.

Enquanto preparava o café, tentou acalmá-lo:

— Tenho uns biscoitinhos de polvilho que você adorará, tenho certeza de que...

Edvaldo permaneceu quieto, e Neusinha insistiu, puxou conversa:

— Depois que veio conversar comigo, logo em seguida, fiz algumas recomendações para Alicia, que mudou a dieta de Denis. O menino se adaptou bem aos novos hábitos. Até Alicia mudou sua alimentação, mas Jorge não se acostumou ao novo cardápio.

— É, eu soube. Jorge me contou que a geladeira dele agora mais parece uma horta e está se sentindo um tanto desconfortável à mesa quando Denis chegou a perguntar o que restos mortais faziam ali.

— Crianças são terríveis — riu Neusinha. — Kelly estava tão feliz com o encontro... O que houve, Edvaldo?

— Fomos à casa de um dos seguranças da usina. Ele mora na usina mesmo, e estava preparando capivara no rolete. A Kelly ficou enlouquecida por tê-la convidado, mas eu não sabia, pois se soubesse, jamais teria promovido nosso primeiro encontro ali.

Neusinha levou uma das mãos à testa:

— Ai, meu Deus.

— Se quiser me dar lição de moral, por favor, deixe-me sair, antes...

— Calma, Edvaldo. Não estou lhe julgando. Releve. Já se deu conta de que ela é fiscal do IBAMA? Deve ter se sentido muito desconfortável e não autuou o seu amigo porque estava com você. Sabia que capivaras são animais silvestres?

— Está certo, mas uma capivara não promoverá a extinção da espécie, pois se reproduzem como ratos gigantes que são. Mesmo assim, que culpa tenho nesta história, para Kelly sair batendo as tamancas, se eu nem sabia que justo hoje tinham caçado a bendita capivara?

— É que toda floresta é considerada reserva florestal, Edvaldo. O pessoal não entende isso, mas não deixe que neste primeiro encontro fique essa impressão desagradável.

— Diga isso para sua amiga. Por isso vim atrás dela como um cachorro magro, mas ela saiu do carro, gritou comigo e entrou de novo. Acelerou e, se não fosse você, eu ficava ali, feito um dois de paus.

— Ela saiu para dar uma volta, tomar um ar, respirar, colocar as ideias no lugar. Amanhã Kelly estará mais calma e tudo se resolverá, você verá. Não fique chateado. Eu sei que tem alguns hábitos que a gente está tão acostumado que nem se dá conta, mas se quiser se dar bem com uma fiscal do IBAMA, terá de tomar certos cuidados.

— Como disse, se soubesse, teria viajado com ela para a cidade, mas não sou adivinho.

— Tudo bem. Mas espere mais um dia. Logo ela estará melhor e este não será motivo para desentendimento entre vocês. Mudando de assunto, me conte como está o andamento das obras da usina.

Depois de conversarem, Edvaldo estava de saída quando Kelly chegou, estacionou, saiu do carro dela e foi até ele, visivelmente mais calma:

— Edvaldo, desculpe. Acho que fui muito severa com você.

Ele se apoiou em um dos braços de Neusinha, mancando, fazendo Kelly rir:

— Mas de forma alguma que foi severa... Quebrou minha perna, entortou a coluna e fraturou meu coração! Ainda bem que não arrancou minha língua, assim ainda posso falar!

— Não seja bobo, Edvaldo...

Neusinha afastou-se e entrou em casa. Ficou olhando-os da janela da sala. Kelly prosseguiu:

— Sei que deve ter provado o café aguado da Neusinha, mas agora venha tomar meu chá de hortelã.

Kelly virou-se para Edvaldo acompanhá-la, mas ele tomou seu braço, fazendo-a voltar:

— Sim, sou bobo, mas se pensa que depois de mostrar este sorriso, ficará por isso mesmo, está enganada.

O primeiro beijo entre eles aconteceu.

Neusinha, que observava pela janela, suspirou sorrindo, logo após sentando-se no sofá para recordar com tristeza algumas cenas que vieram rápidas:

— Você nunca ligou para casamento, agora me cobra como se tivesse lhe negado a chance de se casar?

— É uma questão de lógica, Roberto. Seis anos de noivado, sendo que durante esse período descobri seu envolvimento com outra mulher e mesmo assim o perdoei.

— Meu envolvimento com outra foi porque você é chata demais! Não tem direito de me culpar.

— Se sou chata demais, então não farei falta para você.

— Se tomar essa decisão idiota de se meter no meio do mato, não fará falta mesmo! Também não tem o direito de deixar seus pais. Largue a ideia de querer prestar esse concurso e pare de querer ser o que não pode!

— Como não posso? Você é testemunha que sempre quis fazer este trabalho e estudei muito tempo para entrar no IBAMA. Se me amasse de verdade, viria comigo...

— E você, se me amasse de verdade, ficaria comigo! Não sou eu que estou mudando as coisas, é você, Neusinha! Se insistir com este plano, provará que nunca esteve contente com nada, que sempre não passou de revoltada sem causa.

— Roberto, por favor, não menospreze meus sentimentos e não tente me depreciar. Você sempre soube dos meus planos e ambições

— Ambições? Só pode estar brincando. Desde quando meter-se no meio da selva é ambição? Isto é desculpa para quem quer fugir da realidade, não é para pessoas normais, pois pessoas normais estudam, casam, comemoram Natais com mesa farta do que você chama de cadáveres, têm filhos, vão a shoppings fazer compras... Isto é próprio de pessoas normais!

Tais lembranças fizeram Neusinha chorar, finalizando a cena dos pais tristes se despedindo no aeroporto, sentindo o coração apertado quando o avião decolou.

Capítulo 21

Neusinha estava com Kelly, juntamente com outro funcionário da equipe para fiscalização periódica na construção da usina e foram atendidos por Edvaldo, que cumprimentou a todos:

— É um prazer recebê-los! Chamarei o Jorge para participar da vistoria, com licença.

— Não precisa, Edvaldo — disse Neusinha. — Não tem necessidade de tirar Jorge de seus afazeres, a menos que encontremos irregularidades.

— Então, tudo certo. Eu mesmo acompanharei vocês.

Durante o percurso, Edvaldo quis seguir abraçado com Kelly, mas ela o orientou discretamente:

— Não misture as coisas. Estamos trabalhando.

Edvaldo compreendeu, até que em determinado ponto Neusinha o chamou:

— Veja, Edvaldo. Este óleo vazando da máquina infiltrará no solo, atingindo o lençol freático e contaminará o rio.

— Cuidaremos disso agora mesmo — respondeu ele, prontamente.

— Kelly está preenchendo uma notificação e tiraremos fotos, mas, se quando retornarmos o problema persistir, a multa será pesada.

— Chamarei o Jorge, porque não posso assinar, já que é ele quem assina como responsável.

Edvaldo pediu para um funcionário chamar Jorge, enquanto ele continuava com a equipe de Neusinha para vistoriar o que restava.

Pouco depois, Jorge surgiu cumprimentando a todos e reclamou para Edvaldo:

— Já tinha lhe avisado quando o vazamento era pequeno. Ainda bem que a Neusinha viu, porque semana que vem o presidente da construtora virá com pessoal do exterior para tratar da compra das turbinas e se vissem isso, sabe dos problemas que teríamos.

— Claro que sei. Chamei o pessoal da manutenção para consertar — justificou Edvaldo.

Enquanto a conversa entre os dois acontecia, Kelly cutucou Neusinha que estava com olhar fixado em Jorge, chamando-lhe discretamente a atenção:

— Neusinha, disfarça, senão o cara vai perceber...

A moça deu um pulo, dirigindo-se aos presentes para se despedir:

— Precisamos ir. Por hoje é só! Semana que vem a Kelly virá para avaliar se o problema foi sanado.

Jorge discordou:

— De jeito algum! Venham à minha sala tomar um café antes de saírem, aliás, Neusinha, faz tempo que não a vejo em casa quando chego do trabalho.

— Mas sempre vou à lojinha da Alicia. É que ultimamente ando assoberbada com meus afazeres, por isso não tenho tempo de ir até sua casa.

— O Denis já andou reclamando sua ausência.

— Eu sei. Alicia me contou e já planejamos um dia desses levá-lo para dormir lá em casa com a Sabrina e a ferinha da Meleca.

— Ótima ideia! O que acha de fazermos um almoço vegetariano na casa da "Rainha da Floresta"? — riu Jorge, seguido de Kelly, que estava próxima a Edvaldo:

— Ótima ideia! Sabrina e Denis ficam conosco de sexta para sábado e no domingo faremos um almoço especial com a presença de Rosemeire para dar um pouco de sossego a ela, o que acham?

— Combinado! Veremos o melhor dia, porque pedi uma encomenda de cogumelos que só deve chegar daqui a duas semanas — ajuntou Neusinha.

Sozinhas na sala de trabalho do acampamento, Neusinha largou-se na poltrona e Kelly sorriu de pé ao seu lado, passando a mão em seus cabelos:

— Êta, amiga! Estava quase ajoelhada naquela poça de óleo, com o coraçãozinho saindo estrelinhas amarelas para todo lado.

— Kelly, nem brinque com isso, por favor. Não entendo por que cheguei a este ponto, de perder a respiração quando fico perto daquela "coisa"! E você tinha que combinar um almoço, não é?

— Ei, por favor, não fique brava comigo!

— O que mais me contraria é que nunca fui melosa desse jeito. Devo estar muito carente.

— Bom. Isso não é novidade, porque quando ouvi as batidas do seu coração, pensei que era alguma máquina quebrada perto de mim.

— Você brinca porque não é com você...

— Começo a me arrepender de ter combinado o almoço. Desculpe, amiga, não pensei que as coisas tivessem chegado a este ponto.

— Sei que você é amiga, por isso jamais comentará isso com Edvaldo. Não faria isso comigo, não é?

— Por acaso tenho cara de traidora, Neusinha? Nem poderia fazer isso por que...

— Por que o que, Kelly?

— Nada, Neusinha. Só pensei alto.

— Pois então que pense mais alto com a boca porque não escutei! Não me deixará curiosa! Ficarei furiosa se não disser!

De pé, Kelly colocou as mãos sobre os ombros de Neusinha dizendo-lhe ao pé do ouvido:

— Não sei se deveria dizer isso para você, mas o Edvaldo me falou que o Jorge arrasta um bonde por você.

Neusinha levantou-se até a janela e permaneceu com o olhar perdido no céu, preocupando Kelly.

— Não deveria ter lhe contato isso, não é, Neusinha?

Neusinha não respondeu e Kelly insistiu, aproximando-se da amiga:

— Perdoe-me, mas não poderia esconder isso de você.

— Não sei o porquê, mas tem vezes que dá vontade de me esconder.

— Só se for para esconder-se de si mesma, Neusinha.

— Ou fugir de mim mesma. Nada parece ser para mim — rematou Neusinha.

Na sala do escritório da usina, Jorge conversava com Edvaldo:

— Não poderei estar neste almoço.

— Imagino que não mesmo, pois se ficar olhando para Neusinha daquele jeito, sua confusão com Alicia estará arranjada.

— Você percebeu, Edvaldo?

— Você admirando a onça como se estivesse fora da jaula? Imagina... Claro! Pensei em lhe dar um toque, mas vi que você percebeu e disfarçou.

— Cara, que coisa esquisita. Como explicar... quando fico perto da Neusinha, dá vontade de ser devorado pela onça. Não consigo tirar o olho da boca dela.

— Eu não me meto a querer explicar, porque você é um cara todo certinho, então melhor observar calado, pois da última vez ainda quis me dar lição de moral.

— É verdade, eu sei. Sou tão feliz e me dou tão bem com Alicia sob todos os aspectos, então como posso sentir vontade de estar perto da Neusinha o tempo todo? Isto está me incomodando.

— Ora, Jorge! Você é homem e a gente sabe que homens são assim mesmo. Não tem motivos para condenar-se. A Neusinha é meio desastrada, e é agressiva. Se quiser desviar o pensamento, tente pensar no lado "desastroso" dela que a vontade vai embora.

— Quando você estava a fim dela, fez isso?

— Dessa forma você me coloca numa situação complicada, amigo!

— Edvaldo, por favor, sem rodeios, responda.

— Está bem, serei sincero. Estava interessado na Neusinha porque estava carente, mas depois que conheci a Kelly...

— Depois que conheceu a Kelly... termine Edvaldo!

— Cara, depois que conheci a Kelly sinto repúdio da Neusinha! Desculpe-me em lhe dizer.

Jorge permaneceu em silêncio, levantou-se e se aproximou da janela, circunspecto, preocupando Edvaldo:

— Desculpe se disse algo que não queria ouvir, Jorge. Você insistiu para eu responder.

— Não tem do que se desculpar. E, se lhe disser que, quando estou perto da Neusinha, sinto o cheiro dela?

— Dependendo do cheiro, direi que está com sérios problemas, porque estou sentindo cheiro de seu divórcio com Alicia, aliás, fiquei curioso. Que cheiro está falando?

— Cheiro de onça, Edvaldo! — riu Jorge — Ora, Edvaldo. Uma coisa esquisita é o cheiro da pele, uma sensação animal que me dá vontade de jogá-la ao chão e...

— E...

— E parar de falar besteiras, voltando ao trabalho — finalizou Jorge, sentando-se à mesa, revirando documentos e atribuindo tarefas a Edvaldo.

Capítulo 22

Um mês depois, Meleca corria solta no extenso quintal da casa de Neusinha, enquanto ela orientava Denis e Sabrina:

— Fiquem atentos para Meleca não entrar na mata, pois se ela se perder...

— Mas olhe só, tia Neusinha. Meleca não sai de perto de mim!

A afirmativa de Denis não durou uma hora e Meleca desapareceu, apavorando Denis e Sabrina.

Neusinha chamou Kelly para ajudar a procurar a cadela e ela os tranquilizou:

— Meleca não pode estar longe. Denis, quando encontrou Meleca ela já era grandinha, não é?

— Achei Meleca na rua. Não sei quanto tempo tinha. Por que pergunta, tia Kelly?

— Só para saber. Como você não sabe de suas origens, por aqui geralmente as pessoas ensinam os cães a caçar.

— Imagine, tia Kelly! Meleca jamais poderia ser caçadora, senão eu mesmo teria brigado com ela.

— Está bem. Então vamos à procura. Grite bem alto por Meleca para saber se teremos a primeira pista.

Denis começou a chamar por Meleca e pôde-se ouvir a resposta da cadela latindo ao longe.

Denis ficou eufórico e Sabrina perguntou afoita:

— Como saberemos de onde vêm os latidos?

— Vem daquela direção. Vamos para lá, mas andem perto de mim para evitarmos perigos, pois esta região tem muitas cobras — informou Kelly seguindo para o local, mas Sabrina parou de repente.

— Tia. Eu não vou. Morro de medo de cobras.

— Não tem problema, Sabrina. Fique ajudando Neusinha preparar o almoço. Não demoraremos.

Durante o percurso, Denis perguntou:

— Tia Kelly, como consegue ouvir de onde veio o latido da Meleca e eu não?

— Prática! Fui criada numa região como esta e meu avô era caçador. De vez em quando ele me levava para caçar. A gente desenvolve algumas percepções e a audição é uma delas.

— Ouvi a tia Neusinha contando para mamãe que no dia que você me encontrou, ninguém acreditava que eu tinha entrado naquele lugar e você insistiu, contrariando a tia Neusinha. Como você sabia?

— Eu não sabia, foi pura intuição, porque tia Neusinha parou naquele lugar e não falou nada, mas senti um impulso irresistível de entrar por ali.

Ininterruptos latidos de Meleca foram ouvidos, próximo de onde estavam e Kelly orientou Denis para que apertassem o passo. Logo se depararam com a cadela, ela raspando freneticamente a terra diante de uma toca.

Kelly riu dizendo a Denis:

— Sua princesinha está lhe chamando para dizer que encontrou um tatu para o almoço.

Denis correu para perto de Meleca, bronqueando:

— Meleca. Não pode fazer isso. Deixe o tatu em paz, coitado! Pare com isso agora mesmo!

Observando Meleca feliz, correndo de um lado para outro latindo para indicar a toca repetidas vezes, Kelly riu, explicando para Denis:

— Fique tranquilo, Denis. O tatu está no fundo da toca, onde Meleca não consegue alcançá-lo, mas não adianta ficar bravo com ela, pois seu antigo dono deve ter a ensinado caçar, então está apenas usando os instintos.

— O que faço para explicar para Meleca que isto não se faz? Ela não sai da entrada da toca!

— Difícil, querido! Não faça nada, porque para uma cadelinha treinada, não há como fazer entender do dia para a noite. Chame-a que ela retornará com você. Não amarre a corda, pois assim ela conhecerá o caminho e não precisaremos mais nos preocupar com isto.

Denis precisou carregar Meleca para dissuadi-la de cutucar o buraco do tatu, colocando-a no chão e, no caminho de volta, lamentou para Kelly:

— Meleca não me acompanha como faz quando estamos perto de nossa casa.

— Ela faz outros caminhos à procura de outra caça. Pensa que esperamos isso dela.

— Fiquei decepcionado com Meleca, tia Kelly.

— Não fique, Denis. Ela também deve estar decepcionada com você, pois esperava deixá-lo feliz.

À tarde, enquanto Denis e Meleca exauriam suas energias brincando, Sabrina entrou, sentando-se à mesa onde conversavam Kelly e Neusinha.

— Cansou de correr com a dupla incansável? — perguntou Neusinha.

— Cansei. O Denis tem pouco menos idade que eu, somos como irmãos, mas confesso que às vezes me canso dele. Meninos são meio bobocas.

As amigas riram da colocação de Sabrina e Kelly acrescentou:

— Querida, não é por nada, mas "meninos" são bobocas até morrerem.

— Alicia me contou como vocês se conheceram — continuou Neusinha. — Achei muito bonito o encontro de sua família com a de Denis.

— Mas eu não tenho família. Eu e minha mãe somos sozinhas.

Kelly retrucou:

— E quem disse que família significa pai, mãe, filhos, avós, tios, primos etc.? Família é quem convive com a gente, seja por consideração, ou grau de parentesco. Eu e a Neusinha, por exemplo, não somos irmãs consanguíneas, nem vivemos na mesma casa, mas somos uma família.

— Eu não sabia que podia ser assim. Pensei que só podia dizer que parentes são família — observou Sabrina, seguida de Neusinha:

— Cada um tem uma opinião a respeito, mas a minha opinião é igual a da Kelly. Muitas vezes podemos considerar mais da família quem não é parente, depende do convívio, grau de afinidade, porém, mesmo os parentes distantes, que não vemos há muito tempo, não devem ser negados, logo somos uma grande família.

— Não considero mais meu pai como sendo minha família — expôs Sabrina com tristeza, comovendo Neusinha e Kelly que respondeu:

— Compreendemos a mágoa que existe em seu coração, querida, mas se pensar que todos que vivemos na Terra somos uma família, verá que todos nós passamos por em estágio de aprendizado. Pelo pouco que soube da história de seu pai com você e sua mãe, penso na Meleca toda feliz na toca do tatu, esperando o Denis arrancá-lo de lá, matá-lo e ficar feliz com isso.

Sabrina riu da comparação:

— Mas o que a história do tatu, Meleca e Denis tem a ver com a minha história e a do meu pai?

— Comparação simples! — exclamou Kelly. — Seu pai agiu por instinto. Todos nós temos instinto, e alguns de nós agem mais por instinto do que por razão. Seu pai é uma pessoa agressiva, agiu restrito às próprias limitações. Talvez aquela forma de agir tivesse a ver com a forma pela qual ele foi criado, daí se segue que era a forma que conhecia para lidar com determinadas situações e por isso a Meleca não conseguia compreender por que o Denis ficou decepcionado, pois o antigo dono dela ensinou que devia pegar o tatu da toca, sem pensar se era uma mamãe tatu com filhinhos à sua espera.

As três riam e Sabrina perguntou:

— Nesta comparação eu sou a Meleca ou o Denis?

— O Denis, claro! O Denis ama Meleca que por sua vez ama o Denis. Denis não se conforma como pode a Meleca não entender que não precisa tirar a paz e a vida do tatu para todos serem felizes, assim como seu pai não compreendia que não precisava agir da forma que agiu com vocês. O Denis compreendeu a Meleca e os dois estão lá fora se matando de brincar, correndo de um lado para outro.

— Mas se compreendêssemos meu pai e se ficássemos com ele, poderia nos matar, porque quando ele bebia ninguém segurava — continuou Sabrina.

— Vocês saíram de perto de seu pai para se preservarem, colocando em prática um instinto que é o de preservação e fizeram bem, pois sabe Deus o que seria se ainda estivessem com ele, que não pensou em mudar a atitude. Têm coisas possíveis de admitir, outras não. Já pensou se o Denis desse uma surra na Meleca para ela não fazer mais isso? A Meleca não saberia por que apanhou, já que agiu por instinto. Ela poderia fugir do Denis, ou não caçar mais. Não podemos prever as reações quando não é possível saber a linha tênue entre razão e instinto. Mesmo um homem considerado um ser civilizado, depende da personalidade, do caráter e da educação que possui, pois existem pessoas com um grau acentuado de selvageria, maior do que animais. Depende do grau de consciência.

Observando Sabrina pensativa, Neusinha descontraiu:

— E mais uma vez a "filósofa" Kelly conseguiu "entortar" a cabeça de alguém, sem fazer força!

Sabrina manifestou o que pensava:

— Sabe que, pensando desta forma, percebo que não tenho motivos para sentir tanta raiva do meu pai.

142

— Pode parecer esdrúxula a comparação — disse Kelly, —, mas por que o Denis sentiu raiva da Meleca e depois ficou numa boa? Porque compreendeu que era aquilo que a cadela tinha para oferecer e de que nada adiantaria ficar chateado, se sabia que era por instinto que Meleca queria destroçar o pobre tatu!

— Você faz parecer engraçado, Kelly — disse Sabrina.

Kelly juntou as mãos de Sabrina, dizendo:

— Sabrina... Tem coisas que não conseguimos mudar porque faz parte dos instintos. Uma das coisas é o amor que você sente por seu pai. Ame-o, porque isso não pode ser mudado e, se sentir diferente, se sentir mágoa dele, você mesma se machucará, porque este não é o propósito de Deus.

— E qual é o propósito de Deus, Kelly?

— É que compreendamos que seu pai não pôde lhe dar coisa melhor, mesmo não compreendendo por que agia assim, pois certamente não sabia lidar com o amor que sentia por você e sua mãe. Não importa em quais circunstâncias, mas se vocês estiveram juntos um dia, foi por amor. Então não mude o que é bom sentir: ame seu pai, mesmo que você não o veja mais, desejando que valha a pena a distância que se fez necessária, talvez para ele se tornar uma pessoa melhor...

Capítulo 23

Num domingo alegre as famílias de Denis e Sabrina, estavam na casa de Neusinha, junto com Kelly e Edvaldo, que levantava o copo de suco para brindar, instigando Sabrina e Denis:

— E para encerrar o fim deste dia, brincaremos a quem?

— À Meleca! — sugeriu Sabrina.

Quando todos foram embora, Kelly conversava com Neusinha:

— Está vendo como não foi tão difícil "suportar" a presença do engenheiro Jorge?

— Realmente! O dia foi tão gostoso que nem me preocupei com isso.

Quando Neusinha dormiu, seu espírito se desprendeu do corpo e se dirigiu até a colônia espiritual dos animais, onde prestava assistência promovendo a triagem dos recém-chegados, encaminhando-os para os responsáveis por seus novos destinos.

Após terminar a noite, antes do retorno ao corpo físico, Neusinha lançou olhar de admiração na vastidão das terras, e Brenda, sua protetora, comentou:

— Sente-se em casa quando está aqui, não é, querida?

— Fico em êxtase neste lugar. Penso que se morresse agora ficaria feliz de continuar aqui e só lamento não poder recordar estes momentos.

— Neusinha. Você reclama sem motivos... Muitas vezes se recordou de já ter estado aqui.

— Quando estou no corpo físico, queria lembrar mais nitidamente das vezes em que estive aqui, porque quando isso acontece, parece que recarrego as baterias do viver. Tudo fica mais colorido, sinto mais força e vontade de viver.

— Você anda meio tristonha, mas algo irá mudar.

— Já que não me lembrarei, conte-me por que, Brenda.

Percebendo o pensamento de Neusinha em Jorge, Brenda continuou:

— Sua alma pressente seu destino, não é, Neusinha?

— Sinto medo. Este sentimento por Jorge me incomoda sobremaneira, faz-me sentir culpada e toda vez que estou com Alicia, parece que a estou traindo.

— Culpada de que? Você está se comportando muito bem. Não há nada a temer.

— Temo revelar o que sinto por Jorge sem querer.

— Você não fará isso, fique tranquila. Agora vamos porque está amanhecendo.

Neusinha permaneceu em silêncio e inerte.

— Vamos, Neusinha. Aconteceu algo?

— Por que o Jorge?

— Entendi a pergunta, mas para que saber, se quando acordar não se lembrará?

— Não segui a intuição de encontrar o caminho que me guiaria a Denis quando se perdeu, mas de qualquer maneira, tive a intuição. Acho que se souber o que me perturba em relação ao Jorge, ficarei mais tranquila, pois mesmo que não recorde, confio que a intuição apaziguará um pouco meu coração.

— Talvez, mas pode ser que a intuição sobre isto lhe cause perturbação.

— Mesmo que isto aconteça, pelo menos quando estiver aqui não me perturbarei mais.

— O que não é dado recordar-se, não recordará quando estiver aqui também.

— Mesmo assim, peço-lhe, Brenda, eu preciso saber. Mostre-me, por favor.

Tocando carinhosamente o rosto de Neusinha, Brenda tornou:

— Você...

Neusinha corria por um campo de alfazema, escondendo-se deitada entre as flores, quando Jorge a surpreendeu, pulando sobre ela:

— Achei você!

Ambos sorriam abraçados, beijando-se na grama e Neusinha disse:

— Você não me achou. Os deuses me deram de presente a você.

— Digo que os deuses me fizeram conquistá-la.

— Jorge, precisamos ser mais cuidadosos. Se Edvaldo desconfiar de nós, seremos mortos.

— Denis, o pai dele seria capaz disso. Edvaldo não teria coragem. Edvaldo só se casou com você porque fez acordo com sua família.

— Acredita mesmo que Denis seria capaz de tomar a frente do filho?

— Fique tranquila. Ninguém sabe sobre nós.

— Minha irmã Alicia sabe, mas jamais abriria a boca para me prejudicar.

— Não sei. Por mais submissa e dócil que sua irmã pareça ser, não confio nela, porque tenho certeza de que ela queria ter sido escolhida para se casar com Edvaldo.

Diversas cenas passaram rapidamente na mente de Neusinha, sem revelação de diversos fatos e em poucos instantes vislumbrava a cena perturbadora na qual ela aparecia chorando, debruçada sobre o corpo de Jorge, dizendo para Kelly, a esposa de Denis:

— Como pode? Saírem para caçar e virar caça... mesmo não conhecendo direito este empregado do senhor Denis, vê-lo estraçalhado desse jeito me dá pena.

Denis e Kelly entreolharam-se disfarçadamente e Kelly respondeu para Neusinha:

— Fique tranquila que a morte do empregado do senhor Denis será vingada, para nunca mais acontecer este tipo de tragédia.

— O que poderia vingar esta morte estúpida?

— Os homens se reunirão para acabar com todos os lobos que vivem neste lugar.

Neste momento Neusinha retornou ao corpo físico, como despertando de um pesadelo.

Na parte da manhã, Kelly chamou Neusinha para um atendimento de emergência fora do acampamento e seguiu com ela para o sítio de um campônio.

Quando chegou, ele pediu para que verificassem se seu cavalo teria quebrado a pata dianteira.

Depois de observarem atentamente, Neusinha lamentou:

— É muito triste, mas a pata está quebrada, teremos que sacrificá-lo.

O homem mostrou contrariedade balançando a cabeça e respondeu:

— Muito triste mesmo, dona Neusinha. É o segundo cavalo que perco este ano pelo mesmo problema.

— Por favor, aguarde que irei até a caminhonete pegar o remédio para sacrificar o animal.

Quando Neusinha saiu para buscar o sedativo, ouviu Kelly gritar:

— Não faça isso!

Ao ouvir um tiro, Neusinha correu para dentro da cocheira e observando o homem com a espingarda diante de Kelly, gritou revoltada:

— Não disse ao senhor que fui buscar o sedativo na caminhonete?

— Ele ia morrer do mesmo jeito! Para que iria ter que pagar o que a senhora aplicaria nele, se me custou apenas uma bala de espingarda? — justificou o homem, contrariando ainda mais Neusinha que chamou Kelly:

— Não sei lidar com pessoas ignorantes! Vamos sair daqui antes que faça uma besteira!

No caminho de volta, Kelly tentou acalmar Neusinha:

— Inacreditável como essas pessoas não têm um pingo de dó, mas ainda bem que o tiro foi certeiro na cabeça para que o animal não sofresse.

— Sabe, Kelly, tem horas em que me arrependo de ter estudado veterinária!

— Não adianta estragar seu dia por causa disso, Neusinha.

— Estou aprendendo. Hoje acordei feliz e triste ao mesmo tempo.

— Como pode ser isto?

— Lembro-me de um sonho lindo, igual aos que tive noutras vezes, mas tive impressões ruins. Sonhei que estava num campo enorme, onde apreciava animais diferentes, que nunca vi. Havia pássaros multicoloridos com cabeças esquisitas, animais de porte grande e pequeno que chegavam a mim e eu fazia uma espécie de seleção, enviando-os para outras pessoas. Tudo muito lindo.

— E quanto à impressão ruim?

— Não sei explicar. Pareciam fatos vividos, pessoas que nunca vi, mas eram rostos familiares. Uma pessoa que gostava muito estava morta de repente... tudo muito confuso, parecendo que estávamos num clima muito triste e, quando acordei, estava me sentindo perturbada.

— Cruz-credo, Neusinha! Primeiro sonhou com o paraíso e depois com enterro?

— Pois é. Lembro-me também que havia uma mulher que me acompanhava o tempo todo. Pareceu ser você, mas a aparência era diferente. Não dá para explicar.

Nas trevas, Charles deliberava ordens para os súditos enquanto os anjos incógnitos dialogavam:

— Charles novamente planeja resgatar Denis — disse Cíntia, a protetora de Jorge para Élcio, protetor de Denis, que respondeu:

— E novamente deixaremos pensar que conseguirá.

— Penso que Denis não aceitará deixar a Terra prontamente, embora ele mesmo tenha planejado desencarnar ainda criança.

— Denis não aceitará — disse Élcio — apenas não sabemos o caminho que fará quando aceitar a morte do corpo.

Próximo dali havia uma entidade que acabara de se transmutar em algo aterrador, pela influência de Charles e o protetor da entidade assistia a tudo em silêncio.

Cíntia e Élcio aproximaram-se do protetor da entidade que anunciou:

— De hoje em diante meu protegido deixa de ter sua personalidade para servir Charles. Existe previsão de Charles desistir, ou declinar das trevas?

Cíntia respondeu:

— Enquanto encontrar seguidores com os mesmos propósitos rasteiros, Charles permanecerá nesta situação deplorável durante muitos ciclos, mas previsão é algo que não temos.

— Algumas consciências podem atravessar ciclos intermináveis — emendou Élcio — difícil é prever quantas criaturas se transformarão em aliciadores de almas, até que não restem seguidores para entidades como Charles, mas para isto acontecer, será preciso adquirir consciência dos reais propósitos da vida imortal, usar o poder de escolha não com medo, mas a favor do próprio crescimento, dando-se a chance para uma vida melhor.

Capítulo 24

Um ano e meio se passou.

A loja de Alicia havia prosperado, as obras da usina seguiam em ritmo acelerado.

Élcio conversava com Aurélio:

— Está chegando a hora de Denis partir da Terra. Meleca está preparada?

— Sim, está. Agucei a percepção dela.

Denis estava na escola observando filhotes de passarinhos alçarem o primeiro voo no alto de extensa laje, quando um dos amiguinhos dele sugeriu:

— Lá em cima deve ter ovos ainda. Vamos subir para ver?

— Precisamos ser rápidos, porque está acabando a hora do recreio.

Os meninos pularam o portão fechado com cadeado para impedir o acesso e chegando à extensa cobertura logo viram o ninho vazio:

— Denis, olhe daqui a vista que temos do pátio da escola — apontou o amigo, apoiando-se com os braços no beiral da laje.

Denis correu, imitando o amigo e ficou encantado com a vista ao longe:

— Você só olhou o pátio. Olhe mais longe a vista das árvores.

— Veja o pessoal passando embaixo de nós, como ficam pequenos. Ninguém olha para cima, ninguém vê a gente.

Neste momento o sinal tocou anunciando o fim do recreio, e observando as crianças se deslocando para a sala de aula sob eles, o amigo de Denis disse:

— Tive uma ideia! Está vendo o folgado do João passando ali? Quando estiver abaixo de nós, olhe o que farei.

Quando João passou, o amiguinho de Denis cuspiu, mas errou e Denis advertiu:

— Não é assim! Deve esperar certa distância, e cuspir pouco antes do alvo passar embaixo de nós. Está vendo o folgado do Ricardo passando? Veja como se faz.

Uma das entidades que estavam à espreita se preparou na intenção de empurrar Denis que se apoiou com a cintura no beiral e cuspiu, escorregando com o impulso e caiu da laje sobre o menino que passava.

O amiguinho que estava na laje ficou atônito por instantes ao ver os corpos estirados no chão e desceu correndo pelas escadas para anunciar o ocorrido.

Denis levantou-se, ficando frente a frente com Ricardo, ambos observando a vozearia das crianças que corriam apavoradas com a cena triste.

— Denis — quis saber o menino. — O que aconteceu? Por que eu e você estamos aqui e ao mesmo tempo ali no chão deitados?

— Diga você, Ricardo, porque não sei! Estava na laje e quando dei um cuspe aqui para baixo, pulei sem querer.

Olhando de forma apurada os corpos imóveis ao chão, Ricardo insistiu:

— Seu idiota! Você caiu em cima de mim e nós dois morremos!

— Só se você morreu! Idiota é você! Estou aqui conversando. Como podemos ter morrido?

A contrariedade de Denis criou grande sombra em torno de Ricardo. Nesse momento, Élcio e Luciene, protetora de Ricardo, tornaram-se visíveis para ambos e a protetora iniciou a conversa:

— Os dois mocinhos estão bem?

Élcio bateu nos joelhos de Denis tirando a poeira:

— Pelo visto estão muito bem. Uma poeira aqui, outra ali...

— Quem são vocês? — indagou Ricardo.

— Meu nome é Luciene, sou seu anjo da guarda e este é Élcio, anjo da guarda de Denis.

— Anjos da guarda? Se estiverem aqui é porque morremos mesmo! — exclamou Ricardo, seguido de Denis:

— Conversa fiada! Não posso morrer agora.

Denis saiu em disparada na direção de sua casa, deparando-se com um espírito que o chamou para conversar:

— Denis, Denis. Preciso falar com você.

— Quem é você?

— Sou um enviado de um grande amigo seu, não sei se vai se lembrar. O nome dele é Charles. Ele pediu que, se você morresse, eu o levasse até ele. Venha comigo.

Denis ficou irritado e disse:

— Vou te mostrar quem morreu, tome!

Sem noção do que fazia, Denis emanou energia paralisante, fazendo a entidade cair, deixando-a ali convulsionando e continuou o trajeto até sua casa.

Quando Meleca percebeu o espírito de Denis aproximar-se, achegou-se abanando o rabo e latindo como sempre fazia, proporcionando-lhe alívio:

— Ufa! Ainda bem que você não quer me enganar.

Sabrina saiu até o portão onde Meleca corria feliz de um lado para outro e disse:

— Ficou louca, Meleca? Está brincando com o quê?

— Meleca veio me receber, Sabrina — falou Denis, decepcionado por não ter sido visto, quando surgiram Marcos e Aurélio:

— Denis, a Sabrina não consegue perceber sua presença, nem a nossa... — explicou Marcos, fazendo Denis contrariar-se novamente, estendendo a mão à frente deles, dizendo:

— Vocês só existem se eu quiser que existam!

Os anjos presentes suspiraram de decepção, quando Élcio anunciou:

— Pois é. Denis bloqueou-se para nosso plano. Agora teremos de esperar que ele aceite a nova condição.

Alicia estacionou o carro e Denis correu para ela:

— Mamãe, mamãe! Estou falando com você, mamãe! Por que não fala comigo?

Ao chegar à cozinha, Alicia correspondeu o agrado de Meleca, cumprimentou Sabrina e perguntou à Rosemeire:

— Estou faminta! O que temos para o almoço?

A campainha tocou, Sabrina saiu para atender e retornou dizendo para Alicia que era o pessoal da escola que queria lhe falar.

Alicia saiu indagando:

— O senhor é o diretor da escola e a senhora é uma das professoras. Denis aprontou alguma?

— Poderíamos entrar para falar com a senhora? — pediu gentilmente o diretor que logo foi conduzido para dentro.

Logo que Alicia recebeu a sinistra notícia, caiu de joelhos em choque e desmaiou, causando profunda tristeza em Denis que se agarrou à Meleca dizendo:

— Não estamos vendo, nem ouvindo isso. Ficarei no meu quarto. Você fique aqui e cuide da mamãe, Meleca.

As entidades entraram no covil de Charles carregando o espírito que se contorcia e ele perguntou:

— Como deixaram vocês entrarem com este traste? O que aconteceu?

— Mestre, ele jogou o William da laje, mas olhe o que o menino fez quando o convidou para vir falar com o senhor.

Charles levitou até a entidade, tocando-lhe com a destra, fazendo recobrar a consciência e perguntou:

— Você conseguiu matar o menino? Diga a verdade, ou o coloco em situação pior que estava!

— Sim, mestre! E consegui também falar com ele.

— Ainda não estou acreditando. Quero saber se é verdade mesmo.

153

Charles segurou a cabeça da entidade com as duas mãos, largando-a de repente, fazendo-o cair:

— Não é possível! Como um inútil como você pode. Protetores não permitiriam isso acontecer.

— Mestre, eu fiz isso pelo senhor — respondeu a entidade, deixando Charles confuso:

— Você não tem poderes para tanto! Diga como conseguiu!

— Mestre, foi o impulso de minha vontade em servi-lo. Empurrei o menino.

Charles retornou volitando, sentou-se no trono, remoendo por instantes e chamou a entidade:

— Venha para perto de mim.

— Sim, eu obedeço, mestre.

— Não sei como conseguiu, mas enquanto não sei o que aconteceu, será meu servo-líder. Ajoelhe-se!

Charles transmitiu energia a princípio agonizante à entidade, que após alguns instantes, levantou-se transfigurada com rosto diabólico anunciando às entidades presentes:

— Lobos, vampiros e hienas: Este é meu servo-líder. Ele se fez merecedor de me representar na superfície e todos que estiverem com ele deverão obedecê-lo. De hoje em diante podem chamá-lo de Valac. Curvem-se diante dele!

Os presentes curvaram-se repetindo o nome anunciado, enquanto os anjos invisíveis trocavam impressões.

— Charles promovendo outro servo a demônio — comentou Cíntia. — Ele ainda crê que o mal tenha poder.

— Infelizmente, no momento, precisamos que se iluda com esta crença — respondeu Élcio. — Quem sabe um dia desperte para a realidade, se desfazendo das ilusões?

Embora triste e infeliz, Jorge revelava sua preocupação para Rosemeire:

— Por favor, Rosemeire, fique atenta à Alicia, pois temo que tente o suicídio.

— Deus nos livre e guarde, senhor Jorge! Chega de desgraças! Acha que Alicia faria isso?

— Acho. Eu mesmo estou com vontade de morrer, mas ainda me resta um pouco de tino para imaginar que Deus deve ter um propósito para tudo, mesmo entendendo que a vida parece ter perdido o sentido sem meu filho.

Novamente Jorge penetrava o pranto inconsolável, sendo acolhido por Rosemeire, mas esforçou-se para completar:

— Olhe para Alicia. Não derramou mais uma lágrima e está atônita sem dizer uma só palavra e, toda vez que chego perto para conversar, ela parece ignorar tudo à volta.

— A Neusinha disse que Alicia está em estado de choque, por isso não atende a estímulos externos. Disse que é realmente um perigo, porque pode surtar e daí só Deus sabe o que é capaz de fazer. Estou com medo, senhor Jorge. Ficarei ao lado dela, pode deixar.

Capítulo 25

Jorge e Alicia decidiram fazer as exéquias de Denis na cidade de onde vieram, para ser sepultado no jazigo da família de Alicia.

Diante dos pais, Alicia chorava ininterruptamente, saindo do estado de perplexidade.

O pesaroso casal decidiu passar os primeiros quinze dias de luto na casa da família.

Inconsolável, Alicia ancorou-se em sua mãe, a única pessoa com quem conseguia compartilhar a dor da perda e pedia conselhos:

— Mãe, estou pensando em não voltar para casa com Jorge. Posso ficar com a senhora?

— Compreendo sua dor, porque também é minha... — a mãe de Alicia não conseguiu continuar e sentou-se para chorar, causando preocupação em Alicia:

— Mãe. Não sei o que seria de mim sem seu apoio, mas estou com medo do que pode lhe acontecer. Lembro-me do carinho que tinha por Denis e ele pela senhora, mas queria lhe pedir que não se prejudique por causa de sua partida, porque não sei o que faria sem a senhora — Alicia e sua mãe permaneceram abraçadas por longos momentos, até que a matrona tocou os ombros da filha para dizer:

— Alicia, minha filha. Devemos compreender que mesmo um fato tão triste como a perda de um filho amado, só pode ser a manifestação de Deus para provar nossa fé, cujo prêmio é um dia permitir estarmos junto dele novamente.

— Não sei se concordo com isso, mãe. Não posso crer que Deus na sua infinita bondade permitisse tanta dor, pois não tem sentido separar um filho pré-adolescente da mãe amorosa.

— Alicia, pare. Filha, não deixe envolver-se pelo sentimento de revolta. Se a morte é uma coisa inevitável para todos nós, não podemos crer que Deus queira nos ver sofrer, mas sim compreender que em tudo há um propósito, nos restando confiar, crer, ter fé, caso contrário, o que será de nossas vidas?

— Como sou pequena, como sou ignorante. Olhe só o que estava fazendo: decepcionando a senhora que sempre me guiou e amava tanto o Denis quanto eu...

— Nessas horas de dor e tristeza vêm tantos sentimentos à tona. Raiva, revolta, ressentimento, mágoa, culpas que não existem. Não nos conformamos, pensando que não tem lógica vermos filhos e netos partindo antes de nós.

— É por isso que estou pensando em não retornar para casa com Jorge. Não sei explicar, mas em vez de sentir vontade de apoiá-lo, de estar próxima dele, quero me afastar de tudo, inclusive dele. Sinto vontade de me matar para estar junto a Denis, onde quer que ele esteja.

A mãe de Alicia esforçou-se para se equilibrar, sentindo a importância daquele momento:

— Decerto que uma dor como esta nos faz sentir vontade de partir para ficar ao lado de quem mais amamos, mas será que Deus permitiria isso se contrariássemos Sua vontade? Sim, digo que contrariamos Sua vontade, porque tudo seria muito simples se só aceitássemos facilidades, momentos alegres, de acordo somente com nossa vontade.

— Verdade difícil de aceitar, mãe. Sabe, estou com pena do Jorge. Nem quero pensar no que está sentindo, porque ele tinha tanto orgulho de ter Denis como filho, que parecia concentrar nele tantos sonhos, expectativas.

— Por isso mesmo digo que deve acompanhá-lo quando voltar. Lembre-se dos momentos felizes antes de Denis existir, quando disse o "sim" para Jorge no altar, jurando estar ao seu lado na alegria e na tristeza. É ao lado do seu marido que você deve ficar.

— Será difícil, mãe. Seremos dois zumbis, um olhando para cara do outro, um mais triste que o outro.

— Para viver bem precisará mudar o foco, Alicia. Pense. Serão um dando força ao outro. Você é fértil e terá mais filhos com Jorge. Mesmo que isto agora lhe pareça fora de questão, o tempo é o melhor amigo, um presente de Deus para vivermos o presente.

Neusinha e Kelly visitaram Rosemeire e Sabrina, que faziam limpeza na casa de Jorge e Alicia.

Enquanto entravam, Denis gritou:

— Olhe, Meleca! Tia Kelly e tia Neusinha!

Neusinha ajoelhou-se beijando Meleca e chorou enquanto a cadela a lambia freneticamente:

— Ai, meu Deus... Como minha Melequinha está lidando sem o doninho? Saudadezinha do nosso Denis, não é querida?

Não suportando segurar o pranto, Kelly entrou à procura de Rosemeire, enquanto Sabrina também chorou, compartilhando agachada com Neusinha agarrada à Meleca:

— Tia. A Meleca age como se o Denis ainda estivesse aqui.

— É que ela tem você para brincar, Sabrina. Por isso não está triste.

— Você não entendeu, tia. A Meleca fica o mesmo tempo que ficava no quarto do Denis e faz as mesmas brincadeiras que fazia com ele. Às vezes, tenho impressão de que o Denis é quem brinca com ela.

Neusinha acariciou a cabeça de Meleca para dizer:

— Tadinha. Ela não perdeu o costume e deve sentir saudade do doninho que agora está com os anjinhos no céu.

Neste momento Denis ficou irritado:

— Anjo coisa nenhuma! Eu estou aqui, mas o que posso fazer se ninguém me escuta? Já pra dentro, Meleca!

As vibrações de Denis promoveram vertigem em Neusinha que levantou cambaleante, enquanto Meleca entrou correndo à ordem de Denis.

— Está se sentindo bem, tia Neusinha?

— Estava agachada, me deu uma tontura e escureceu tudo de repente, mas estou bem sim, querida. Já passou.

Quando Neusinha e Sabrina entraram, Kelly dizia à Rosemeire:

— Acredito que o Jorge dê a Meleca para Sabrina.

— Não sei. Já disse para Sabrina que nem é para perguntar. Se ele der, claro que aceitaremos, mas não sei se a cachorra ficará com a gente, porque já faz dez dias que Alicia e senhor Jorge estão fora e Meleca não quer sair desta casa.

— Não entendi. Explique direito, Rosemeire — pediu Neusinha.

Sabrina tomou a palavra:

— Mainha. Eu falei pra tia Neusinha que a Meleca age como se o Denis ainda estivesse aqui! Desde o primeiro dia tentei levar Meleca no colo para nossa casa, mas ela não para de latir arranhando a porta pedindo para sair e, quando abrimos, ela corre de volta para cá.

Kelly assustou-se:

— Nossa! Fiquei toda arrepiada. Será que a alma do menino ficou nesta casa?

— Não diga bobagens, Kelly! — ajuntou Neusinha — A cadela está acostumada com a casa dela, só isso.

— Bobagem? Sei não. O tipo de morte que teve, caindo da laje, é capaz de nem saber que morreu. Já pensou nisso, amiga?

Neusinha irritou-se:

— Kelly, quem fica aqui todos os dias é a Sabrina e a Rosemeire, já pensou nisso? Quer assustá-las?

Sabrina defendeu Kelly:

— Assusta não, tia. Eu e mainha lidamos tanto com mortes quando morávamos nos buracos dos cortiços, que não temos medo dessas coisas do além, mas se Denis estiver mesmo por aqui, gostaria de vê-lo, porque sinto tanta saudade dele. Para mim seria uma alegria. A primeira coisa que me vem à cabeça quando me lembro dele é a vontade que eu estava de comer uma maçã do amor e ele pediu para a Alicia comprar uma para mim.

Rosemeire servia um café para as visitantes e comentou:

— Sabrina tem razão. Tenho rezado muito para o Denis estar junto com os anjos do céu. Um menino tão bonzinho, tão puro de coração... Tenho certeza de que Deus o acolheu para estar na paz que ele merece.

Aurélio perguntou para Élcio, protetor de Denis:

— Conseguiram concessão para Sabrina poder conversar com Denis?

— Conseguimos, mas não sabemos se Denis a verá em desdobramento porque bloqueou a visão de nossa dimensão.

Luiz questionou:

— Como consegue um espírito desencarnado bloquear a visão do plano em que vive?

Marcos respondeu:

— Da mesma forma que um encarnado fecha os olhos quando não quer ver a realidade do que acontece à sua volta e, se deliberadamente continuar de olhos fechados, não estará impedido de criar imagens mentais. Denis não está aceitando o desencarne e por impulso da vontade bloqueou a realidade astral.

— Por quanto tempo permanecerá nesta decisão?

Brenda, a protetora de Neusinha respondeu:

— Se contados conforme o tempo da Terra, não deve se demorar mais que poucos meses, porque deve se cansar de viver isolado apenas com a atenção de Meleca.

— Não apressaria o processo, se bloqueassem a percepção da cadelinha?

— A percepção de um animal pode ser obliterada, mas existe interesse que Meleca e Denis permaneçam conectados, por conta dos planos estabelecidos pelos dirigentes espirituais, para possibilitar acontecimentos relacionados a outros históricos encarnatórios no núcleo familiar.

Luiz não conteve a admiração:

— Impressionante a complexidade e funcionamento dos destinos. Confesso que estou ansioso para penetrar o conhecimento dessa ligação entre Denis e Meleca, para melhor entender por que na Terra temos a necessidade de conviver com os animais.

Antes de sair, Kelly pediu em pensamento:

— Meu anjo protetor e anjo do Denis, por favor, se a alma de Denis estiver por aqui, ajude-o, e se eu puder fazer algo para ajudar, ilumine minha mente para saber o que fazer.

Capítulo 26

Fazia duas semanas que Denis não dormia. Meleca estava exausta, porque Denis não a deixava dormir direito, mas dominada pelo cansaço, a cadela caiu em sono profundo e Denis a chamou:

— Meleca. Vai me deixar sozinho?

O espírito de Meleca desprendeu-se do corpo e latia para Denis que não conseguia vê-la, nem ouvi-la. Quando ele finalmente se permitiu ter a visão do plano espiritual, contente comemorou:

— Minha querida Meleca! Que delícia poder abraçá-la! Beije-me.

Com sofreguidão a cadela lambia o rosto de Denis que regozijava com o momento, rindo muito:

— Meleca doida! Desse jeito me dará um banho de saliva! Que bom estar com você, poder tocá-la...

Conduzida por seu anjo protetor, Sabrina aproximou-se de Denis, sorrindo:

— O que faz aqui, Denis?

— Oi, Sabrina. Estou no meu quarto com Meleca. Ela está sonhando e por isso estamos juntos.

Sabrina permaneceu quieta e confusa por instantes.

— Sabrina, aconteceu alguma coisa que não sei? Onde estão papai e mamãe que não vejo há dias?

— Denis. Você morreu! Seus pais foram enterrar você na cidade onde nasceu e estão lá faz alguns dias.

— E você por acaso morreu também para estar aqui comigo? Não diga besteiras, Sabrina! Eu sei que não morri, só fiquei invisível.

Sabrina baixou a cabeça tentando entender e adentrou em estado de perturbação, fazendo Marcos conduzi-la a seu corpo, sem que fixasse a lembrança de ter estado com Denis.

Denis procurava entender o que se passava e deu uma bronca em Meleca:

— Pare um pouco, Meleca! Deixe-me pensar!

Olhando para o corpo físico de Meleca ao lado de sua cama, Denis sentou-se na cama e convidou:

— Vem, Meleca!

Meleca esfregava as patas na cama enquanto Denis dizia:

— É como no dia que escorreguei em cima do Ricardo, Meleca. Seu corpo está ali, mas como você pode estar aqui comigo na cama? Não posso ter morrido. Não sou adulto e por esse motivo ainda não quero morrer.

Aurélio surgiu e Meleca correu para ele. Enquanto Aurélio acariciava sua protegida, Denis perguntou desconfiado:

— Quem é você e por que Meleca correu quando viu você?

— Sou um amigo antigo da Meleca, mas também sou seu amigo. Meu nome é Aurélio. Tudo bem, Denis?

— Depois que me disser por que está aqui, ficarei melhor.

— Meleca consegue me ver agora porque está fora do corpo, daí aproveitei que você pode me ver também e vim para batermos um papo.

— O que você quer comigo?

— Calma! Não vim aqui para perturbar você. Quero apenas saber se posso ajudá-lo em algo de que precisa.

— Quero que tudo volte a ser como antes. Não posso partir agora porque ainda não sou velho.

— Denis, chame Meleca.

Meleca permanecia sentada ao lado de Aurélio e Denis perguntou ressabiado:

163

— Por que deveria chamar a Meleca?

— Experimente.

— Vem, Meleca!

Meleca correu na direção de Denis, mas Aurélio fez com que regressasse ao corpo físico, promovendo o despertar da cadela que observou Denis vagamente, aproximando-se dele, dando oportunidade para Aurélio explicar:

— Sabe por que Meleca consegue perceber sua presença, mesmo acordada, e as pessoas não?

— Claro que sei. É que Meleca tem percepção para poder me ver e as pessoas não.

— Muito bem! Isso mesmo! Você está feliz com sua nova condição?

— Não estou, porque não posso me comunicar com ninguém.

— Como não pode? Agora há pouco falou com Sabrina.

— Sabrina não vai se lembrar e vai pensar que foi um sonho que teve comigo quando acordar.

— Como sabe disso?

Denis não soube responder, ficou pensativo por instantes e Aurélio continuou:

— Eu sei por que você sabe, mas não sabe explicar. É que você tem alguns conhecimentos que estão vindo à tona, conforme o tempo passa. Se forçar um pouquinho o pensamento, se recordará de coisas que há duas semanas não teria como se lembrar.

— Isto é verdade. Já está acontecendo. Estou me lembrando de coisas que não vivi, parece que é a vida de outra pessoa.

— Sei como é... Mas não é outra pessoa, é você mesmo recordando sua vida passada, coisas que pode fazer fora do corpo. Você está neste corpo de menino, mas se quiser, pode mudar e se ver em um corpo adulto, porque você não está mais em um corpo de carne, tem um corpo espiritual, não sei se me entende.

Contrariado, Denis tapou os olhos e disse:

164

— Não quero entender como você quer que eu entenda! Isto não está acontecendo e se eu quiser você será apenas um sonho!

Aurélio voltou-se decepcionado para Élcio, o protetor de Denis:

— Novamente bloqueou a visão do plano espiritual. Pena que não consegui dar continuidade à conversa.

— Mesmo que conseguisse continuar, não adiantaria, porque Denis ainda não aceitou a mudança.

— Questão de tempo — finalizou Aurélio.

Denis aproximou-se de Meleca e disse:

— Mesmo que não possa tocá-la, não tem importância. Pode dormir quando quiser, Meleca, você precisa. Não tentarei mais impedir.

Neusinha chegava ao trabalho quando Kelly a convidou:

— Vou com Edvaldo passar o fim de semana na cidade. Quer vir conosco?

— Não estou com vontade.

— Neusinha. O que ganha ficar enfiada dentro de casa? Vamos! Podemos dançar um pouco, passear. Conheci umas pessoas legais e de repente pode pintar um cara legal para você.

— E acha que estou em clima de festa, Kelly?

— Isso nem precisa falar, porque ultimamente você não sorri, faz as coisas somente por obrigação. Não acha que a vida é mais que isso que está vivendo, Neusinha?

— Para ser sincera, nunca fiquei tão abalada como estou agora com a morte de Denis. Ele não era meu filho, mas confesso que tantas coisas perderam o sentido depois que o menino se foi...

— Todos nós ficamos abalados. Não pense que me recuperei também, mas a vida continua. Pior será para os pais dele. Estes nem quero pensar no que será.

— Meu Deus. Se eu não consigo superar a tristeza de não ver mais o menino, o que será de Alicia e Jorge?

Denis despediu-se de Meleca, recomendando que ficasse em casa e dirigiu-se à escola.

Entrando na sala que estudava, observou que a carteira que sentava estava vazia, bem como a de Ricardo, enquanto a aula transcorria com os alunos, cada qual em sua carteira.

Sentando na carteira que era sua, penou a lembrança de momentos vividos, percorrendo o olhar pela sala, observando os meninos e meninas:

— Todo mundo está aqui, exceto eu e Ricardo. Eu não gostava de estudar matemática, mas se estivesse aqui acho que agora adoraria, só para estar aqui.

Denis levantou-se, saiu da sala dirigindo-se ao local do acidente, lembrando-se do que aconteceu, lamentou:

— Como fui idiota querendo cuspir no Ricardo. Mas para que dei um impulso maior do que precisava? Não devia ter subido na laje.

De cima da laje, quis ter uma visão mais ampla e expandiu a consciência espiritual, observando vários desencarnados que perambulavam pelo pátio, quando foi abordado por uma das entidades de Charles:

— Ei, menino! Posso falar com você?

— Não consigo ficar em paz um instante?

— Tenho um recado do meu mestre para você.

— Mestre? Que mestre? Está se referindo a algum professor que tive?

— Não. É um conhecido seu de muito tempo que vive num reino que ele mesmo construiu. Lembra-se do Charles?

Denis forçou a memória, respondendo:

— Estranho! Quando você falou o nome dele, um lampejo se fez na minha mente. Conte-me mais sobre ele.

— Vocês foram muito amigos, mas em determinado momento se separaram porque você continuou reencarnando em outros corpos, mas ele permaneceu no reino.

— Por que ele não reencarnou mais e eu sim? Nós temos escolha?

— Claro que têm! O problema é que uns caras que se dizem anjos convencem as pessoas que é bom reencarnar, mas pessoas como o mestre Charles não se deixam enganar, por isso pediu para eu levá-lo até ele para continuarem amigos, vivendo juntos para sempre.

— Esse tal de Charles pode me trazer de volta à vida como era antes?

— Não, mas pode fazer com que não precise mais nascer e morrer.

— Se não pode fazer o que quero, então não serve!

Inesperadamente, Denis reagiu agressivamente empurrando a entidade para longe, quando Élcio, seu protetor, surgiu pedindo:

— Denis. Posso falar com você?

— Estou muito solicitado. Não quero falar com ninguém.

Denis tentou fazer com Élcio o mesmo que fez com a entidade, mas observando que nada acontecia, retornou para junto de Meleca dizendo a ela:

— Todo mundo me quer fora daqui. Eu não deixarei você, minha querida. Não sairei de nossa casa.

Capítulo 27

Alicia e Jorge retornaram ao lar um mês após a morte de Denis.

Ao saírem do carro e colocarem os pés no chão para abrir o portão, um se apoiou no outro para suspirar, prevendo o vazio que seria naquele lar sem o filho.

Meleca foi a primeira que os recepcionou. Atravessou as grades e veio fazendo festa, seguida de Denis que, sabendo estar invisível para os pais, aproximou-se triste. Enquanto Meleca pulava sobre o casal, tirando sorrisos de Alicia, mas recebendo a indiferença de Jorge, Denis ficou contrariado:

— Por que faz assim com a Meleca, papai? Ela toda feliz porque você chegou e nem dá bola para ela?

Captando a decepção de Denis, Jorge sentiu-se incomodado e vagamente respondeu:

— Oi, Meleca.

Apesar do notável esforço de Alicia para conter-se, ao deparar-se com Rosemeire e Sabrina, caiu em lágrimas, atirando-se no abraço de Rosemeire que também não conteve o pranto:

— Oh, Alicia! O nosso menino está com Deus.

Sabrina cumprimentou o casal e caminhou na direção da cozinha para chorar, enquanto Jorge se ocupava de organizar a bagagem, chorando silenciosamente.

Denis entristecia-se cada vez mais ao ver a tristeza dos pais e também chorou ao observar o pranto de sua mãe parada em frente à porta do seu quarto.

Demonstrando forças que não tinha, Jorge aproximou-se de Alicia, contemplando junto com ela a cama vazia:

— É, querida... não será tarefa fácil superar a falta de nosso filho, mas se este é o plano de Deus, precisaremos lutar contra a tristeza.

Num impulso desesperador, Alicia agarrou Jorge num abraço, chorando copiosamente:

— Amor, como suportaremos a saudade do nosso filho, quando chegar a hora de ele voltar da escola, no jantar, nos aniversários e datas festivas? Como viver sem pronunciar o nome que escolhemos para ele?

Apesar de não suportar a contundência das palavras, mesmo comungando o pranto, Jorge sentiu-se responsável por encontrar uma saída para aliviar a dor da mãe inconsolável:

— Querida, para começar, espero que entenda a necessidade de nos desfazermos do mobiliário do quarto do Denis.

— Está louco? O quarto de Denis não pode ser desfeito agora.

— Isso não mudará o amor que sentimos por nosso filho, mas não podemos continuar cultivando essa tristeza, senão ficaremos doentes!

— Discordo! Quanto a você, não sei, mas desfazer o quarto do Denis neste momento, para mim, seria uma ofensa à memória de nosso filho!

— Mas, amor, eu só quero...

— Chega, Jorge! Eu sei que quer aliviar a minha dor, me fazer ver novos horizontes, sei de tudo isso, mas desfazer-me do quarto de Denis está fora de cogitação. Querido, eu te peço: não toque mais neste assunto, por favor!

— Está bem, Alicia, mas prometa que não se deixará levar pela tristeza, porque já está duro saber que chegarei em casa e não verei mais o Denis. Não suportaria imaginar ficar sem você.

— Pode deixar, querido, na alegria e na tristeza, estaremos juntos.

— Quando for noite, a Meleca pode ficar na casa da Rosemeire e Sabrina, não é?

— Nem chegamos e já está querendo se livrar de tudo que lembre Denis?

— Não é isso, Alicia. A cachorrinha terá com quem brincar, pois imagino que também deve sentir falta do Denis.

— Pois então pasme. A Sabrina me falou que tentou levar Meleca para sua casa diversas vezes e ela não fica lá. A casa da Meleca é aqui.

— Está bem, então. Só admiti a hipótese de ela querer ir, é só isso...

Na manhã seguinte, não suportando ver a tristeza dos pais e cansado da inatividade, Denis saiu de casa para dar uma volta e começou a explorar seus atributos espirituais, deslocando-se com rapidez, adentrando a floresta.

Com a velocidade do pensamento, chegou ao local onde havia se perdido, quando saíra em expedição à procura de Meleca.

Denis permaneceu longo período em meditação junto ao local onde tinha sido encontrado por Kelly e percebeu energias que o impediam de se movimentar, deduzindo que se tratavam das entidades que o perseguiam.

— Eu não quero ver vocês. Afastem-se de mim, porque se eu pegar vocês, verão com quem estão lidando.

Percebendo a limitação dos movimentos, tomando choques cada vez que tentava caminhar, Denis declarou:

— É briga que vocês querem, então terão!

Permitindo a visão do plano espiritual, Denis surpreendeu-se ao se deparar com a imagem de uma bela índia jovem. Medindo-a da cabeça aos pés e notando a barreira magnética ao seu redor, perguntou:

— Como se atreve a me prender nesta grade de luzes? Quem é você?

A bela índia aproximou-se de Denis:

— Está em nosso domínio. Eu pergunto por que este atrevimento e para que se apresenta com corpo de menino?

— Eu disse para me soltar! Não vai me soltar?

Ela permaneceu em silêncio, Denis desfez a barreira magnética e quando iria revidar, recebeu grande carga paralisante de outra entidade que surgiu, lançando em sua direção raios que lhe causaram choque, fazendo o menino convulsionar no chão, sem poder falar.

Observando melhor, a entidade disse à índia:

— Estou reconhecendo este aí. Certo dia, a pedido de um anjo, ajudei uma moça a encontrá-lo porque estava perdido na mata.

A entidade aproximou-se de Denis, tocou sua testa, levantou-se cessando o efeito do choque e ajuntou:

— Pode se levantar menino. Ainda quer brigar?

Denis levantou-se cambaleante, respondendo:

— Não quero brigar com ninguém. Pensei que vocês quisessem tirar-me de minha casa como fizeram os outros. Meu nome é...

A entidade masculina não deixou Denis continuar:

— Não precisa dizer. Sabemos seu nome e por que veio até aqui. Você caiu de um lugar alto, morreu e não quer sair de casa. Nada contra, pois somos de acordo que o vento sopre onde quiser, mas o vento tem que saber onde sopra e não pode ficar atacando quem encontrar pela frente.

A entidade feminina aproximou-se de Denis que se mostrava receoso. Ela acariciou-lhe a cabeça, dizendo carinhosamente:

— O menino encontrado na mata por Oxossi está perdido novamente, só que de outro jeito. Sei que não fez por maldade. Pode me chamar de Jurema, mas para onde o menino pensa que vai?

Carente, Denis demonstrou alegria por receber carinho, e contagiado pela entonação da voz de Jurema, respondeu, observando Oxossi desaparecer à sua frente:

— Não tenho para onde ir. Só quis sair um pouco de casa. Você é muito bonita, Jurema. Por que Oxossi sumiu desse jeito?

— Oxossi foi atrás de outras coisas que tinha de fazer. Será que agora o menino aceita que não faz mais parte do mundo dos vivos?

— Jurema, como posso não fazer mais parte do mundo dos vivos, se estamos vivos?

— É só uma maneira de dizer. Estamos mais vivos que nunca, só não fazemos mais parte do mundo da matéria.

Neste momento, uma onça pintada passou por perto e Denis se assustou, chamando a atenção para si, por isso a onça vinha em sua direção, fazendo-o procurar guarida perto de Jurema que disse sorrindo:

— Ela não pode fazer nada contra você porque não tem o que morder. O menino não tem mais corpo de carne.

— Nossa! Se eu tivesse nem teria como correr! Vendo ela de perto, olhe que enorme. Que linda!

— Muito linda, mesmo. Ela não nos vê, mas consegue nos perceber. Veja.

Jurema aproximou-se do animal e Denis ficou deslumbrado ao observar a onça virar de bruços, esfregando-se no chão, rolando de prazer.

— Ela gosta de você! — disse Denis.

— Ela age assim porque percebe as minhas intenções.

Repentinamente a onça virou-se atenta, direcionando um olhar rasteiro.

— Por que ela mudou de repente?

— Por que farejou uma caça próximo daqui. Venha ver.

Num átimo, Denis e Jurema estavam próximos de uma anta.

Denis ampliou sua visão espiritual e pode perceber a onça ir em direção à anta para atacá-la e repudiou:

— Coitado do bichinho. Nunca vi esse bicho, qual é? Por favor, proteja este animal indefeso!

— É uma anta. Não posso interferir na natureza. A onça precisa comer para sobreviver e a caça faz parte do seu instinto de sobrevivência.

— Que culpa a pobre anta tem nessa história? A onça que vire vegetariana!

Jurema riu:

— Entendi o que quis dizer, mas melhor sairmos daqui para o menino não ver o que acontecerá.

Afastados dali, Jurema explicou:

— Na natureza tudo ocorre de forma justa e correta. A justiça faz parte da continuidade dos ciclos no lugar em que vivemos.

— Não quero contrariá-la, Jurema, mas foi justo o destino da anta?

— Sim, foi. Você deve pensar que não foi, a julgar pelo conhecimento que não tem.

— Não entendi. Pode explicar?

— A verdadeira justiça está em tudo, mas determinadas vezes não temos condições de penetrar o conhecimento.

— Você consegue penetrar esse conhecimento? Como consegue?

— Consigo, confiando que todos os animais desenvolveram habilidades que lhe são necessárias ao momento que se encontram, no ciclo em que vivem. Na natureza, prezas e predadores possuem exatamente o que precisam para manter o equilíbrio do todo, portanto, não existem vítimas e cada um tem sua importância.

— É. Acho que ainda não tenho este conhecimento. Voltarei para casa. Posso voltar aqui outra vez para falar com você?

— Pode. Para me encontrar pense na minha figura que irei até você.

E, após se despedirem, Denis retornou para a casa que ainda julgava ser a sua.

Capítulo 28

Uma semana se passou. Jorge retornava ao trabalho, na usina.

Havia uma combinação entre os funcionários de conversarem com o chefe somente assuntos relativos ao trabalho, considerando o luto e, após longa reunião que durou até a hora do almoço, Edvaldo e Jorge se reuniram à mesa.

Diante do desconforto demonstrado por Edvaldo sem saber o que dizer, Jorge iniciou a conversa:

— Tudo bem entre você e Kelly?

— Sim, tudo bem. Planejamos o noivado para daqui a seis meses.

— Quem diria! Vocês merecem ser felizes.

— De vez em quando ela tem uns achaques quando me vê temperando um pedaço de carne, ou sente o cheiro da fritura, mas nada que demande a presença dos bombeiros.

Após minutos sem conversarem, Edvaldo quebrou o silêncio:

— Jorge, se precisar prolongar seu período de afastamento, fique tranquilo que cobrirei você e ninguém ficará sabendo.

— Obrigado, Edvaldo. Você tem sido um amigo e tanto. Minha vontade é de não fazer nada, mas preciso lutar contra isso, senão enlouquecerei.

— Entendo. Olhe amigo, não falarei no assunto porque não sei o que dizer.

— Fique tranquilo, Edvaldo, estou me mantendo como um morto-vivo, mas não existe maneira de lidar com isso, apenas aceitando, pois não há nada que trará meu filho de volta. A situação para Alicia certamente é bem pior.

— Verdade. Não pode existir dor maior para uma mãe, como também não tem remédio que possa aliviar.

— Vejo que Alicia está fazendo de tudo para superar, mas fico com pena dela, porque sei o quanto sofre. Tenho feito de tudo para contornar novidades que surgiram com a morte de nosso filho, mas tem horas que não suporto ficar ao lado dela.

— Do que está falando?

— Não sei direito. Muito estranho, mas depois que o Denis se foi, estou me sentindo o cara errado, no lugar errado. Tento atribuir isto ao fato de a minha vida ter perdido o sentido sem Denis, pensando que pode ser passageiro, mas...

— Mas o quê, Jorge? Pode dizer, desabafe amigo!

— Confesso que fico preocupado em lhe contar, porque não sei se posso confiar em você.

— Ora, Jorge. Compreendo sua situação e por isso não me sentirei ofendido pelo que acabou de dizer, mas que motivos você teria para não confiar em mim, se sabe que é o responsável pelo meu sucesso e é o único que posso considerar verdadeiro amigo?

— Você é namorado da Kelly.

— Não estou entendendo, Jorge...

— Queria me abrir com você, mas fico preocupado de você contar algo para a Kelly, porque é muito íntimo.

— Amigo, eu não sou mais criança e sei separar as coisas. Saber que posso ser útil para você, compartilhando sua dor e sua vida, para mim é um prazer e sei que isto é recíproco, porém não posso querer invadir seu espaço, mas também confesso que me deixou preocupado, pois não imagino o que pode levá-lo a pensar que contaria algo seu para Kelly.

— Neusinha.

— Neusinha? O que ela tem a ver com isso?

— Não consigo ficar um minuto sem pensar na Neusinha.

Edvaldo soltou os talheres que usava no prato, encostou-se na cadeira e permaneceu pensativo, tentando encontrar o que dizer, mas Jorge falou primeiro:

— É! Eu também não compreendo. Minha esposa de luto pela morte de nosso filho, eu sem encontrar motivos para viver pela saudade do Denis, e isso agora...

— Não sei se entendi, mas quer dizer que está apaixonado pela Neusinha?

— Não sei. Só sei dizer que tudo que faço, onde quer que eu vá, penso nela.

— Isso é muito sério, Jorge.

— Sério, mas não chega a ser preocupante porque só você sabe.

— Comigo não precisa se preocupar, porque não seria louco de contar algo assim para Kelly. Agora entendi por que não queria me contar, mas também não sei de onde tirou que seria ingênuo a ponto de comentar com Kelly, pois sei que ela iria correndo dizer para Neusinha e eu seria responsável pelo seu inferno na Terra.

Num fim de tarde, Neusinha e Kelly visitaram Alicia.

Sabrina as recebia no portão de entrada, abraçando-as, enquanto Meleca fazia festa.

— Dá para conversar com Alicia? Como ela está? — perguntou Kelly.

— Eu e mainha fazemos o possível para ficar o tempo todo com ela. No primeiro dia chorou o tempo todo, no segundo ficou trancada no quarto do Denis e nos últimos dias fica circulando pela casa, mas sempre passando a maior parte do tempo no quarto do menino.

— Alicia não abriu a lojinha? — perguntou Neusinha, logo recebendo resposta de Sabrina:

— Não. Eu me ofereci para ficar lá, mas ela disse que não quer.

As amigas entraram cumprimentando Rosemeire que continuou os afazeres, Sabrina anunciou a chegada das amigas para Alicia que estava sentada na cama do quarto de Denis:

— Se precisarem de mim, é só chamar — Sabrina saiu.

Quando as amigas abraçaram Alicia, ela permaneceu serena, convidando:

— O dono desta cama não está mais aqui. Sentem-se.

Enquanto Kelly e Neusinha sentavam-se, Denis objetou:

— Estou sim, mamãe! Você só não me ouve e não vê.

Neusinha iniciou a conversa, convidando:

— Alicia, venha passar uns dias comigo.

— Não sinto vontade de fazer nada. Nem lágrimas eu tenho mais, porque chorei tanto que cansei. Estranho que não sinto mais vontade de chorar.

Kelly deslizou a mão sobre os cabelos de Alicia:

— Você não chora porque se sente consolada sabendo que Denis está com Deus. É bom, mas não pode ficar apática desse jeito. Por favor, aceite o convite da Neusinha. Se cansar de ficar com ela, ficará comigo, entre uma coisa e outra pelo menos você se ocupa. Não fique aqui sem fazer nada, porque sofrerá mais ainda.

— Não sei o que está acontecendo comigo.

Neusinha e Kelly entreolharam-se preocupadas e Kelly perguntou:

— O que está acontecendo, Alicia?

— Sei que é natural me sentir sem chão, perdida e desconsolada, mas estão acontecendo coisas que não consigo entender.

— O que está acontecendo? — insistiu Neusinha.

— Antes torcia para chegar a hora de o Jorge chegar em nossa casa, sentia prazer de dar prazer a ele, mas agora sinto como se fosse um intruso.

Kelly pensou e comentou:

— Não consigo encontrar outra explicação, senão o fato de você sentir a falta do Denis e não poder ficar alegre; daí não querer ficar assim perto do Jorge, afinal vocês são tão unidos. Querida, não deve procurar motivos para desistir de tudo. Você e Jorge precisam muito um do outro num momento difícil como este.

— Eu sei, Kelly. Talvez não tenha me expressado corretamente. Sinto pena do Jorge porque por mais que tente disfarçar, era ele quem colocava o Denis para dormir e flagrei sua dor e impotência, parecendo que não aceita o que aconteceu quando passa perto deste quarto. Temos realmente nos apoiado um no outro, mas está acontecendo algo que não sei explicar.

— Tente! — pediu Neusinha.

— Está bem, tentarei. Parece que não é com Jorge que devo ficar... Parece que estou "sobrando". Muito estranho.

— Estranho e perigoso! — exclamou Kelly sob o olhar de reprovação de Neusinha, mas Kelly não se intimidou e continuou reticente:

— Você está fazendo...

Neusinha cortou:

— Kelly! Que indelicadeza e falta de decoro!

Alicia esboçou parco sorriso:

— Que nada, Neusinha. Deixe a Kelly. Eu sei o que quer perguntar e não tenho problema de responder se fazemos amor, mas confesso que sinto como se estivesse com o homem errado no lugar errado.

Nesse momento Jorge chegou e foram todas para a sala cumprimentá-lo.

Alicia o beijou, em seguida Kelly abraçou-o e quando Neusinha fez o mesmo, algo estranho se sucedeu com Denis que ficou contrariado, sem compreender o sentimento que o dominou, produzindo-lhe flashes de memória que o deixaram em um estado de angústia profunda.

Denis lançou o pensamento para Meleca que começou a latir para Jorge, fazendo Neusinha agachar-se junto dela deduzindo:

— Calma, queridinha! Está com ciúme do seu querido Jorge? Pronto! Já soltei seu dono. Agora ele é só seu.

Brenda, a protetora de Neusinha comentou com Élcio, protetor de Denis:

— Finalmente! Seu protegido começa a adquirir posse da memória passada.

— Sim. Agora não terá volta. Em breve, Denis se verá compelido a desvendar enredos anteriores que deflagraram seu destino, possibilitando sua libertação.

Enquanto isso, intrigado, Denis aproximou-se de Jorge, olhando-o fixamente, lembrando-se de outro rosto e de outro nome e balbuciou:

— Brian... Quem é Brian?... Papai... Brian...

Depois Denis fez o mesmo, aproximando-se de Neusinha:

— Tia Neusinha está mais parecida com a mulher que vi. Mas, por que fiquei tão irritado com a aproximação deles?

Capítulo 29

Seis meses depois do falecimento de Denis, Jorge estava reunido com Dagoberto e Edvaldo:

— Dagoberto, já avisei que não quero saber de ninguém sem equipamentos perto do reservatório. Da próxima vez que encontrar alguém sem equipamentos, seja quem for, não poderá reclamar porque será suspenso! Estamos entendidos?

— Sim, Jorge. Avisarei o responsável.

— Tudo bem. Dispensado.

Edvaldo esperou Dagoberto sair e perguntou para Jorge com serenidade:

— Tudo bem com você, Jorge?

— Se acha que fui enfático com Dagoberto, é só pensar que, se a fiscalização do trabalho aparecer de supetão, quem responderá pela multa?

— Sim, você tem razão, mas admita. Ultimamente você está muito agressivo.

Jorge colocou as mãos na cabeça e desabafou:

— Cara. Estou no limite! Preciso me controlar.

— Já estive com você em situações de pressão. Sempre o admirei, porque certas vezes eu não saberia lidar com determinadas situações. Sei que tem a ver com Alicia. Vamos, desabafe.

— Sim, Alicia está um tédio insuportável! Não quis mais se ocupar da loja, fica o dia inteiro dentro do quarto que era do Denis e mal conversa comigo. Edvaldo, tomei uma decisão e preciso de sua ajuda.

— Ajudo no que precisar. Pode pedir.

— Parece que a Neusinha convenceu Alicia a passar o dia em sua casa amanhã com Rosemeire e Sabrina. Preciso que vá comigo até minha casa e me ajude a levar as coisas que eram do quarto do Denis. Desmontarei tudo e o chamo para levarmos tudo de uma vez na sua caminhonete; depois deixamos tudo provisoriamente na sua casa até encontrarmos um destino para os móveis, roupas e brinquedos.

— Jorge. Isso é loucura, amigo! Arcará com as possíveis consequências quando Alicia chegar e encontrar o quarto vazio?

— Não importa a reação dela, pois será para o seu bem. Você me ajuda?

— Sim.

No dia seguinte, Edvaldo estava com Jorge em frente à sua casa:

— Tem certeza de que não quer que o ajude?

— Não. Desmontarei os móveis e chamarei você depois. Enquanto isso, fique na sua casa.

Quando Jorge entrou, estranhou a presença de Sabrina:

— Ué? Por que não acompanhou Alicia e sua mãe?

— Preferi ficar para preparar o jantar para o senhor.

— Ora, Sabrina. Não precisava se preocupar.

— Precisava sim, porque o senhor merece. Mas, aconteceu alguma coisa? O senhor não costuma vir para casa neste horário.

— Obrigado, querida. Desmontarei os móveis do quarto do Denis.

— Entendo, contudo, a dona Alicia não irá gostar nada disso.

— Eu sei, Sabrina. Será um choque para Alicia, mas não vejo alternativa.

— Será muito difícil para o senhor também. Quer que o ajude?

— Sim. Peço apenas que pegue as caixas vazias que trouxe na caminhonete. Posso pedir-lhe outra coisa?

— Pode. Claro que pode, senhor Jorge.

— Não entre no quarto enquanto não chamá-la, está bem?

Sabrina concordou e levou Meleca para fora, enquanto Jorge respirou fundo e entrou determinado no quarto que era de Denis.

Denis gritava desesperado por não ser ouvido, tentando inutilmente agarrar-se às pernas de seu pai:

— Papai. Não faça isso! Não desmonte meu quarto, pois onde ficarei com a mamãe?

Enquanto Jorge rapidamente tirava as roupas dos armários, colocando sobre a cama, Denis clamou mentalmente por Meleca, que se desvencilhou de Sabrina, entrando no quarto, permanecendo estática e assustada observando a transfiguração de Denis que assumia corpo espiritual de adulto.

Denis contrariava-se cada vez mais na angústia de não ser ouvido por Jorge e ordenou confusamente:

— Brian! Eu disse para parar! Meleca, pega ele!

Dominada pelas vibrações hipnóticas de Denis, Meleca começou a latir e rosnar, ameaçando avançar sobre Jorge, que sem entender o que se passava, disse para a cadela:

— Calma, Meleca. É tão doloroso para mim quanto para você fazer isso, mas, por Alicia, é preciso.

Atingindo o ápice da irritação, Denis envolveu Jorge em uma atmosfera negra, gritando para a cachorrinha:

— Destroce este infeliz, Meleca, eu mandei! Se não fizer isso, eu mesmo o farei!

Jorge recebeu a carga negativa lançada por Denis, sentindo estranho torpor, atordoando-se por instantes quando encontrou a antiga mamadeira no canto do armário.

Ao segurar o objeto, Jorge paralisou, penetrando lembranças, cujos pensamentos atingiram imediatamente Denis que confusamente retornou à forma espiritual de menino.

Jorge abraçou a mamadeira, começando a soluçar em pranto convulsivo, deixando-se escorregar até sentar-se no chão, num rito de dor:

— Filho. Lembra-se quando deixou a mamadeira? Vou morrer de saudade de você.

Denis foi contagiado e começou a chorar também, sem compreender a miscelânea de sentimentos que o havia dominado, observando que Meleca parou de latir e permaneceu parada diante de Jorge, fazendo menção de querer aproximar-se para agradá-lo.

Chorando muito, Jorge estendeu o braço chamando Meleca que o atendeu, juntando-a ao peito e enquanto aceitava as frenéticas lambidas, disse carinhosamente abraçado a ela:

— Coitadinha da minha Meleca. Também sente saudade do meu menino, não é? Desculpe no começo não ter aceitado você, mas agora você me dá todo o amor que o Denis deixou.

Comovido e confuso, Denis chorava muito ao ver a cena de seu pai abraçado à cadela, quando Sabrina entrou, sentando-se devagar no chão junto de Jorge, encostou a cabeça sobre seu peito e disse, antes de começar a chorar:

— Senhor Jorge, deixe-me chorar junto com o senhor. Também sinto muita falta do Denis.

Jorge soltou Meleca e disse para Sabrina:

— Oh! Querida. A gente precisa aceitar que o Denis está com os anjos.

— Eu sinto que o Denis está aqui agora.

— Será? — indagou Jorge incrédulo e Sabrina apontou para Meleca:

— Se Denis não está aqui, o que Meleca está fazendo?

Observando que Meleca abanava o rabo sugerindo ir para o lado dele e ficava em dúvida de ir para o outro lado do cômodo, onde Denis estava, Jorge pediu em voz alta:

— Filho, se você está aqui, me dê um sinal.

Confuso, Denis disse antes de sair em disparada:

— Já não sei mais quem eu sou!

Meleca tentou alcançá-lo até o portão e Sabrina concluiu:

— Está vendo, senhor Jorge? Denis saiu correndo e a Meleca só pode ter seguido ele. Eu digo que a Meleca vê o Denis, mas ninguém acredita em mim.

Jorge respondeu intrigado, levantando-se:

— Mas agora eu acredito em você.

Denis entrou na mata, sentou-se ao pé de uma árvore e começou a chorar, chamando Jurema que surgiu perguntando:

— Por que o menino chora?

— Eu não sou eu...

Ao tocar carinhosamente a cabeça de Denis, Jurema comentou:

— Estava demorando...

— Demorando?

— O menino descobriu que não é só um menino. Foi muitos meninos e muitos homens...

— Eu me vi adulto e há pouco desejei uma coisa horrível: Quis que meu pai morresse.

Invisível para Denis, Élcio pediu mentalmente à Jurema que orientasse seu protegido e ela fez sinal afirmativo com a cabeça:

— Olhe para essa árvore que você está encostado.

— Sim, estou olhando, o que tem ela?

— Eu disse para olhar a vida que tem nela.

— Não estou entendendo.

Jurema levou a mão e a encostou na testa de Denis, que se assustou, levantando-se rapidamente ao notar a aura colorida que vibrava em todo o tronco e nas folhas.

— O que é isso?

— É a vida que você não vê se não quiser ver.

Percorrendo a vista pela floresta, Denis pôde vislumbrar luz em torno de toda a vegetação, observando os elementais movimentando-se sobre o solo e pairando no ar em grande número. Quando Jurema afastou delicadamente a mão, a visão de Denis voltou ao normal.

— Jurema, estou confuso. Por que só pude ver quando você quis e agora não vejo nada?

— Por que você não quer ver o que vejo.

— O que faço para ver como você?

— É preciso que se permita ver. Você não aceita que não pertence mais à vida na Terra e quanto mais negar, menos verá você mesmo, quem foi e o mais importante, o que realmente é.

— O que eu sou?

— Pode ser luz ou treva. O menino escolhe.

Denis permaneceu pensativo por instantes e perguntou:

— Não quero saber quem eu fui. Tenho medo.

— Se não enfrentar o medo, não saberá o quanto de coragem tem.

— Eu sinto que estou fazendo minha mãe e meu pai sofrerem, mas não consigo deixá-los.

— Ninguém deixa ninguém. Você se lembrou que seu pai um dia não foi seu pai.

— Sim. E senti raiva dele. Por quê?

— Só descobrirá se enfrentar seus medos.

Denis continuaria perguntando, mas quando olhou para Jurema, ela não estava mais ali.

Capítulo 30

Valac, o servo-líder, foi chamado por Charles para fazer um balanço de suas atuações:

— Faz meses que o nomeei, dando-lhe liberdade de atuação e a única coisa que tem feito é vampirizar criaturas.

— Mestre, tenho me empenhado em satisfazê-lo, trazendo servos para nossa causa e para alimentá-lo.

— Valac. Este lugar está parecendo uma alcateia, mas não de lobos, de cães domésticos.

Charles lançou energias hipnóticas, promovendo transfiguração em Valac:

— Você não passa de um cão pequeno, faminto e imundo. Era tão assustador enquanto eu queria. Agora parece encolher... encolher... encolher. Seu cérebro é tão pequeno que não consegue agir. Agora sim, está parecendo você, ou seja, um cãozinho inerte e sarnento!

A entidade, antes nomeada líder, se transmutou num pequeno cão, sob a influência funesta de Charles que, irado gritou para os demais que ouviam cabisbaixos:

— Bando de inúteis! Eis o que são: nada! Tantos séculos de transformações e a única coisa que me restou foram vocês, almas podres que só prestam para vaguear na Terra com o único objetivo de satisfazer a sede de sangue, nutrindo-se também da minha escuridão!

Silêncio absoluto se fez por longos instantes, até que Charles ordenou:

— Quero ficar sozinho! Sumam da minha frente! Convoquem meus aliados da superfície para a grande assembleia! Quero todos aqui, imediatamente! Vão!

Charles permaneceu sentado no trono, observando juntarem centenas de entidades que chegavam e se aglomeravam em torno dele, permanecendo em silêncio.

Passadas algumas horas Charles volitou vagarosamente por entre aquele bando de espíritos perturbados.

Luiz, que ali se fazia invisível, juntamente ao lado de Fábio, quis saber:

— O que Charles está fazendo?

— Contabilizando decepções. Tenta encontrar entre as entidades que alicia, uma que demonstre "competência" para manobras na superfície.

— Que tipo de manobras?

— Criaturas como Charles sentem prazer nas guerras que promovem entre os povos, entre pessoas de um mesmo povo e toda sorte de dissidências que resultam em derramamento de sangue, apenas com propósito de suprirem a necessidade do que julgam vingança contra Deus.

— Podemos dizer que se julgam demônios?

— Não se arrogam demônios porque sabem que o termo não passa de folclore, mas agem como tal.

— Não dá para entender, talvez porque eu nunca tenha passado por um estágio assim, mas o que leva uma criatura de Deus a chegar a este ponto?

— Não podemos considerar simples desilusões quando estão encarnados, mas sim ilusões que alimentaram ao encontrar prazer na escuridão. Charles só não pode ser comparado a um anjo caído da cultura mística, porque, uma vez que se torna anjo, não tem lógica revoltar-se contra o Criador.

— Existe um mecanismo divino para os seres não enveredarem para esta situação como a de Charles?

— Seria o mesmo que perguntar se Deus privilegia criaturas em detrimento de outras... Assim como todos, Charles escolheu ser assim.

— Será que Charles considera vantagem ser assim?

— Espíritos endurecidos consideram vantagem, mesmo na solidão, pois possuem uma ideia formada sobre o bem e o mal, mesmo o mal não existindo.

— Ele sabe que o mal não existe?

— É aí justamente que está o motivo da inflexibilidade: Charles sabe que o mal não existe e creia: Acha que pratica o bem. Ao modo dele, claro.

— Não encontrando alguma entidade que julgue à sua altura, imagino se Charles se unisse à outra entidade como ele.

— Isso não ocorre pelo simples fato de entidades como ele possuírem o seu principal fator impeditivo: o egoísmo.

Charles retornou ao trono, anunciando:

— Não há entre vocês alguém capacitado, absolutamente, como também não há novas deliberações! Vão.

Todas as entidades saíram a tropel, porém uma mulher permaneceu ali.

— Mestre, desculpe minha ousadia, mas queria lhe pedir.

— Pedir o quê? — perguntou Charles.

— Sinto saudade de meu filho que o mestre transformou. Imploro que o traga de volta. Faço o que o mestre quiser em troca de tê-lo de volta.

— Deixe-me pensar... Lembro-me que realmente a saudade dói, mas é um sentimento humano. Você não é humana. É uma vampira sedenta. Eu vejo sua necessidade exacerbada. Você precisa das emanações humanas agora, neste minuto.

Os olhos da entidade vitrificaram e ela saiu desesperada com vontade de vampirizar.

— Por que Charles não transmutou a entidade? — perguntou Luiz a Fábio.

— Porque havia a centelha do amor e a misericórdia de mãe. Mesmo Charles com seu suposto poder não consegue agir enquanto existir instrumentos impeditivos como este, portanto, se aquela entidade se converter, estará liberta de Charles.

— Impressionante! Todas essas entidades poderiam libertar-se de Charles, mas preferem manter-se conectadas a ele pelo simples fato de não abrirem mão dos vícios morais e carnais.

— Aqui os semelhantes, com intenções análogas se atraem — finalizou Fábio.

Meleca e Jorge estabeleceram um laço notável e Alicia observava:

— Querido, aconteceu algo para Meleca ficar como um grude em você?

— Sim. Eu e Meleca nos apaixonamos — respondeu Jorge sendo correspondido pela cadela ao receber seu agrado.

— Estranho, porque antes Meleca não lhe dava confiança, agora não sai do seu pé.

— É que tivemos um "papo cabeça" e resolvemos nossas pendengas — riu Jorge.

Como fazia todas as noites antes de dormir, desde que retornou, Alicia dirigiu-se ao quarto que era de Denis, sentando-se ao lado da cama, olhando em torno.

Jorge entrou no quarto com Meleca no colo:

— Querida, até quando fará o mesmo ritual?

— Não sei...

— O que pensa quando fica horas parada, olhando em volta do quarto?

— Fico tentando entender porque Deus levou Denis. Claro que a lembrança dos momentos felizes é o que mais tenho, porém é impossível não sentir o vazio que me domina.

Jorge colocou Meleca no chão, acariciando os cabelos de Alicia:

— Vazio! Esta é a melhor palavra para representar o que sinto, pois nosso filho era meu maior estímulo para viver, mas até quando você ficará cultivando este quarto como se o Denis ainda estivesse aqui? Nosso filho será eterno em nossos corações, mas será que ele gostaria de vê-la assim, deixando de viver?

— Não sei, Jorge. É que sinto como se ele estivesse aqui e simplesmente não consigo viver.

Profundamente tocado pela conversa dos pais, Denis retirou-se, embrenhando-se na mata, onde permaneceu durante horas vagando, até sentar-se debaixo de uma árvore.

Um vento morno levantou folhas à sua frente, fazendo-o suspirar de tristeza.

Diversas formigas se juntaram a seu redor. Ele sentiu um fruto cair sobre o ombro e logo deduziu:

— Estranho. Não estou vivo para sentir um fruto cair sobre mim.

Ao abrir a visão espiritual, Jurema apareceu:

— Pensei que tivesse de convocar todos os elementais da floresta para lhe chamar a atenção!

— Oi, Jurema. Não demorei tanto assim para perceber, afinal não tenho mais corpo para sentir um caroço caindo sobre mim.

— O menino ainda não percebeu que este não é mais seu mundo?

— E este é o seu mundo, Jurema? Por que você também anda por aqui?

— E quem lhe disse que só ando aqui? Venho por causa das coisas da floresta e sinto prazer em trabalhar no que for preciso para melhorar as coisas, na medida do possível.

— Desculpe. Falei como se você fosse inútil como eu...

— O menino está se sentindo inútil porque reconhece que é inútil querer participar do mundo o qual não mais pertence.

— Você tem razão. Sinto que sou um empecilho para meus pais.

— Nenhum filho é empecilho para os pais.

— Um filho que não pertence mais a este mundo e querer viver nele é. Se pudesse ser como você e sair daqui...

— O que impede o menino?

— Sinto que precisava estar com meus pais.

— É que o menino não entende que existe o lugar certo e o tempo certo para estar com os pais.

— O que quer dizer com isso, Jurema?

— Que jamais deixará seus pais, porque o sentimento liga as almas e quando eles não pertencerem mais ao mundo da matéria, se juntarão ao menino.

— Mas eu não consigo aceitar isso. Não aguento mais ver meus pais tristes e chorando, sabendo que é por minha causa.

— Está vendo por que não quer sair do lado deles?

— Será que serão felizes se eu sair do lado deles?

— Não deve se preocupar com isso, porque não é problema seu.

— Jurema, as suas respostas são muito duras.

— Minhas respostas são a verdade que conheço.

— Posso ficar com você um tempo, a ajudando?

— Pode me acompanhar, se quiser.

— Obrigado, Jurema.

Capítulo 31

Duas semanas depois, Alicia chamou Jorge para conversar:

— Querido, tomei uma decisão e espero que me apoie.

— Se for para seu bem, apoio.

— Quero ficar longe de casa por um tempo.

— Quer fazer o quê? Ficar na Neusinha?

— Não. Quero ir para a casa de minha mãe.

Jorge pensou no que dizer, mas Alicia começou a chorar, abraçando-o:

— Querido, preciso sair daqui senão vou ficar louca. Sei que você não pode fazer o mesmo por causa da usina.

— Compreendo, Alicia...

— Compreende mesmo, ou está falando isso para dizer que não faz diferença para você?

— Ora essa, Alicia! Em algum momento a fiz entender desta forma? Não posso querer prendê-la mais do que está. Queria que esperneasse para você ficar?

— Eu sei que você já não aguenta mais me ver jogada no quarto de Denis e não posso querer que continue sofrendo ainda mais, vendo meu sofrimento. Jorge, eu não vejo sentido na vida.

— Querida, por favor, sente-se — convidou Jorge, acomodando a esposa diante dele: — Serei sincero. Realmente não suporto mais ver você vegetar. Pensei que continuaria trabalhando, mas fechou a loja. Pensei que fosse tomar gosto por algo diferente para tentar superar a falta de Denis, mas vejo que a cada dia você se fecha mais... Cheguei a pensar que pudesse se interessar pelas coisas da clínica da Neusinha, porque ia para lá toda semana... Se for bom para você, passe um tempo na casa de sua mãe, mas... E a sua síndrome do pânico?

— Não sei, Jorge. Pode ser que ainda fique trancafiada dentro de casa, mas não posso mais ficar aqui esperando Denis chegar da escola todos os dias.

— Vá, querida. Penso que será bom para você. Quando estiver melhor, volte...

— Claro que voltarei, mas você ficará bem?

— Não tenho alternativa, Alicia. Preciso fingir que estou bem, assim como você fará. Estranho o que lhe confessarei, mas sinto como se Denis tivesse nos abandonado, sei lá. Sinto uma mágoa esquisita na forma de saudade, mas tenho a impressão de que ele está aqui o tempo todo e não consegue falar conosco.

— Pois da minha parte sinto como se eu não conseguisse falar com Denis e de certa forma me sinto culpada por isso.

Denis parou em frente à sua casa, convidando Jurema:

— Está sendo bom sair contigo, mas sinto falta de meus pais, da Meleca, da Rosemeire e da Sabrina. Quer conhecer meus pais? Venha, entre Jurema.

Jurema acompanhou Denis para dentro de casa. Meleca veio na direção de Denis, sentindo sua presença:

— Oi, Melequinha querida. Saudades? Olha quem eu trouxe comigo.

Estranhando Meleca ignorou a presença de Jurema, ela mesma esclareceu:

— Sua cadela não consegue me ver, a menos que eu queira.

— E por que Meleca consegue me ver o tempo todo?

— Por que a ligação de vocês é muito forte.

— Você disse que pode mostrar-se para Meleca. Por favor, faça isso, Jurema.

Meleca assustou-se com a repentina aparição de Jurema e começou a rosnar, contrariando Denis:

— Meleca, não faça assim com a Jurema. Ela é nossa amiga!

— É natural que sua cachorrinha se assuste, menino... Vou desfazer o susto.

Jurema abaixou-se perto de Meleca que começou abanar o rabo e ficou contente com a aproximação, quando Sabrina surgiu:

— Está abanando o rabo para quem, cadela doidinha? Já coloquei sua ração, venha.

— Esta é Sabrina, que é filha da nossa empregada Rosemeire. Sinto saudade de brincar com ela...

Esboçando leve sorriso, Jurema consolou Denis, passando a mão sobre sua cabeça:

— O menino tem saudade de tudo... O homem de luz o procurou?

— Do que está falando?

— Do seu protetor. Todo mundo tem um. Já falou com ele?

— Acho que está falando do homem que me convidou para ir embora com ele. Sim, já me procurou, mas não quero saber de ir onde ele quer me levar, porque meu lugar é aqui.

Neste momento, Alicia passou rápido, entrando no quarto de Denis.

— Esta é minha mãe, Alicia. Ela foi para meu quarto. Venha conhecer meu quarto.

Ao entrar no quarto com Jurema, Denis surpreendeu-se ao deparar-se com diversas malas:

— Por que estas malas?

Alicia estava pensativa quando Rosemeire entrou perguntando:

— Acho que não falta mais nada, Alicia. No que está pensando?

— No Denis, como sempre. Rosemeire, cuide bem do Jorge. Estou com o coração partido por deixá-lo, mas é melhor do que chegar a ponto de fazer uma besteira, você não acha?

— Fique despreocupada. Seu marido para mim é como se fosse da família, cuidarei bem dele, mas não se sinta culpada, afinal não o está abandonando. Você precisa se recuperar e a distância desta casa fará bem para você. A lembrança de seu filho estará sempre com você, mas é preciso este afastamento momentâneo para aprender a lidar com a falta dele.

Denis disse para Jurema:

— Esta é Rosemeire, nossa empregada, mas não estou entendendo. Mamãe viajará para onde sem o papai? Ela não pode deixar o papai sozinho!

Jurema ficou em silêncio, visivelmente triste ao ver a decepção de Denis e tentou consolá-lo:

— O menino precisa aprender que não pode controlar o destino dos vivos.

— Pelo que entendi, mamãe está deixando meu pai porque não consegue lidar com minha ausência nesta casa! Isto não é justo!

— O menino sofrerá se pensa que pode mudar as coisas.

Denis não deixou Jurema completar a frase, dizendo contrariado:

— Você também não me convencerá a deixar minha casa, Jurema! Não quero mais saber de conversa!

Jurema aproximava-se de Denis, mas Élcio surgiu para ela dizendo:

— Não adianta. Denis obliterou novamente o contato para nosso plano.

— O homem de luz é o protetor do menino?

— Sim. Afeiçoou-se ao menino, Jurema?

— Tento ajudá-lo, mas ele é teimoso e mal-educado.

— Identificou-se com o fato de Denis não aceitar deixar a Terra?

— Deixar a Terra não é necessário, mas tem coisas que o menino precisa compreender.

— E você as compreende, Jurema?

— Sei o que o homem de luz quer dizer, mas não estou aqui para discutir. O homem de luz tem sua missão, nós temos as nossas.

Jurema desapareceu e Leila, protetora de Alicia, surgiu, emendando:

— Tentando resgatar "fugitivos", Élcio?

— Não dá para resgatar os que fogem de si mesmos, Leila. Torcemos para se encontrarem.

Aurélio, que também estava presente, complementou:

— E quem já não esteve em busca de si mesmo?

Kelly conversava com Neusinha em sua casa:

— Amanhã Jorge levará Alicia para o aeroporto — comentou Kelly — Coitado do Jorge... Terá de se virar sozinho.

— Coitado é filho de rato que nasce pelado com o rabo arrebitado! Mas confesso que também estou com pena do Jorge. Ontem, quando Alicia veio se despedir de nós, quis perguntar quanto tempo ficaria na casa de sua mãe, mas não julguei conveniente. Edvaldo disse algo a respeito para você?

— E por que Edvaldo deveria saber?

— Pode ser que Jorge tenha dito para ele e Edvaldo a você.

— Não. Este negócio está estranho. É de se entender que Alicia não suporte mais ficar em casa por causa da lembrança do Denis, mas o Jorge aceitar numa boa, até parece que quer se livrar de Alicia.

— Deixe de ser maledicente, Kelly! Já imaginou o clima pesado que deve ser ele ver a esposa de luto todo esse tempo e nada poder fazer?

— Desculpe, senhora Neusinha beneficente! Já imaginou o que pode acontecer se Alicia ficar longe muito tempo?

— O que pode acontecer, Kelly?

— Não se faça de inocente, Neusinha! Jorge é homem e por mais bonzinho que seja, é homem.

— Sabemos muito bem, Kelly, mas não se esqueça de que Jorge está se fazendo de forte, mas é um pai de luto. Lembra como ele era com o Denis?

— Nem quero lembrar porque dá vontade de chorar, Neusinha. Acho que não pode existir dor maior neste mundo que perder um filho, não é?

— Acho que não, mesmo! Ainda mais um filho pré-adolescente. Por mais que acreditemos que Deus é justo e sabe tudo o que é bom para nós, não sei se aguentaria enfrentar a perda de um filho pequeno.

— Pois você tem filhos para saber, Neusinha?

— Não, mas é óbvio que filhos só podem ser as pessoas que mais amamos, afinal, é por meio de nós que eles vêm ao mundo.

— Se você perdesse um filho e tivesse este pensamento, certamente se revoltaria contra Deus, mas concorda que é muita pretensão achar que um filho seria seu antes de ser de Deus? Pois se acredito que nem nós pertencemos a nós mesmos! Nós somos de Deus, pois foi Ele quem nos criou.

— Kelly, está parecendo uma fanática falando assim.

— Não precisa ser fanática. Pensar desta forma é melhor do que desejar suicidar-se por não aceitar ver um filho partir, você não acha?

— Pior que você tem razão. Será que Alicia pensa desta forma?

— Não sei, Neusinha. Não temos condições de avaliar a dor dos outros quando não é com a gente. Podemos ser solidários, mas nos colocarmos no lugar da pessoa acho que não dá, porque um tipo de dor como esta, só a pessoa é quem sabe.

Capítulo 32

Seis meses depois da partida de Alicia, Jorge era observado em sua casa enquanto lia uma revista, ouvindo música.

Luiz perguntou para Cíntia, a protetora de Jorge:

— Pelas coisas que testemunhei anteriormente, pensei que Jorge sentisse repúdio por Neusinha. Vejo agora no seu campo mental que sente atração por ela.

— Jorge e Neusinha foram amantes em encarnações passadas — revelou Cíntia.

— Interessante. Existem pendências entre eles?

— Na realidade, as pendências não são entre eles mas de outras pessoas com eles.

— Fábio me disse que no momento certo eu saberia o contexto da ligação entre a cadela e o Denis. Quando será o momento?

Fábio, o intermediador dos animais, surgiu, tomando a frente para responder:

— Na hora certa você conhecerá os envolvimentos passados dos personagens de hoje. Como Cíntia lhe revelou, Neusinha era amante de Jorge e naquela época Neusinha era casada com Edvaldo, que era filho de Denis. Alicia era irmã de Neusinha. Isto há mais de mil e quinhentos anos, foi naquela época que Denis, que era marido de Kelly, conheceu a que hoje é Meleca.

— Desde aquela época estes que mencionou se reencontram? — indagou Luiz.

— Não — respondeu Fábio — Cada um seguiu caminhos diferentes, reencontraram-se intercaladamente na esteira das encarnações que se sucederam para ajustes nas diferentes necessidades de progresso, junto de diversos outros e nesta encarnação se reuniram novamente para ajustes. Sabrina e Jorge, por exemplo, fazem parte de encarnação diferente dos demais desta casa e também estão reunidos nesta vida para ajustes.

Kelly entrou no consultório enquanto Neusinha cuidava de uma arara:

— Que arara linda! O que aconteceu com ela, Neusinha?

— A pobrezinha foi encontrada perto da usina. Um funcionário a enrolou na blusa e a trouxe porque está com uma das asas machucada e não consegue voar. Quando ela despertar do calmante que apliquei, cuidado porque está estressada. Provavelmente algum nativo a acertou com estilingue.

— Pobrezinha. Ela voará novamente?

— Não sei. Se não danificou os nervos da asa, conseguirá, mas só saberemos quando se recuperar.

Enquanto Neusinha acomodava a ave na gaiola, ela fez um rápido movimento, bicando seu dedo e Kelly fechou a porta com destreza porque a ave despertava.

— Puxa, Neusinha, essa foi pra valer. Está sangrando. Me dê a sua mão.

Kelly fazia um curativo na amiga que informou:

— Nossa! Isso dói! Apliquei uma dose muito pequena de tranquilizante para cuidar dela, por isso, despertou rapidamente.

— Será preciso tirá-la da gaiola novamente para fazer curativo?

— Acho que não. Vamos misturar antibiótico na comida e ficará aí por duas semanas. Depois a soltaremos para ver se consegue voar.

Depois de enfaixar o dedo de Neusinha, Kelly aproximou-se da gaiola fazendo graça para a ave:

— A minha bonitinha ficará lindinha e sairá botando ovinhos por toda floresta, não é, queridinha? Tomara que não tenha queimado o bico, pois o sangue da Neusinha é quente, quase fervendo e venenoso.

Neusinha revidou a gozação:

— Encoste mais o nariz na gaiola, Kelly. Se a arara arrancar seu nariz, darei para o Edvaldo guardar de lembrança. E a propósito, não é "lindinha", é "lindinho" porque é macho. E por falar em macho, não vi o Edvaldo ontem. Desgrudaram um pouco, ou vocês andaram se bicando?

— Ai, Neusinha. Ontem quebrei o pau com Edvaldo.

— Conte uma novidade, Kelly! Ultimamente vocês só andam brigando. O que foi desta vez?

— Saímos com o pessoal para dançar na cidade, no mesmo barzinho de sempre e estava tudo lindo e maravilhoso até que uma forasteira oferecida deu uma piscada para o Edvaldo e virei bicho. Quis dar nela, mas o Edvaldo me segurou. Mulherzinha feia de doer e fica dando em cima do meu noivo? Se eu pego aquela "coisa" acho que lhe arrancaria os cabelos!

— Tá... E o que a briga com Edvaldo tem a ver com isso? Ele deu asas para a "coisa" piscar para ele?

— Pior que não. É que fiquei enlouquecida de ciúme, tão enlouquecida que sem poder arrancar os cabelos da "coisa", enchi o Edvaldo de tapas e sai berrando com ele do barzinho, daí voltei no carro da Francini e do Carlos.

Neusinha aproximou-se da gaiola, controlou a risada e disse para a arara:

— Viu, lindinho? Se você fosse fêmea e sua bicada tivesse sido na Kellysinha, era capaz de seus ovinhos pela floresta saírem cozidos, pois se meu sangue é quente e quase fervendo, o sangue da Kelly é como lava de vulcão.

Mudando de postura diante de Kelly que estava cabisbaixa, Neusinha enfatizou:

200

— Já lhe disse que ainda se dará mal por causa desse ciúme desmedido! Quando saímos juntos, até eu fico preocupada de olhar para o Edvaldo, porque você é doente e desse jeito não dará certo. Puxa vida! Será que a "forasteira oferecida" piscou mesmo para ele, ou mais uma vez você alucinou?

— Estou cansada de todo mundo me criticar. Tenho certeza de que a mulher piscou para o Edvaldo, senão não teria agido daquela forma!

— Mesmo assim, Kelly. Não é a primeira vez que você estapeia Edvaldo em público por causa de ciúmes e desse jeito não há cristão que aguente. De todas as vezes que saímos juntos, vou lhe confessar: o cara parece que tem medo até de olhar para os lados porque sabe que você é assim, menina! Você precisa se controlar, senão o relacionamento de vocês irá para o beleléu.

— Verdade. Preciso mesmo aprender a me controlar, como é difícil! Não sei explicar. Sinto o rosto queimar, é como se fosse explodir. Eu não entendo, Neusinha. Nunca fui assim. Olho para o Edvaldo e fico com raiva dele, como se o pobre tivesse culpa. Justo o Edvaldo, que é tão bom comigo.

Depois de ter se encontrado com Edvaldo no dia seguinte, desta vez Neusinha foi à casa de Kelly:

— E aí? O senhor arara me pediu para vir perguntar se a Kelly está menos estressada e se pediu desculpas para o Edvaldo.

— Estou sim, Neusinha. Pedi desculpas para o Edvaldo e ficou tudo bem.

— Sabe que o Edvaldo está bem no meu conceito. Realmente, não podemos medir alguém pela casca! Antes de vocês se enroscarem, achava que ele era sem-vergonha, mas agora vejo que é um santo.

— O que quer dizer com isso, Neusinha? Que para me aguentar é preciso ser santo?

— Você que está falando. Só disse que ele não é mau caráter como pensava.

201

— Neusinha, o Edvaldo está cogitando a hipótese de nos casarmos daqui a uns dois anos, mas estive pensando, será que sendo independente e feliz como sou, morando sozinha, dará certo?

— Mas Kelly, o Edvaldo vive mais aqui do que na casa dele. Não acho que será grande novidade vocês juntarem as escovas de dente.

— Sei lá, tem algumas manias do Edvaldo que me incomodam, como por exemplo, deixar roupas espalhadas por onde passa. Quero morrer com isso.

— Ah! Querida, não queira que tudo seja um mar de rosas e todo mundo sabe que casar não é só compartilhar, é aceitar o outro com seus defeitos e qualidades. Decerto que em uniões por amor a gente exercita a tolerância, cede aqui, ali...

— Pois é. Não sei se estou preparada, mas espero não fazer do relacionamento com o Edvaldo uma sentença, como se estivesse esperando ser enforcada daqui a dois anos. Neusinha, o Edvaldo está querendo levar o Jorge para sair com a gente da próxima vez que formos nos divertir com a turma. Você concorda?

— Está de brincadeira comigo, não é, Kelly? Claro que não concordo!

— Coitado do cara, Neusinha. Ele não sai de casa desde que o Denis se foi e a Alicia se refugiou na casa da mãe há mais de seis meses.

— Filha, cada um com seus problemas! A menos que você queira me jogar na boca dos leões! Sabe muito bem do que estou falando.

— Neusinha, não seja insensível e inflexível! Que desculpa eu dou para Edvaldo que não sabe da atração fatal que você sente pelo Jorge?

— Não dê desculpa alguma, senão ele pode desconfiar. Quando Jorge for, eu não vou e ninguém fica magoado.

— Como ninguém fica? Quer dizer que eu não significo nada para você? Desde o mês passado você não sai com a gente e sabe que todo mundo sente sua falta, mesmo que seja de rir com seus desastres, além disso, se o Jorge se incorporar à nossa turma, irá sempre conosco, daí quer dizer que não poderemos mais contar com a "nobre" presença da "rainha" Neusinha?

— Kelly, coloque-se no meu lugar. Já pensou se o Edvaldo fosse casado e você tivesse que ficar ao lado dele?

— Você não é criança, Neusinha! E quem disse que precisa ficar ao lado do Jorge? A gente vai num bando de mais de dez pessoas, o cara está precisando espairecer um pouco, porque só trabalha e não faz mais nada da vida. Neusinha desculpe, mas se fizer isso com a gente será maldade e se não for só por causa da presença do Jorge, será falta de caridade.

— Isto é que chamo "colocar contra a parede", não é, Kelly? Tenho que pensar nos outros, mas só você sabe o quanto é difícil para mim e não leva em consideração, não é? Mas é sempre assim. Eu que tenho que ceder em tudo.

— Não estou lhe reconhecendo, Santa Joana Darc Neusinha! Fique tranquila. Na fila em que o Jorge estiver na frente, você estará atrás, vice-versa e não se fala mais nisso.

Edvaldo estacionava o carro quando Neusinha disse:

— Falando em araras, sua cara-metade chegou. Coloque no modo "mudar de assunto".

Quando entrou, Edvaldo cumprimentou Kelly e depois de dar um beijo no rosto de Neusinha, disse:

— O Jorge me perguntou de você e disse que nem conosco você sai mais. Para este fim de semana estava pensando em chamá-lo para beber com a gente na cidade, assim arranco o chefe de casa. Você viria?

— Claro que vou! Também estou precisando sair de casa, aliás, estou cuidando de um senhor arara na gaiola e estava pensando em deixar a Kelly para tomar conta da ave colorida. Importa-se se a Kelly não for com a gente?

Kelly abraçou-se à Neusinha rindo e Edvaldo finalizou:

— Melhor não responder, nem de brincadeira, porque depois de alguns acontecimentos estou com medo da Kelly...

Capítulo 33

Na floresta, Denis admirava os trabalhos da amiga Jurema:

— Quando eu era vivo, jamais imaginaria que até numa colônia de formigas existe isto que você faz.

— Você também pode fazer. É só ter controle e boa vontade. Esta é só uma parte do trabalho do nosso plano, pois também existem homens e mulheres que levam os bichos para o céu, depois os trazem de volta.

— Quando eu era vivo, era comum ouvir histórias sobre a existência de vários céus, céu dos cachorros, dos gatos dos ratos... Então, é verdade que existem mesmo! Você já foi para um deles? Só não entendi a parte de trazê-los de volta.

— Não é um céu para cada bicho. São diversos lugares espalhados no mundo espiritual. Quando os bichos morrem, os homens de luz os levam para lugares específicos. Já tentei entrar, mas existe um bloqueio feito pelos homens de luz. Quanto a trazê-los de volta, sei que retornam ao mundo físico porque aqui mesmo nesta floresta e em outras matas reconheci as almas de alguns animais que voltaram. Embora reencarnam na mesma espécie, nascem em novos corpos, como os humanos.

— Então quer dizer que os bichos vivem novamente depois que morrem?

— Sim. Já vi diversos deles. E sem contar casos de seres que morrem hoje e voltam dois dias depois.

— Por que há as barreiras desses homens de luz que você fala?

— Não sei direito. Os homens de luz são anjos. Deve ser porque eles protegem esses lugares.

— Você falou que já testemunhou acontecer a volta dos bichos em outras florestas. Além desta floresta, trabalha em outras, Jurema?

— De vez em quando saio dos meus domínios quando algum amigo, ou amiga, me pede para fazer algo que eles não sabem fazer, ou precisam de ajuda.

— Como o quê, por exemplo?

— O menino não entenderá no momento, mas pessoas vivas que sabem de nossa existência nos invocam para trabalhos espirituais. São trabalhos de transferência de energias que servem para diversas coisas como melhoras da saúde, intervenções diversas...

— Posso ir com você num desses trabalhos um dia?

— É muito arriscado porque você ainda não se desapegou das coisas e pessoas da matéria. Não só existem entidades dedicadas ao bem que poderiam afetar o menino, que, aliás, nem percebeu que é perseguido.

— Eu sei. Já vi o homem que você chama de homem de luz.

— O homem de luz é seu protetor. Estou falando de entidades trevosas que lhe perseguem.

— O que querem comigo?

— Não sei, mas coisa boa é que não deve ser.

— Lembro-me de ter encontrado um deles logo que morri. Ele tentou me levar para um lugar e não quis segui-lo e nem sei o que fiz, mas irradiei algum tipo de choque sobre ele e o larguei falando sozinho. Por que não me afetaram ainda?

— O menino deve ter alguma força que ainda desconhece e o ajuda a resistir. Claro que também tem proteção espiritual, mas creio que exista alguém aqui no nosso plano que queira lhe fazer mal.

— Qual poderia ser o motivo?

— Pode ser armadinha de um inimigo querendo vingança, ou um amigo querendo dispor de sua força, querendo usar suas energias.

— Não me importo com isso, mas mudando de assunto, estou com saudade da mamãe...

— Se quiser posso levá-lo até ela.

— Não quero. Estou chateado com a mamãe porque saiu da nossa casa.

Nas trevas, Charles recebia um de seus servidores:

— Mestre, localizamos em terras do Afeganistão a Eloise, que atualmente se chama Asifa.

— Eloise tem muito do que preciso. O que ela faz hoje em dia?

— É guerrilheira. Faz parte de um grupo terrorista designada para atentados à bomba.

— Ótimo! Então temos chance de que chegue a nós mais facilmente. Não a perca de vista e, se conseguir trazê-la a mim quando ela morrer, você receberá um prêmio.

— Posso saber qual o prêmio, mestre?

— Não o transformarei em ser rastejante. Este será seu prêmio.

— Temos um problema. Além de nós, observamos que Eloise tem pelo menos cinco perseguidores à espreita.

— Isto aumenta a possibilidade de aumentar seu prêmio, pois se vencer a disputa para trazê-la até mim, poderá conquistar uma liberdade relativa.

Kelly fiscalizava a obra da usina e, enquanto seus dois assistentes circulavam, ela foi até a sala de Jorge:

— Tudo certo até aqui. Estranho observar o concreto se levantando em meio a tanto verde.

— Sabe Kelly, também acho estranho. Nunca tinha trabalhado no meio de mata fechada e, depois de vir para este lugar, passei a admirar mais a natureza e notar as inversões de valores que vivemos em sociedade, quando estamos acostumados à vida urbana.

— Sei do que está falando e é natural isso acontecer. Comigo também aconteceu. Nasci num sítio, mas depois vivi numa metrópole também, daí quando vim para cá passei a valorizar coisas que antes não dava importância. É como se na vida urbana vivêssemos um sonho e, vindo morar num lugar como este, descobríssemos nossa essência.

— Muito profunda sua observação! Imaginei que não fosse aguentar morar aqui, que uma vez por mês fosse querer visitar meus pais, mas aconteceu o contrário e não quero mais sair daqui.

— E por falar nisso, como está Alicia?

— Não sei. Não conversamos há três meses, mas da última vez que conversamos por telefone estava bem, superando ainda...

— Mas que coisa! Será que Alicia não voltará até você terminar a construção da usina?

— Acho pouco provável. Tudo para ela, neste lugar, lembra o Denis, por isso tenho quase certeza de que não voltará a morar aqui, mas é compreensível. A mãe de Alicia me disse que na cidade continua a mesma, não sai para nada a não ser quando precisa ir ao mercado, ao médico...

— Imagino como deve ser difícil para você.

— Sim, é difícil mesmo, mas talvez por compreender que estou onde preciso, que a vida segue, sofro menos que Alicia. Claro que você sabe, homens têm carências que mulheres conseguem contornar melhor, sinto falta de minha esposa, mas fazer o quê? É a vida.

— O Edvaldo me falou que você vem com a gente para a balada na cidade. Venha mesmo, espaireça um pouco, mude o foco...

— Irei mesmo. Em casa, Sabrina e Rosemeire têm sido minha família, brinco com a Meleca como se fosse criança, leio bastante, vejo notícias pela internet, isto é, quando pega, porque internet por rádio é um horror, e decidi sair mais, aliás, sempre vou à fazendinha do seu Benedito com a Sabrina para comprar leite fresco, ovos, carne, mas quero expandir os horizontes. Você acredita que desde que o Denis se foi, não fui uma vez sequer à cidade?

— Acredito. Mas será bom mesmo você se juntar à nossa turma para beber um pouco, distrair a cabeça. Você vai gostar, a gente se diverte pra caramba.

Jorge pensou por instantes antes de perguntar:

— Por que a Neusinha não veio mais fazer a fiscalização?

— Ela não gosta de sair do acampamento, além disso, você sabe que desde o início é contrária à construção da usina, mesmo conhecendo a necessidade da obra, mas também delegou para mim porque confia, senão viria pessoalmente.

— Sei... a Neusinha vai para a cidade com a gente no fim de semana?

— Vai sim, por quê?

— Por nada. É que já tinha me habituado à presença de vocês em casa quando visitavam Alicia e estou com saudades de ver os desastres os quais a Neusinha é capaz de cometer. Diz para a Neusinha vir no carro com a gente. O Edvaldo já me falou que você não bebe, por isso lhe entrega a direção na volta.

— Verdade. Tem vezes que dormimos no hotel da cidade, mas neste fim de semana voltaremos porque o Edvaldo tem plantão no domingo.

Edvaldo entrou na sala com os acompanhantes de Kelly, cumprimentou a noiva e disse:

— Terminou a vistoria. Identificamos um pequeno probleminha na casa de máquinas, mas é coisa pouca que resolveremos hoje mesmo.

Após despedirem-se, logo que Kelly chegou ao acampamento, entregou o relatório para Neusinha, revelando:

— O Jorge perguntou por que você não foi mais fazer a fiscalização.

— E o que você respondeu para ele? — indagou Neusinha lendo atentamente o relatório.

— Respondi que é porque você não aguenta olhar para ele sem fantasiar sexo selvagem, ele com capacete de obra e você com camisola de oncinha.

Ao ver Kelly rindo gostosamente, Neusinha revidou:

— Se está com vontade de ser esganada, não precisa criar situação, é só pedir... O torniquete está logo ali. Diga logo: o que você respondeu para ele?

— Disse que você não gosta de sair do acampamento, que não é a favor da construção da usina e que confia em mim para fazer a fiscalização.

— E o que ele achou de usar capacete de obra e eu a camisola de oncinha?

Depois de rirem muito, Kelly continuou:

— Essa foi boa! Ainda bem que entrou no clima, mas prepare-se porque ele pediu para irmos juntos no mesmo carro.

— Kelly, é sério! No dia de sairmos, você arrume um jeito de dizer que já estava combinado de eu ir no carro de outro casal.

— Neusinha, pare de fugir e enfrente a situação! Quando estávamos na casa dele você levava na boa, agora ficará dispensando o cara? Ele não sabe de nada e só desconfiará se você insinuar, e se ficar evitando o tempo todo, aí sim ele pode desconfiar de algo.

— Só que você esquece que antes tinha a Alicia. Na presença dela era mais fácil! E estou a fim de me divertir, não de ficar me vigiando para não dar mancadas, pois basta minha fama de desastrada! Se não fizer o que pedi, não irei.

— Está bem, Neusinha, fique na paz que, no dia, eu vou disfarçar. Mas vou te contar! Por que tem de ser tudo do jeito que você quer?

— Tá bom, bonitinha. Pimenta nos olhos dos outros é refresco, não é? Vou para me divertir, não para me torturar!

E você, pare de querer ficar empurrando o Jorge para cima do meu colo, está bem, Kelly? — Só me faltava essa! — finalizou Neusinha.

Capítulo 34

Era sábado e Jorge orientava Rosemeire:

— Não me esperem, porque não sei até que horas ficarei fora de casa. Depende de como estiver, voltarei cedo, mas se sair muito tarde, dormirei em um hotel e voltarei no dia seguinte.

— Fico feliz de ver o senhor sair um pouco de casa. Fique tranquilo que ficaremos bem.

— Meleca! Venha cá, minha querida. Para você não ficar sozinha, vá para casa da Sabrina, viu?

Rosemeire disse:

— Xiii... Essa aí não sai de casa de jeito algum, mas tentarei levá-la novamente. Veremos se ela vai.

— Tchau, Sabrina, tchau, Rosemeire, tchau, Meleca! — despediu-se Jorge, dirigindo-se à casa de Edvaldo, perto da sua.

— Boa noite, Edvaldo e Kelly. Desculpem o atraso.

— Imagine, Jorge — respondeu Edvaldo. — Não temos horário marcado. Vamos?

— Neusinha não veio?

— Ela tinha combinado de ir no carro de Sheila — Kelly antecipou-se em responder.

Ao entrarem no barzinho, os demais já haviam chegado e Jorge foi apresentado aos que não conhecia, mas forçou para sentar-se ao lado de Neusinha:

— Posso ficar aqui, ou está fugindo de mim, Neusinha? Como vai você?

— Claro que não, Jorge. Bom lhe ver por aqui. Até que enfim nos encontramos fora do mato.

— Verdade — respondeu Jorge animado, que logo pediu uma cerveja.

Na casa de Sabrina e Rosemeire, invisível a ambas, mas não para Meleca, Denis disse:

— Oi, Meleca! Então está aqui? Onde está o papai que não está em casa e o que você faz aqui que não é sua casa? Já pra casa!

Percebendo que a cadela abanava o rabo e estava perto da porta para sair, Sabrina estava sozinha no sofá assistindo a televisão e, desconfiando da atitude da cachorrinha, aproximou-se da porta, dizendo em voz baixa:

— Denis, sei que você está aqui. Seu pai saiu para se divertir na cidade. Deixe Meleca ficar com a gente e fique você também.

— Como assim? Meu pai nunca vai para a cidade a esta hora! — tornou Denis decepcionado, mas Sabrina não ouviu e repetiu o pedido:

— Denis, por favor, fique. Mesmo não conseguindo vê-lo, nem ouvi-lo, sei pela reação da Meleca que você está conosco.

— É. Eu sei que você não consegue me ouvir, nem me ver Sabrina, mas, está bem, ficarei aqui com vocês hoje.

Meleca saiu da porta, retornando ao pé do sofá na companhia de Sabrina, quando Rosemeire surgiu:

— Está falando sozinha, Sabrina? Quer que estoure umas pipocas para você?

— Estava falando com a Meleca, mainha. Não quero pipocas. O que acha de fazer bolinho de chuva?

— Está bem, eu faço — respondeu Rosemeire da cozinha, enquanto Sabrina disse baixinho:

— Está vendo, Denis meu irmão? Eu pedi bolinho de chuva porque lembro que você gostava e ainda deve gostar. Quando eu comer você come comigo e com a Meleca.

Diante da inflexão carinhosa de Sabrina, Denis concordou, sentando-se ao lado dela e de Meleca, finalmente, sossegou.

Passava das nove da noite. Cansado de tentar conversar com Neusinha, que se esquivava educadamente, Jorge procurou enturmar-se com outras pessoas à mesa, intercalando a conversa com Edvaldo e Kelly.

Neusinha estava nervosa por controlar-se diante de Jorge e, para descontrair, pediu caipirinha ao garçom, seguida do mesmo pedido de Jorge.

Em uma mesa distante, uma jovem interessou-se por Jorge e começou a trocar olhares com ele, que a princípio não se interessou, já que estava ali pela primeira vez e queria dar atenção aos presentes que lhe deram a oportunidade da companhia.

Os flertes não passaram despercebidos por Neusinha que se sentiu incomodada, mas tentava a todo custo disfarçar a contrariedade, até que Kelly levantou-se a convidando para acompanhá-la ao banheiro a pretexto de retocar a maquiagem e lá Neusinha andava de um lado para outro, sendo advertida pela amiga:

— Neusinha, vê se disfarça, mulher! Este olhar fulminante está lhe entregando.

— Ai, que ódio! Se aquela lambisgoia quadrúpede continuar se jogando em cima de Jorge eu não vou aguentar!

— Pelo amor de Deus! Tirei você dali para lhe dar um toque. E desde quando você mistura caipirinha com martini, uísque e cerveja, Neusinha? Você não é disso e se continuar, vai passar mal porque não está acostumada! Definitivamente, você não é disso, amiga! O que deu em você?

— Tá bom, tá bom, Kelly. Está difícil. Eu só dou vexame, mesmo...

— Você não é mais criança e não abra a boca porque está falando mole, parecendo bêbada.

— Desculpe. Eu vou me controlar. Mas o que eu faço, Kelly?

— Sei lá. Finja que o Jorge não existe, vá para a pista dançar, mas pare de fungar e rosnar para a mulher, senão Jorge vai perceber, aliás, só não percebeu ainda porque está enchendo a cara como você e nem ele está sabendo o que faz, mas você, por favor, pare de beber, está bem? Compostura, ok?

Neusinha desabafou:

— Outro dia chamei sua atenção por causa disso. Ai, meu Deus! Se eu surtar, quebre uma cadeira na minha cabeça, por favor, Kelly. Não quero passar esse vexame.

Kelly retocou a maquiagem do rosto da amiga, arrumou sua blusa em desalinho, estimulando:

— Vá, Neusinha. Respire fundo e quando passar por aquela porta, sorria, mas não diga mais nada e admire o teto. Diga para você mesma que o Jorge não está aqui. Muita calma. Respire fundo...

Neusinha juntou todo o ar que pode e expirou, tomando coragem, mas quando abriu a porta, estancou ao observar que a mulher estava na pista de dança, sorrindo e segurando Jorge pela cintura.

Kelly colocou as mãos na cabeça:

— Essa não! Neusinha, por favor, contro...

Não deu tempo de Kelly segurar Neusinha, que partiu enfurecida para cima de Jorge e a mulher, abordando-os aos gritos no meio da pista de dança:

— Você sabia que este cara é casado com uma de minhas melhores amigas, sua vagabunda?

— E por acaso quem fala mal da vagabunda é a xará? Tire as patas do meu braço, vadia! — retrucou a mulher, tirando o braço com violência diante de um Jorge estático, mas rindo, o que causou revolta em Neusinha, que se virou contra ele aos tapas:

— Está rindo de quê, seu safado? Está se achando o gostosão, não é? Seu...

Kelly pelejava para segurar inutilmente Neusinha, descontrolada a desferir uma saraivada de tapas em Jorge e gritou para Edvaldo que estava atônito, assim como os outros na mesa:

— Edvaldo, pelo amor de Deus, o que está fazendo aí parado que não vem me ajudar?

No mesmo instante, Edvaldo e outros amigos correram para ajudar a segurar Neusinha, mas ela se esquivou quando viu a mulher tentando agarrar seus cabelos, mas foi logo separada.

Transtornada, Neusinha não cessava de tentar brigar e os amigos se viram obrigados a levá-la para fora, carregada, evitando assim a continuidade dos xingamentos. Neusinha parou de repente e, enjoada, acabou vomitando na calçada.

Jorge foi conduzido ao carro por Edvaldo, que orientou Kelly para levar Neusinha para casa no carro do outro casal amigo.

A caminho de casa, sob o efeito do álcool, Jorge ria sem parar, enquanto Edvaldo, dirigindo, censurou o amigo:

— Puxa, Jorge. Coitada da Neusinha. Segura a onda, cara. A menina pagou o maior mico.

— Edvaldo, meu querido. Você entendeu alguma coisa do que aconteceu ali? Eu não entendi nada. Por que será que a Neusinha se doeu tanto pela Alicia?

Edvaldo permaneceu em silêncio enquanto Jorge, introspectivo, tentava encontrar uma resposta à própria questão e continuou:

— Edvaldo... será que a Neusinha sente por mim o mesmo que sinto por ela?

— Olha, cara, sei lá e não quero saber, porque isto está me cheirando a encrenca.

— Pare e pense. Eu ali tomando umas biritas numa boa, a Neusinha também, de repente a mulher me chama para dançar e, aliás, sorte que a Neusinha chegou porque eu estava quase caindo de tão tonto que estava, e do nada, aparece a "Neusinhonça" pulando no pescoço da mulher e quase me nocauteando no meio do salão.

Edvaldo não resistiu e riu das palavras de Jorge, que continuou:

— Está rindo de quê? Da "Neusinhonça", ou do nocaute da "Neusinhonça" em mim?

— Cara, nunca tinha o visto assim. Você fica muito engraçado quando bebe.

— Não seja por isso! Cessaremos a construção da usina hidrelétrica e faremos um alambique gigantesco. Pare! Pare, Edvaldo!

Edvaldo diminuiu a marcha e parou no acostamento. Jorge abriu a porta e desceu vomitando sofregamente.

No mesmo instante, o carro que levava Neusinha vinha logo atrás e o motorista emparelhou com o carro de Edvaldo:

— Tudo bem, amigo?

— Tudo bem — respondeu Edvaldo, em pé, ao lado da porta do passageiro, notando Neusinha no banco de trás do outro veículo, rindo do estado de Jorge. Ele fez sinal para que o rapaz continuasse a dirigir, antes que ela e Jorge começassem a discutir.

Quando o carro em que Neusinha estava acelerou para seguir viagem, ela abriu o vidro e gritou, provocando:

— Urubus regurgitam para se defender!

Cambaleante, Jorge gritou mais alto ainda:

— Sim! Urubus regurgitam, "Neusinhonças" também vomitam!

Edvaldo correu para acudir Jorge:

— Quer ir para o hospital? Se quiser, vou com você. O hospital não fica longe.

— Não, amigo. Agora que botei tudo para fora, estou melhor. Vamos para casa, mas Neusinha terá de se explicar.

Capítulo 35

No dia seguinte, na casa de Jorge, Sabrina conversava com Rosemeire:

— Já são quase duas horas da tarde e o senhor Jorge não se levantou, mainha. Será que ele está bem?

— Também estou preocupada filha, mas se ele foi para a balada, deve ter chegado de madrugada e seria intromissão nossa acordá-lo. Fizemos nossa parte deixando o almoço pronto.

— Mas e se ele estiver morto, mainha?

— Deixe de bobagem, Sabrina! Será?

Jorge apareceu na porta da cozinha sendo recepcionado com festa por Meleca que pulava sobre ele:

— Oi, Melequinha! Sentiu falta do papai? Bom dia, Sabrina e Rosemeire. Ontem cheguei muito tarde.

Ambas responderam simultaneamente bom-dia, mas Jorge assustou-se olhando para o relógio:

— Nossa! É boa tarde!

— O almoço está pronto. Quer que lhe sirva, senhor Jorge? — perguntou Sabrina.

— Por favor, querida. Mas vocês já almoçaram, não é?

— Espero que o senhor não se importe, mas já almoçamos. — informou Rosemeire.

— Ainda bem. Almoçarei e preciso resolver uma pendenga na usina — finalizou Jorge.

❄ ❄ ❄ ❄

Na casa de Neusinha, Kelly oferecia um copo de café à amiga que segurava a cabeça:

— Tome. Irá se sentir melhor. Fique tranquila que já alimentei a arara.

— Só me sentiria melhor se pudesse voltar no tempo e evitar o mico que paguei... Minha cabeça parece que vai explodir.

— Neusinha. Preciso lhe pedir desculpas de ter insistido que você fosse. Estou arrependida.

— Não precisa se desculpar, Kelly. Eu deveria saber que sou incompetente demais para lidar com sentimentos. E agora? O que será?

— Todos estão pensando que você se doeu pela Alicia.

— Menos mal. Mas eu não imaginava que pudesse perder o controle. Todos pensam que tomei as dores de Alicia, mas eu e você sabemos o quanto sou vulnerável a um homem.

— Não vai querer dar uma de derrotada agora, Neusinha! Você é mulher, carente, enfim, é humana e tem o direito de se apaixonar.

— Já me apaixonei algumas vezes, Kelly, mas nunca senti desse jeito porque dói. Cadê o Edvaldo?

— Dormiu em minha casa novamente. Novidade, né?

— Vocês estão certos. São solteiros, não tem que dar satisfação a ninguém. Vá para sua casa, quero ficar só.

— Neusinha, venha conosco.

— Quero ficar sozinha hoje, Kelly. Não se preocupe comigo. Ficarei bem.

Quando Kelly estava saindo da casa, Jorge estacionou e ela foi recebê-lo:

— Oi, Jorge. O que faz aqui?

— Vim conversar com Neusinha.

Ao notar a expressão preocupada de Kelly, ele perguntou:

— Algum problema de vir conversar com Neusinha?

— Na verdade, sim. É que... Jorge, sabemos que a Neusinha se excedeu ontem, mas queria lhe pedir que não a magoe. Ela estava um pouco alta, pensou na Alicia. Doeu-se por Alicia. Sabe como é.

— Não sei como é. Por favor, explique como é, Kelly.

Kelly firmou os lábios e disse:

— Quer saber? Vocês que são adultos que se entendam. Depois de conversar com Neusinha, está convidado a vir tomar um café conosco. Edvaldo está lá em casa. Boa conversa.

— Tchau, Kelly.

Jorge bateu na porta da casa de Neusinha, que respondeu:

— Desde quando precisa bater para entrar, Kelly? Esqueceu alguma coisa?

— Não é a Kelly. Sou eu, Jorge. Posso entrar?

— Meu Deus do céu! Estou frita! — disse para si mesma, respondendo: — Por favor, espere um pouco que estou me vestindo!

Neusinha mentiu, preparando-se e pensando no que dizer, andando de um lado para outro e se maldizendo:

— Neusinha, enfrente! Você é forte! Você consegue disfarçar!

Ela abriu a porta, beijou rapidamente Jorge no rosto, convidando-o:

— Oi, Jorge. Entre. Desculpe a minha cara amassada. É que ontem tive uma noite perturbada. Sente-se.

Jorge entrou, mas não sentou e fixou o olhar em Neusinha que desviava, sem conseguir disfarçar o incômodo:

— Quer que lhe faça um café?

— Quero apenas que olhe para mim.

— Jorge, desculpe por ontem. Eu bebi demais e quando do vi aquela mulher com você na pista de dança, me coloquei no lugar da Alicia e enlouqueci.

— Não está olhando para mim. Por que não consegue?

— Jorge... eu... estou envergonhada, é isso, mas não tem problema, eu assumo a besteira que fiz. Desculpe ter agredido você.

— Está bem, eu desculpo. Neusinha continue conversando e olhando para mim, por favor.

Ela se irritou:

— Por que insiste em querer que eu olhe para você? Está me irritando com isso!

Jorge, enfático, aproximou-se mais:

— Você costuma conversar com todo mundo olhando para as paredes?

— Já pedi desculpas! O que quer de mim?

— Quero descobrir se sente o mesmo que sinto por você.

— Jorge, eu... não sei o que quer dizer, mas...

Jorge abraçou Neusinha, beijando sua boca, mas ela o repudiou, afastando-o:

— Enlouqueceu, Jorge? O que pensa que está fazendo?

Ele insistiu, avançando, dizendo antes de beijá-la de novo:

— Estou fazendo o que sinto vontade!

Após um beijo prolongado, ela se afastou, ofegante e fragilizada:

— Jorge. Isto não está certo... não podemos. Eu não posso!

— Eu também não posso mais resistir a você!

Depois de se beijarem demoradamente, Jorge e Neusinha fizeram amor.

Neusinha olhava fixamente para o teto e Jorge indagou, sorrindo:

— O que foi? Tem alguma barata ali? Se tiver, é só falar que não mato, mas a convido para sair de sua casa.

— Estou pensando: Devo ser louca mesmo...

— Bem-vinda ao clube!

— Você não está sendo nada romântico...

— Eu estou feliz, porque queria isso há muito tempo.

— Homens! Só pensam nisso!

— Neusinha. Agora é você que não está sendo nada romântica. Já que é assim, serei grosseiro: Beije-me já!

Depois de corresponder ao pedido, sorrindo, Neusinha perguntou:

— E agora? O que será?

— O que tem de ser!

— Jorge, você é casado. Fizemos isso no momento errado.

— Não tem problema. Amanhã mesmo ligarei para Alicia dizendo que não quero ficar mais casado.

— Sabe muito bem que não pode fazer isso.

— O que sugere?

— Cometemos um desatino. Depois de hoje, você vai para seu lado e eu para o meu, e não tocamos mais no assunto.

— Farei isso apenas se for sincera na resposta. Foi só um desatino? Você nunca sentiu nada por mim?

Ao perceber o leve sorriso de Neusinha, ele afirmou:

— Está vendo? Seus olhos me disseram tudo o que queria saber.

— Está certo, admito o que você viu, mas e você? Vai dizer que é apaixonado por mim desde que me viu e que me ama? Não quer que eu, grandinha desse jeito, acredite em conto de fadas, quer?

— Honestamente? Não quero que acredite em conto de fadas, porque eu mesmo não acredito, mas posso dizer com segurança que nunca me senti como me sinto agora, que estou assim com você.

— Ai, Jorge. Eu queria que este momento nunca acabasse...

— E por que tem que acabar?

— Não quero me sentir culpada pela dissolução de um casamento. Não conseguiria conviver com isso.

— E pelo fato de estar assim agora com você, acha que me sinto casado com Alicia?

— Só de falar no nome dela me sinto culpada. Alicia, fragilizada pela morte do Denis, e eu aqui com você. Jorge, eu não sei de mais nada.

— Só sei de uma coisa. Depois do primeiro beijo que demos há pouco, sinto como um marco zero, como se começasse de novo e nunca tivesse sido casado com Alicia.

— Está dizendo isso porque vive o momento. Eu via e admirava vocês juntos. Não pode ser que tenha mudado do dia para a noite tudo o que vi.

— Isto é algo que também não sei explicar. Respeito a Alicia, sinto carinho por ela, mas quando me lembro de nós dois, é como se visse a história de outra pessoa. Desde o primeiro dia que a vi, pressenti que algo havia mudado, melhor dizendo, sinto que nada havia mudado. É como se o destino revelasse algo que estava determinado. Claro que toquei a vida, fui feliz como marido e pai do Denis, mas desde que conheci você, mudei sem deixar de ser eu mesmo. Entende?

— Tudo lindo e maravilhoso. Não desdenharei porque faço minhas as suas palavras, no entanto é preciso admitir: Você ainda é casado e permanecerá assim, porque tenho consciência e sei meu lugar.

— O que quer dizer com isso, Neusinha?

— Quero dizer que para todos os efeitos, você é casado com Alicia e não revelará nada para ninguém sobre nós.

— Sugere ser minha amante? É isso?

— Não queira me rotular. Estamos aqui hoje, mas não sabemos o dia de amanhã. Tudo pode acontecer.

— Reconheço a realidade do que está dizendo, mas não queira me manter longe de você, porque estará me pedindo o impossível.

— Confesso que nem sobre isso sei lhe responder. Mas não quero pensar nisto agora, porque só quero que me beije até enjoar...

Capítulo 36

No dia seguinte, Kelly entrou na casa de Neusinha assobiando e foi repreendida:

— Bom dia, Kelly. Se chegou para me zombar, já vou avisando para segurar sua onda porque não estou para brincadeiras.

— Ei, ei, ei. Bom dia para você também. Por que essa violência com sua amiga aqui?

— Te conheço, Kelly. Eu sei que vai zombar com a minha cara.

— É? Por que deveria?

— Porque sabe o que rolou entre mim e Jorge ontem.

Kelly simulou encenando:

— Oh! Quem diria! Neusinha, a intocável, dominada por um engenheiro nerd e carnívoro!

— Kelly, não tem graça.

— Está bem. Seu coração está leve e feliz?

— Pense numa cabeça bagunçada, mas feliz sem saber o porquê.

— Esta foi a definição mais "Neusinha" que poderia ouvir, mas como não sabe? Vai dizer que está confusa agora?

— Diga perturbada, Kelly. Nunca pensei que fosse me enroscar com um cara casado. Quantas amigas eu critiquei quando soube que haviam se envolvido com caras casados...

— Pois é, querida. "Não julgueis para não serdes julgados".

— Inacreditável que há poucos dias pedia para você se controlar com o ciúme do Edvaldo e olhe no que deu.

— Ora, amiga, não queira comparar. Eu fui uma mera "ciumentinha", enquanto, para você, não existe classificação, nem definição, mas confesso que quase morri de tanto rir quando soube que passou por Jorge enquanto vomitava, comparando-o com um urubu e ele revidou lhe chamando de "Neusinhonça".

Depois de rirem muito, Neusinha emendou:

— Menina do céu! Acho que nunca mais nesta vida beberei outra vez. Pior que me lembro do que fiz e não me conformo que era eu.

— Confesso que também não queria estar na sua pele se Alicia entrasse por esta porta. E agora, Neusinha?

— Não paro de me fazer esta pergunta. Como sempre, sou a pessoa errada, no lugar errado e agora? Diga você: E agora, amiga?

Kelly pensou por instantes e disse:

— E agora vou jogar sua língua fora! Honestamente, não consigo me colocar no seu lugar. O que fará?

— Primeiramente, pedirei sua ajuda para manter tudo isso em segredo e que peça o mesmo para o Edvaldo. Não quero que alguém desconfie do que aconteceu entre Jorge e eu.

— E pensa que conseguirá manter isso em segredo até quando? A menos que tenha sido apenas um encontro, o que duvido.

— Muito obrigada por ajudar, Kelly. Nossa! Você está sendo uma amiga um tanto fiel e muito solícita!

— Neusinha, não é justo você querer bancar a heroína, dominar vontades, anular-se! Se tiver certeza do que sente, assuma e seja feliz.

Na obra da usina, Edvaldo entrou na sala de Jorge:

— Bom dia, Jorge.

— Bom dia, Edvaldo. Como está?

— Meio chateado, para não dizer arrasado! — dissimulou Edvaldo.

— Vamos lá, Edvaldo. Qual é a gozação?

— Aquilo que fez sim é gozação! Cara, eu e a Kelly ficamos o dia todo esperando ansiosamente você ir tomar um café porque ela te convidou e minha pobre noiva ficou em depressão por causa disso.

— Está bem, quer que dê risada agora, ou pode ser depois, quando me fizer cócegas?

— Jorge, falando sério. Como foi?

— Uma loucura! Foi a maior sacada que tive na vida. Suspeitei do fato de Neusinha tomar aquela atitude bárbara e acertei na mosca. Ela é apaixonada por mim, do mesmo modo que sou por ela.

— Sim, agora que sabemos da sua sacada, o que será daqui por diante?

— Não sei, aliás, nem Neusinha sabe...

— Difícil, mesmo.

— Edvaldo, estive pensando. Você sabia de algo sobre o que Neusinha sentia por mim?

— Já sei. Está sugerindo que Neusinha sendo como irmã para Kelly, tivesse contado sobre o que sentia por você e que Kelly tivesse me revelado isso, não é?

— Diga a verdade que não ficarei chateado com você.

— Pois digo. A Kelly podia saber, mas nunca me disse, eu juro. Isto prova que entre as mulheres a relação pode ser um criadouro de cobras venenosas, como também pode ser de fidelidade sem precedentes, o que é o caso de Kelly e Neusinha.

— Você nunca suspeitou de nada?

— Acha que se eu suspeitasse, lhe confessaria a hipótese de me relacionar com "Neusinhonça", antes de me "enroscar" com a Kelly? Pelo contrário. Eu pensei que a Neusinha o repudiasse, tanto quanto me repudiou!

— A verdade, meu caro, é que mulheres sabem exatamente o que fazer quando querem e quando não querem ser notadas. Se Neusinha não tivesse se traído pelo despeito, eu jamais suspeitaria de algo.

— E agora? Vocês assumirão perante todos?

— Não. Neusinha não quer. A princípio discordei dessa decisão, mas pensei bem e percebi que ela tem mais cabeça que eu. Oficialmente ainda sou casado com Alicia e as únicas pessoas que sabem que somos apaixonados são você e Kelly.

— Vocês sabem que podem contar com nossa discrição, mas até quando acha que poderão manter isso em segredo?

— Não sei. Pela Neusinha não nos encontraríamos mais, talvez porque seja mais prudente que eu, mas confesso que estou preocupado. Como dizer para Alicia que tudo mudou e que nem sei por que, se ela voltasse hoje?

— Cara... que situação...

— Pois é. Estou numa sinuca de bico, meu camarada.

— O relacionamento com Alicia esfriou depois da perda do filho de vocês? Será verdade esse negócio de amor?

— A única certeza de que tenho é que, se Denis não tivesse partido, seríamos uma família ainda, mas se você se lembra, mesmo enquanto nada tinha acontecido, eu já era apaixonado por Neusinha. Será mesmo verdade esse negócio de amor? E, se for verdade, então eu "pensava" que amava Alicia, mas não a amava de verdade.

— Está dizendo isso agora porque acredita amar Neusinha por causa de uma noite de prazer?

— Aí é que está, Edvaldo. Eu não sei explicar por que, mas como disse ontem para a Neusinha, quando me lembro ao lado de Alicia, parece ser a história de outra pessoa, não a minha. Quanto ao amor que sentia por Alicia, acho que era sim, mas talvez agora eu esteja entendendo aquele verso famoso do Vinícius de Morais: "que seja eterno enquanto dure".

— Confesse. Existe um ranço de mágoa por abandono aí dentro porque Alicia foi morar provisoriamente com os pais para superar a morte do Denis, não é?

— De maneira alguma, amigo! Confessarei sim, uma coisa que causa incômodo admitir a mim mesmo: Senti alívio quando a Alicia viajou, assim como me sinto livre porque não se comunicou mais, mas não tem nada a ver com a perda do Denis, ou com despeito por ter ficado sem esposa temporariamente. A verdade é que algo aqui dentro diz que nosso tempo acabou e que estávamos juntos como algo planejado com prazo de validade. Isso é muito louco, cara!

Chateado, Denis, que ouviu a conversa, retirou-se e se sentou sobre a raiz de grande árvore próximo dali. Logo sentiu a presença de Jurema, tornando visível a percepção do plano espiritual.

— Desta vez nem precisei pedir aos elementais. A sua percepção está ficando cada vez melhor.

— Estou triste com o que o papai está fazendo com a mamãe.

— Seja o que for, não fique triste. O que seus pais sentem por você jamais mudará, mas o que eles sentem um pelo outro, não lhe diz respeito.

— Não é o que eles sentem, Jurema. É o que o papai não sente mais pela mamãe. E isso me diz respeito sim, caso contrário, não estaria triste.

— O menino está aqui porque lhe mandaram, ou está porque quer?

— Porque quero, lógico! Mas o que isso tem a ver, se está tudo acabando entre eles?

Jurema permaneceu introspectiva, com triste olhar, despertando a curiosidade de Denis:

— Disse algo que lhe deixou triste, Jurema?

— Você disse que está triste porque está tudo acabando entre seus pais.

— E daí? No que isso lhe afeta?

— Em nada, apenas pensei o quanto você não entenderia se dissesse que quando estamos unidos de alguma forma a alguém, não existe separação.

— Está dizendo isso porque acha que meu pai e minha mãe não irão se separar?

— Sabe, Denis, enquanto pensamos em alguém, continuamos unidos à pessoa. A lembrança é o que faz a gente existir.

— É a primeira vez que você me chama de Denis. Deixei de ser o "menino"?

— Você não deixará de ser "os meninos", assim como não deixará de ser os adultos e os velhos que já foi. A gente não vive uma só vez.

— Foi bom você tocar neste assunto porque queria lhe perguntar: Você já teve visões sobre coisas que parece ter vivido, onde aparecem pessoas, fatos e histórias como num sonho?

— Já.

— Por que a curta resposta? Estou falando sobre lembranças que parecem sonhos, parecerem muito reais para serem sonhos.

— Sei do que está falando... É que, da mesma forma que não aceita sair do mundo que não é mais seu mundo, não consegue juntar os fatos que lhe fizeram se transformar no espírito que é hoje.

— Quer dizer que se eu me juntar de vez com as pessoas depois da morte, saberei se estes sonhos foram mesmo verdade?

— Tudo o que você chama de sonho não é nada mais do que a sua verdade. Mas se você aceitar e se desprender das coisas e pessoas que lhe importam aqui, conhecerá, de fato, a verdade.

— Quer saber? Estou enjoando daqui porque não consigo ser notado por mais ninguém, só por Meleca e Sabrina. Não sinto mais gosto de ficar em casa.

— É porque está começando a perceber que lá não é mais a sua casa.

Capítulo 37

Uma sentinela se apresentou a Charles trazendo Asifa, a guerrilheira mulçumana que desencarnou em combate:

— Mestre. Aqui está nossa companheira.

Altiva, trajando o *hijab*, véu muito comum no mundo muçulmano que esconde os cabelos, as orelhas e o pescoço, e só deixa visível o rosto, Asifa permaneceu imóvel defronte a Charles, que se aproximou dela iniciando diálogo:

— Asifa. Demonstra a insubmissão digna de guerrilheiros de coragem.

— Vim até aqui porque este homem que me trouxe disse que havia um líder neste lugar dando continuidade à nossa causa, antes de descansarmos ao lado de Alá.

— Sim, este sou eu e se me servir, terá o paraíso prometido.

— Primeiro preciso saber quem é você para me curvar.

— De momento não se lembrará, Asifa, mas descobrirá que me serviu outras vezes, ouviu forças mentirosas que a afastaram de nós e de nossa causa, a pretexto de lhe dar outra chance.

— Prove.

Charles magnetizou a interlocutora, fazendo-a cair diante dele, recebendo choques que lhe produziram uma sensação terrível de extrema agonia.

Quando cessou, Charles quis saber:

— Ainda tem alguma dúvida?

Asifa permaneceu prostrada e esticou as mãos para alcançar os pés de Charles:

— É bom ter um enviado de Alá para servir.

— Ordeno que se levante — pediu Charles imperioso e continuou: — Agora que sabe a quem deve servir, não retornará ao Oriente Médio. Usarei você como mensageira para planejarmos ações no continente europeu.

O anjo protetor de Asifa comentava com o anjo protetor de Charles:

— Como sempre, Charles possui o suposto poder que as entidades que o servem lhe dão.

— Infelizmente, meu protegido se demora nas trevas tanto quanto as trevas da ignorância dos que os servem alimentam suas ilusões de poder.

❊ ❊ ❊ ❊

No escritório da usina, Jorge atendeu ao telefone:

— Alô.

— Oi, querido, sou eu, Alicia.

— Oi, Alicia. Como está?

— Do mesmo jeito. Sei que está chateado porque não nos falamos faz mais de seis meses.

— Fique tranquila. Eu a compreendo, Alicia. Não liguei também para não prejudicar sua recuperação.

— Liguei para saber se você está bem e por que estou com saudades.

— Estou bem sim, mas me conte mais de você.

— Amor, eu sei que você não se liga muito nessas coisas de religião, mas me levaram para conhecer um lugar onde estou me sentindo em paz.

— É mesmo, Alicia? Onde?

Depois que Alicia respondeu, Jorge perguntou:

— Quem a levou neste lugar?

— Uma vizinha de minha mãe. Quando soube de minha tristeza pela morte do Denis, me convidou para ir e aceitei.

— Muito bem, Alicia! Não me ligo mesmo nessas coisas de religião, mas se está lhe fazendo bem é isso que importa.

— Amor, você está frio comigo, ou é impressão minha?

— Desculpe, Alicia. É que a ligação não está boa e não consigo ouvi-la direito. — disfarçou Jorge — Mas me conte mais deste lugar que você está frequentando.

— Ai, amor... Não sinto vergonha de dizer que encontrei Jesus e que pelo amor de seu sangue descobri quantas coisas estávamos fazendo errado.

— É mesmo? E o que estávamos fazendo errado?

— A gente não cultuava o nome de Jesus em nossa casa. Sabe que o dirigente me falou que é possível Deus ter levado o Denis como castigo, porque negligenciamos o direcionamento na "palavra".

— Alicia, por favor. Cuidado. Não pode acreditar em tudo o que ouve, ainda mais de alguém que não nos conhece.

— O dirigente Adamastor é um servo de Jesus de misericórdia. Vi este mensageiro iluminado produzir tantos milagres, que me causa vergonha imaginar que levamos tanto tempo só vivendo as coisas da carne.

— Espere um pouco, Alicia! Pode me tirar deste "levamos", pois não considero ter feito algo errado. O que sua mãe diz deste lugar que está frequentando?

— Querido, falarei baixinho para ninguém escutar. Você se lembra que mamãe é aquele tipo de católica que não sai da igreja, não?

— E daí?

— O dirigente Adamastor recebeu a palavra do Espírito Santo e descobriu que meus pais vivem pelas coisas do mundo, assim como fazíamos e que também por isso Deus levou o Denis, para promover o despertar em todos.

Jorge decidiu conduzir a conversa prudentemente, para saber o que realmente estava acontecendo e depois de despedir-se de Alicia, pediu para Edvaldo telefonar à noite para a casa dos pais de Alicia:

— Boa noite. Por gentileza, posso falar com a senhora Edwiges?

— É ela mesma. Quem deseja?

Edvaldo passou o telefone às mãos de Jorge que fez sinal de agradecimento e assim que o amigo saiu, continuou:

— Senhora Edwiges, sou eu, Jorge. Pedi que meu amigo ligasse porque não queria que Alicia soubesse que sou eu, caso ela atendesse. Preciso falar com a senhora sem a presença dela. Se Alicia estiver por perto, por favor, diga que foi engano e me diga discretamente um horário que possa lhe telefonar sem que Alicia esteja em casa.

— Alicia não está, Jorge. Mas por que quer falar comigo secretamente? Aconteceu algo de ruim?

— Queria saber da senhora sobre algo que me causou estranheza. A Alicia me ligou hoje cedo...

Depois de explicar sobre o telefonema que recebeu da esposa, Jorge ouviu o desabafo de Edwiges:

— Foi bom ter ligado, Jorge. Estava mesmo querendo falar com você. Alicia não está, fique tranquilo. Ela se "enfiou" num lugar onde estão colocando um monte de caraminholas na cabeça dela e não estamos mais suportando vê-la para cima e para baixo afirmando descalabros que um dirigente sugere e ela acredita.

— Alicia disse que foi uma vizinha que a levou para este lugar. Quem é e como vocês deixaram isto acontecer?

— É a Gertrudes, uma bitolada que passamos longe quando vemos, mas que pegou Alicia saindo de casa, num dia em que seguia para a terapia na psicóloga, e a arrastou com ela. Não temos culpa, Jorge.

— E a senhora tentou conversar com a terapeuta sobre isto?

— Claro que falei, mas Alicia se nega a retornar à terapia porque o dirigente disse para ela que a única salvação é Jesus.

232

— Era só o que me faltava... E seu marido? O senhor Coelho não foi ter com este pilantra aproveitador?

— O pai de Alicia está por conta, mas não há o que fazer, pois nossa filha já é bem grandinha para a proibirmos de fazer alguma coisa. Outro dia meu marido passou mal de tão irritado que ficou com as colocações que o dirigente transmitiu a Alicia sobre nós.

— E o que o dirigente falou?

— Disse que eu e Coelho concebemos Alicia de forma impura e não nos batizamos no poder do Espírito Santo, atribuindo isto ao fato de sofrermos com a punição de Deus que levou o Denis.

— Essa não! Mas o que vocês pretendem fazer a respeito? Não podem processar este dirigente na justiça?

— Coelho já pensou nisso, mas o advogado o dissuadiu da hipótese, porque a Alicia está lúcida, a menos que houvesse testemunhas entre os frequentadores que revelassem o malefício a que nossa filha está sendo submetida, mas como encontrar alguém que faça isso? Até os irmãos de Alicia estão evitando conversar com ela porque não a suportam mais.

— É preciso fazer algo. A senhora sabe que Alicia pode enlouquecer, não é?

— Sinceramente, não sabemos mais o que fazer. Outro dia meu marido discutiu com Alicia e ameaçou colocá-la à força no avião para voltar para você.

— Uma condução coerciva não poderia ser pior?

— Sem dúvida! Mas o meu marido não insistiu mais nesta tentativa desesperada, porque Alicia disse que se ele fizesse isso, o "Senhor de todas as coisas" se encarregaria de levá-la perto de si, ou seja, era capaz de ela se jogar debaixo de um carro em movimento e ainda achar que estava fazendo a coisa certa em nome do "Senhor".

— Lamento muito saber que passam por isso, senhora Edwiges...

— Pois é, Jorge. Desculpe o que lhe direi, mas hoje, eu escolheria para Alicia o mesmo destino que o de Denis. Pode parecer pecado, contudo, prefiro ver minha filha morta a viver dessa maneira.

— Não diga isso, senhora Edwiges. Vocês não têm culpa se Alicia enveredou para o fanatismo na tentativa de sublimar a perda do nosso filho.

Edwiges desviou completamente do assunto. Estava emocionalmente abalada com a mudança repentina da filha:

— E você, Jorge? Como está? Essa usina termina quando?

— Fora os problemas de suplementação de verba e cotidiano de obras, tudo bem, mas quanto ao prazo, talvez só o "iluminado" dirigente Adamastor possa dizer.

Depois de rir, a sogra de Jorge finalizou:

— Pois é, meu filho, só rindo mesmo e rezar para Alicia sair deste pesadelo no qual se meteu!

— Amém!

Capítulo 38

Enquanto acariciava Meleca em seu colo, Jorge revelava os fatos ocorridos para Rosemeire e Sabrina. Denis escutava a conversa:

— Então é isso que está acontecendo com Alicia, Rosemeire... Certa vez, Alicia comentou comigo que você tinha sido crente. Você não acha que é muito errado o que este pessoal faz com a mente das pessoas?

— Vocês chamam de "crente", mas nós chamamos evangélicos. Não tem nada demais pregar o nome de Jesus quando a intenção é pregar os ensinamentos cristãos, mas pelo que o senhor me contou, não é isto que está acontecendo.

— Então você concorda comigo, não é Rosemeire? Onde você identificou que este homem, especificamente, não está pregando os ensinamentos de Jesus?

— A começar pelo julgamento que o tal dirigente se presta quando lança culpa em todos da família para justificar a vontade de Deus em levar o Denis. O "não julgueis para não serdes julgados" não foi considerado por ele, sem contar que está escandalizando. Lembro no Capítulo 18 de Mateus: "Mas ai daquele homem por quem o escândalo vem". Esse dirigente não tem preocupações com a palavra de Deus, caso contrário, não pregaria coisas distorcidas dos Evangelhos de Jesus somente com o propósito de levar Alicia para ele.

— Desculpe a observação, Rosemeire, mas com todo respeito: Para que invocar palavras bíblicas a todo o momento na tentativa de explicar o óbvio?

— É que nem sempre as pessoas se esforçam para usar a própria consciência, senhor Jorge. Eu sei pelo que sua esposa passa, porque quando estava em desespero, também caí nas mãos de pessoas assim como o tal Adamastor. No entanto, quando percebi que as interpretações dele eram contraditórias à lei de amor, justiça e caridade, mudei de lugar, encontrei outro culto e felizmente tive a graça de compartilhar com dirigentes de boa-fé.

— Tomara que a Alicia tenha a mesma sorte que você teve, senão será daquelas que vivem pregando o nome de Jesus, pregando todos à sua volta na cruz em vez de praticar o bem, todavia, é de se pensar... como pode alguém com a inteligência de Alicia se deixar levar por pessoas assim?

— O problema não está com as pessoas que querem o bem das outras, senhor Jorge. O problema está no momento de desespero emocional e moral que pessoas como Alicia atravessam, de caírem nas mãos de pessoas orgulhosas e egoístas, que manipulam e distorcem a palavra santa a seu favor, se considerando os "escolhidos", quando na verdade são falsos profetas.

— E você continua frequentando esses lugares, Rosemeire?

— Sim, continuo, mas quando ouço coisas que contrariam os ensinamentos com palavras do Senhor Jesus, aprendi a refletir, consultar meu coração. A vida também ensina, senhor Jorge. A gente aprende que é bom ir a lugares de oração para conversar com Deus, sem se deixar contaminar por palavras tortas de quem se julga Deus.

— O que você acha de fazer uma visita para Alicia? Seria muito bom você ter essa conversa com ela.

— Pelo que o senhor me contou, de nada adiantaria, pois se a Alicia está envolvida da maneira como a mãe dela falou, qualquer coisa que contrarie o que o dirigente a faz acreditar, será atirar pérolas aos porcos, ou dar tiros n'água, se o senhor preferir. Ela contará ao dirigente, ele dirá que estamos possuídos pelo capiroto e ela acreditará.

Jorge riu:

— Fale a minha língua, Rosemeire. Dominados pelo capiroto? E o que vem a ser isso?

Sabrina riu também e tomou a frente para responder:

— É o diabo, o capeta, ou o demônio, senhor Jorge.

Enquanto a conversa continuou, Denis foi contar o que ouviu e pedir à Jurema:

— Podemos fazer algo pela mamãe?

— O menino pensa que as coisas são fáceis...

— Jurema, por favor, daria para me chamar pelo nome? Eu gosto quando me chama pelo nome.

Após leve sorriso, Jurema respondeu:

— Está bem, menino Denis, tentarei.

— Por favor, me ajude.

— Promete fazer exatamente o que eu mandar?

— Prometo.

— Vamos primeiro para sua casa e mostre-me algum objeto que sua mãe usava, ou gostava.

— Para que você precisa disso?

— Para localizá-la.

Em sua casa, Denis apontou um enfeite sobre a estante na sala. Jurema tocou o objeto e disse:

— Não será possível localizá-la por este objeto. Sua mãe não o envolveu de maneira suficiente. Mostre-me outro.

Após Denis mostrar diversos objetos, Jurema concluiu:

— Sua mãe tem pouco apego às coisas materiais. Não conseguiremos ir até ela desta forma.

— Tem outra forma?

— Tem, mas terá que ter paciência.

— O que devo fazer?

— Nada. Eu é que farei. Tocarei sua mente, mas preciso de sua permissão. Pode demorar um pouco, ou não demorar nada. Preciso apenas que sua mãe pense em você e, quando fizer isso, conseguirei chegar até ela.

— Por favor, Jurema, claro que permito. Entre na minha mente.

Jurema aproximou-se tocando a testa de Denis, permanecendo assim por alguns minutos e tirou as mãos, preocupada.

— Conseguiu, Jurema? Por que essa cara de assustada?

— Não demorou muito, mas não é de admirar, porque sua mãe pensa em você quase o tempo todo...

Jurema disfarçou, porque usou apenas alguns segundos para localizar Alicia, e o resto do tempo demorou-se em conhecer a vida passada de Denis.

— Podemos ir até minha mãe?

— Sim. Abrace-me e feche os olhos.

Em poucos instantes, Jurema orientou Denis a abrir os olhos e estavam próximos a Alicia, que assistia a uma pregação, ao lado de diversas pessoas.

— Oh! Mamãe. Quanta saudade...

Alicia percebeu o abraço do filho e começou a chorar, preocupando Denis:

— Jurema, como pode mamãe ter me percebido? É por isso que está chorando?

— Sim, mas isto não é bom para ela porque não sabe lidar com essa emoção. Desconecte seu pensamento do dela e solte-a.

— Não entendi. Nem sabia que tinha conectado o meu pensamento ao dela. Ensine-me como faço, Jurema.

— Mude o pensamento para o que sente por seu pai.

Jurema evocou propositadamente o direcionamento de Denis que, ao pensar no pai, teve um choque ao receber uma revelação, novamente pedindo auxílio:

— Pensei no meu pai, mas meu pai não era meu pai... o nome dele era Brian, o meu era William e minha mãe não era minha mãe. Jurema, o que está acontecendo comigo?

— Ao abraçar sua mãe com emoção e sentimento, penetrou no conhecimento do passado vivido por vocês em outras vidas. Mas não é o momento para isso. Vejamos o que se passa.

Jurema deslocou-se e Denis a acompanhou próximo ao púlpito onde o dirigente Adamastor palestrava circundado por entidades trevosas, levando Denis a perguntar:

— Quem são aqueles homens esquisitos que riem ao lado do homem que palestra? E estes outros que andam em volta dos que assistem?

— Fique quieto, Denis! São espíritos das trevas. Precisamos sair daqui porque fomos notados.

Diversas entidades começaram se deslocar em direção a Denis e Jurema. Como meio de se defender, Denis bloqueou a visão espiritual, mas imediatamente foi chamado atenção por Jurema:

— Não faça isso. Eles podem vê-lo e se ficar aqui irão torturá-lo. Venha comigo — Jurema tomou a mão de Denis, volitando com ele.

— Vamos para casa?

— Não. Estão nos seguindo e, se formos para casa, levaremos muitos deles conosco. Faça o que peço e ficará tudo bem.

Logo, estavam longe daquele lugar. Denis olhou ao redor e indagou:

— Jurema, o que fazemos dentro de um cemitério?

— Já disse para ficar quieto.

Jurema parou com o braço sobre o ombro de Denis, enquanto eram cercados pelas entidades trevosas, quando surgiu outra entidade em socorro, anunciando:

— Não me lembro de ter feito convite para as sombras, além das minhas sombras. Como se atrevem a entrar aqui?

Uma das entidades respondeu:

— Esses estavam em nosso domínio sem serem chamados. Se estes vieram até nós, nos pertencem!

O homem lançou um olhar para Jurema e, sorrindo, respondeu:

— Estou pensando se os desculparei por não reconhecerem nossa amiga, ou se encontro uma cova vazia para cada um de vocês descansarem em paz.

Ao notarem o envolvimento de energias paralisantes, as entidades trevosas se retiraram em debandada.

O homem aproximou-se de Jurema e Denis:

— A companheira por acaso trouxe esta alma penada para descansar em paz?

— Vim em busca de sua proteção.

— E o que Jurema das Matas faria por aqui, pois além de alguns gatos vira-latas, ratos e baratas não estou vendo algo que faça parte de seu domínio?

Três entidades saíram dos túmulos e uma delas partiu para cima de Jurema:

— Oba! Temos carne fresca no pedaço.

Jurema neutralizou a entidade que convulsionou com um choque energético lançado por ela, enquanto as outras se afastaram amedrontadas e o homem soltou uma gargalhada dizendo:

— Jurema das Matas virou babá agora. Sabe que não pode ficar andando com desencarnados perdidos, ainda mais no meu domínio. Diga por que está fazendo isso e se me convencer a deixarei ir embora com ele, caso contrário ele ficará aqui.

— É longa a história de demanda. Peço que confie em mim, porque não posso deixá-lo aqui.

O homem aproximou-se de Denis medindo-o de cima a baixo e observou:

— Este cara ainda pensa que é um menino e possui energias que podem ser bem aproveitadas. Em todo caso, abrirei mão de ficar com ele, mas lembre-se de que você agora me deve uma, Jurema. Vá, enquanto pode.

Diversas entidades do cemitério se aproximavam de Jurema e Denis, mas ela abraçou-se a Denis recomendando que fechasse os olhos e, em segundos, retornaram a um ponto da floresta.

Capítulo 39

Em certo ponto da floresta, Jurema, exausta, pediu a Denis:
— Pode abrir os olhos.
— O que foi tudo aquilo?
— Capa Preta tem razão. Não posso ficar dando uma de babá.
— O nome daquele homem esquisito com bengala e chapéu preto é Capa Preta? Quem é ele?
— Um Exu[2].
— O que é um Exu?
— Menino: Vou lhe dizer uma coisa que deveria ter falado faz tempo. Para você conhecer as coisas do nosso plano, terá que se desprender do plano material. Não ficarei mais pajeando você e se quiser continuar aqui eternamente será problema seu, estamos conversados?
— Nossa, Jurema! O que lhe fiz para ficar tão brava comigo?

---

2 - Exus são guardiões, entidades de segurança, espíritos que já encarnaram na Terra. Como muitos de nós, prejudicaram seu progresso espiritual em encarnações anteriores e optaram por prosseguir sua evolução espiritual por meio da prática da caridade. A forma que os Exus se apresentam, depende de sua função. Em campos de batalhas, por exemplo, usam uniforme adequado. Com grande capacidade de mudar a aparência, podem até surgir como seres assustadores, ou animais grotescos. As formas que assumem servem para tratar com espíritos muito perturbados, transviados no mal, como uma maneira de "combater o veneno com o próprio veneno", usando ferramentas como a força, o medo, magias, captura etc.

— Não é o que você fez, estou contrariada comigo mesma, porque não deveria arriscar querer fazer algo por um desencarnado. Esta não é minha tarefa, não é minha obrigação.

— Você fez porque gosta de mim, assim como gosto de você, aliás, você é a única que admito a companhia, fora a Meleca.

— Mas daqui em diante, não conte comigo para sair de meus domínios. Não sei o que seria de nós se não tivesse ido à procura de outro orixá.

— Você é um orixá, Jurema? Então, aquele Exu Capa Preta não pareceu ser grande amigo seu, pois não queria me deixar sair de lá.

— Denis, talvez seja melhor você tomar seu rumo. Mentalize o seu anjo da guarda e peça ajuda.

— Por que você não faz o mesmo?

Jurema ficou pensativa, baixou a cabeça e sumiu na frente de Denis, que lamentou:

— Tinha tantas perguntas a fazer...

Quando Denis virou-se para seguir para sua casa, Élcio surgiu:

— Posso lhe explicar, se quiser.

— Veio novamente insistir para que eu o acompanhe?

— Não posso interferir na sua vontade. Se quiser ficar aqui, pode ficar.

— Disse que pode explicar o que aconteceu. Como pode, se não estava lá?

— Sou seu protetor e o acompanho onde estiver, mesmo que não me veja.

— Por que não me protegeu daqueles que nos perseguiam?

— Sabia que Jurema daria conta de protegê-lo.

— Jurema dependeu de ajuda no cemitério, senão estaríamos fritos.

— Você estaria em perigo porque não sabe se defender, mas Jurema sabe.

— Não entendo.

— Deixe eu lhe explicar, Denis. Assim como Exu Capa Preta, Jurema é um orixá[3]. Orixás são espíritos como você e eu, com a diferença que possuem atributos espirituais mais desenvolvidos na manipulação de energias. Da mesma forma que você, decidiram permanecer na dimensão do planeta, mas para cumprir outros objetivos.

— E você? Seguiu em frente? O que é você?

— Sou um anjo. Seu anjo protetor. Você não se lembra, mas caminhamos juntos há muitos séculos.

— Por que sou digno de ter um anjo para me proteger?

— Todo mundo é digno de ter um anjo protetor.

— Jurema também tem um anjo protetor?

— Sim.

— E por que, assim como eu, ela decidiu ficar na Terra?

— Cada um sabe seu motivo, mas assim como eu, o anjo de Jurema não pode intervir. Nós, anjos, não intervimos no livre-arbítrio de nossos protegidos.

— Se acham que devemos seguir determinado caminho, por que não o fazem à força, se julgam que é bom para nós?

— Porque intervir nas decisões anularia a possibilidade de os protegidos se desenvolverem.

— Quer dizer que se eu decidir ir com você, poderá ajudar minha mãe?

— Não. Sua mãe tem o direito de fazer as escolhas que lhe aprouverem para progredir por meio do aprendizado, além disso, você não é protetor dela.

— E por que o protetor dela não interveio para evitar que estivesse naquele lugar cheio daquelas entidades sombrias?

— Já disse. Assim como eu não posso intervir no seu livre-arbítrio, o protetor de sua mãe também não pode intervir no dela. Ela tem o direito de fazer as próprias escolhas.

---

3 - Orixás são ancestrais divinizados que correspondem a pontos de força da Natureza e seus arquétipos [ideias como modelos de todas coisas existentes], relacionados às manifestações dessas forças. Exus também são orixás que servem a outros orixás. As características de cada orixá os aproxima dos seres humanos, pois eles se manifestam por meio de emoções como dos encarnados, demonstrando raiva, ciúmes, gostam de agrados etc. Para saber mais sobre orixás e exus, recomendamos as obras de Alexandre Cumino e Rubens Saraceni.

— Então que utilidade há nos protetores?

— Fazer que se cumpram os desígnios determinados por nossos superiores e nossa intervenção está na medida da aprovação deles.

— Qual é o seu nome?

— Élcio.

— Não consigo entender, Élcio. Você me segue para proteger, tem poderes que superam todas as entidades que caminham sobre a Terra, e vive como se fosse servidor de cães? Qual é a vantagem de ser um protetor?

— Não é propriamente uma vantagem, mas para você entender, direi que a vantagem é que não preciso mais repetir encarnações, sinto-me feliz e realizado a cada passo que você dá, cada acerto que faz, até o momento de poder ter condições de fazer o que eu faço, aliás, esta é a oitava vida que você me faz esta mesma pergunta, então está progredindo.

— Também não sei por que, mas sinto um carinho estranho por você.

— Você sente isso porque sabe que eu te amo e são resquícios de sua memória espiritual de outras vezes que estivemos juntos.

— Então pode me responder uma questão? Por que morri tão novo, ainda pré-adolescente?

— Porque você mesmo planejou e pediu por isso.

— Está louco, Élcio? Porque pediria, ou planejaria morrer criança?

— Isto terá que descobrir por si mesmo.

— Como?

— Aceitando humildemente sua condição, afinal você não está morto, está desencarnado.

— E o que isto tem a ver? Quer dizer que eu aceitar, ou não, implica em conhecer, ou não as causas que levaram à minha morte precoce?

— A morte de seu corpo não foi precoce, foi em atendimento ao que estava planejado por você mesmo, mas se você aceitar de coração aberto descobrirá os motivos por que sua memória espiritual descortinará.

— Isto é um absurdo e constitui chantagem! Se eu não aceitar, fico sem saber de nada, se aceitar, fico sabendo de tudo. Quem determinou esta regra?

— Não é uma regra. É a lei à qual todos estamos submetidos, instituída pelo criador do universo e é assim que o universo funciona.

— Parece que você está muito determinado em querer que eu acredite em tudo o que me diz, à exemplo de minha mãe que está acreditando em tudo o que aquele dirigente diz para ela, não é mesmo?

— Sim, estou determinado, mas se não acreditar em mim, sou paciente para esperar você descobrir por si mesmo, porque esta não será a primeira vez que isto acontece, mas não deve me comparar ao dirigente que sua mãe acredita, porque ele não é o protetor dela. Sua mãe e o dirigente estão vivendo as provas do plano material, enquanto eu e você fazemos parte do plano espiritual.

— Muito obrigado por suas respostas prontas, Élcio, mas não me encontro disposto, nem preparado para ir com você. Tudo bem?

— Claro que sim, Denis. Fique tranquilo e não se sinta pressionado, pois a conta é sua.

— O que quer dizer com isso?

— Como dizem na Terra, quero dizer que você sempre será responsável pelos seus atos. Não posso querer que compreenda a vantagem de me acompanhar se não quiser fazer isso.

Denis seguiu ao encontro de Meleca e demorou-se na contemplação à cadela que correspondeu ao seu carinho.

Era madrugada e Denis conversava com ela:

— Minha queridinha amada... se eu sair daqui terei que deixar você... Meleca, será que você também tem um protetor? Será que isto é verdade?

Após instantes de meditação, Denis se concentrou, pedindo:

— Deus. Se for verdade que todos temos um protetor, por favor, revele se Meleca também tem um...

Denis assustou-se com Aurélio, o protetor de Meleca, que surgiu à sua frente dizendo:

— Nem precisava invocar Deus para eu vir. Aurélio, à sua disposição.

— Está de brincadeira comigo? Quer que eu acredite que cães têm protetores?

— Você duvida? Então, olhe isso.

Aurélio tornou-se visível para Meleca, que se achegou feliz abanando o rabo até ele. Aurélio a acariciou, deixando Denis atônito:

— Como pode isso? Protetor de Meleca?

— Sim, mas não só da Meleca, de muitos outros animais, porque animais não demandam tanto nossa atenção e são muito numerosos para designarem um protetor para cada animal. Sou protetor de um grande grupo de animais domésticos.

— E qual seu nome, senhor protetor da Meleca?

— Já disse, mas você não prestou atenção. Pode me chamar de Aurélio.

— Confesso que me sinto invadido, mas não posso reclamar porque fui eu quem o chamou...

— Mas se quiser não me ver, posso me tornar invisível para você. É isso que quer?

— Aurélio, se puder me responda. Nunca estamos sozinhos quando morremos? Pergunto por que agora compreendo ser inútil eu não querer ver o que acontece fora do meu corpo que já morreu, pois vocês estão sempre por perto!

— E você acredita que quando estava "vivo" no corpo de carne, não havia sempre algum de nós por perto? Claro que não ficamos o tempo todo, porque temos mais o que fazer, mas a conexão é direta sim.

— Não sei se gosto de saber isso, mas quer dizer que esteja onde estivermos vocês protetores estão sempre nos observando?

— Dependendo de suas ações, você pode atrair entidades trevosas também, mas nós protetores estamos sempre em conexão com os protegidos.

— Então é ilusório... querer estar só.

— Claro que não. Se você decidir se afastar e não quiser nossa presença, poderá procurar quem quiser para acompanhar, ou até mesmo ficar só, porque não impediremos, mas estaremos de prontidão cada vez que um protegido precisar.

— No caso de Meleca, faz tempo que a protege?

— Há séculos, aliás, eu que trouxe ela até você nesta encarnação, e claro, com a anuência de Fábio, que é intermediador dos animais, depois de criterioso planejamento.

— Pode me contar como fez isso?

— Agora não, mas haverá o momento no qual saberá tudo o que aconteceu.

— Sei... quando aceitar o outro lado, não é?

— Não, porque você já está do outro lado, mas quando aceitar sua condição e acompanhar Élcio, seu protetor, sim, mas não porque lhe contaremos, será você mesmo que descobrirá através da memória espiritual que resgatará.

— Tudo isso parece muito fácil para ser verdade... Por favor, você pode se retirar e me deixar a sós com Meleca?

— Sim, claro, fiquem à vontade.

Aurélio tornou-se invisível para Denis e Meleca. Denis ficou ruminando pensamentos.

Capítulo 40

No fim de semana, Neusinha e Jorge encontravam-se abraçados na intimidade, em um hotel na cidade, comemorando um ano de relacionamento:

— Benzão. Até hoje me belisco para acreditar que ainda estamos juntos.

— Até quando viveremos escondidos, Neusinha? Vamos assumir logo de uma vez o que sentimos.

— Não, Jorge. Eu queria muito, mas não podemos...

— É difícil tratá-la formalmente diante de todos que nos conhecem, exceto Kelly e Edvaldo, aguardar o fim de semana para poder ficar à vontade com você.

— Eu amo você! Para mim, isso já é suficiente.

— Mas para mim não é, querida. Não seja egoísta.

— Está bem, benzão. O que lhe falta? Dá para perceber que você é tudo para mim, que renasci através do que sinto e que você é o homem mais amado do mundo?

— Neusinha, ainda está em tempo de eu lhe oferecer o que muita mulher adoraria ter, mas você parece não querer.

— Oh! Meu amor, por favor, não discuta comigo novamente por causa disso. Ser mãe não está nos meus planos, ainda mais sabendo o que se passou com Alicia.

— Desculpe, mas preservar Alicia de desgostos já virou desculpa velha. Ela vive outra vida longe daqui e já faz tanto tempo que não estamos juntos que é como se ela fizesse parte de uma outra vida que tive.

— Não pode ignorar o que passou, Jorge. Muito menos que nem passa pela cabeça de Alicia que estamos juntos.

— Também não esperava que ela fosse se distanciar tanto de mim por causa da perda do Denis, se comprazendo em dizer a todo momento que "encontrou Jesus" e dando trabalho aos pais depois de velha.

— Não podemos culpá-la por suas escolhas. Você pode não entender o que direi, mas amo Alicia como se fosse minha irmã e respeito o momento pelo qual ela está passando. Se ela encontrou uma forma de sublimar o sofrimento, quem sou eu para julgá-la?

— Bem que ela poderia encontrar um amor tão bitolado quanto ela. Se tivéssemos notícia de um casamento, faria questão de comparecer e desejar-lhe felicidades. Será que você mudaria de ideia e poderíamos viver em paz como pessoas normais, ou ainda é capaz de dizer que estaria desejando a desgraça dos outros?

Neusinha riu, abraçando carinhosamente Jorge para dizer:

— A única coisa que sei é que amo você e não precisamos nos casar para saber disso.

Na casa de Jorge, Rosemeire lavava o quintal enquanto Sabrina dava uma bronca em Meleca:

— Já disse para não fazer xixi na soleira e você não aprende, não é, cachorrinha safada? E não adianta disfarçar abanando esse rabo feio, porque sabe o que farei com você?

Sabrina ajoelhou-se, beijando e em seguida sacudindo vertiginosamente as orelhas da cadela:

— Vou te encher de beijos, sua Meleca gostosa da mamãe...

Enquanto Denis ria ao ver o carinho entre Sabrina e Meleca, incógnitos, Marcos e Aurélio respondiam às indagações de Luiz:

— A partida de Meleca causará comoção geral, mas em especial à Sabrina, que aprenderá mais sobre o real sentido do desapego.

— Certamente — disse Aurélio, o protetor de Meleca. — Ela dirá o mesmo quando Dorinha partiu para retornar como Meleca: Que só ela tem que abrir mão dos bichinhos que ama.

— Como estão os planos de retorno para Meleca? Voltará para Sabrina novamente? — perguntou Luiz e Marcos respondeu:

— Sim, voltará para Sabrina, mas com o propósito de, em nova etapa, conviver com Jorge.

Luiz riu e comentou:

— Parece irônico. A cadela retorna para Sabrina, mas, pela segunda vez, testemunho o propósito de conviver com Jorge. Qual o motivo?

Marcos revelou:

— Como sabe, o ajuste entre Jorge, Sabrina e Rosemeire ocorre separado dos demais nesta encarnação. Há muitos anos, Jorge era escravo da família de Sabrina e...

Como de costume Sabrina aguardava ansiosa em seu quarto a presença do negro Jorge que chegava sempre escondido e quando entrou assustado, foi repreendido:

— Quantas vezes lhe falei que não suporto esperar? Pensa que é algum privilegiado da corte?

— Desculpe, sinhazinha! Seu marido estava por perto e apesar do acordo entre vocês, prefiro que não note minha presença, senão é capaz do seu pai me matar.

— Deixe de firulas, Jorge! Ninguém mandou meu pai me obrigar a casar com esse pervertido que gosta de homens, só para satisfazer aos interesses de nossa família. Trate de tirar logo essa roupa e venha me satisfazer!

— Calma, sinhazinha. Já vou. Em todo caso, devo lhe informar que o pai da sinhazinha sabe que seu marido está se deitando com o crioulo Chico.

— Problema dele! Quero resolver o meu problema. Venha logo, nego safado!

— A sinhazinha irá me amarrar de novo?

— Sim, e daí? Gostei de fazer assim e lhe sentarei a chibata também.

A perversão de Sabrina não tinha limites e tornara-se insaciável no desejo de ser possuída pelo escravo todos os dias, até que sua mãe os flagrou um dia e foi ter com o marido:

— Flagrei essa pouca vergonha de nossa filha com um escravo na própria cama e você não fará nada? Tem que mandar esse negro para o tronco, já!

— Deixe de achaques, Rosemeire! Sabe muito bem que nossa filha nunca foi flor que se cheire e que não é de hoje que se mete com animais da senzala! Finja que não viu e a Corte continuará feliz.

— Ela devia ter nascido homem! Puxou a você que vive se deitando com negrinhas!

— Cale a boca, mulher! Não nasceu homem porque você não teve capacidade para me dar um filho homem!

Revoltada, Rosemeire foi ao encontro de Jorge que dormia, chamando-o para uma conversa próximo da senzala:

— Se não me contar tudo sobre esta sórdida combinação, mandarei matá-lo.

Jorge ficou desesperado:

— Não tenho culpa, sinhá. Sua filha também ameaçou mandar me matar, caso eu não fizesse o que ela manda. Só me deito com ela porque sou obrigado.

— Conte-me mais, negro safado! O pai de Sabrina também pega as cadelas negrinhas, mas não posso falar nada. E o marido de minha filha Sabrina também pega as suas irmãs da senzala?

— Não. O marido da sinhazinha Sabrina se deita com o Chico. O marido da sinhá sabe...

Ligando os fatos, a mãe de Sabrina ficou pensativa por instantes e desabafou:

— Então é isso! Meu marido quis que Sabrina se casasse com um marica só para se beneficiar do quinhão da família dele e ainda reclama de mim que não lhe dei um filho homem...

— Sinhá Rosemeire. Por tudo de mais sagrado, não conte para o seu marido o que contei para a sinhá. Não tenho culpa de nada, só faço o que me mandam.

— É mesmo, negro safado? Então cumprirá uma ordem minha, já! Baixe as calças agora e faça comigo o que faz com Sabrina. Vamos!

Quando terminou de satisfazer a mãe de Sabrina, ela disse, antes de sair:

— Viu como estou certa quando digo que vocês, negros, não valem o que comem? Não negou fogo, não é, seu negro safado? Mas gostei e vou procurá-lo de novo. Agora tem outro segredo para guardar, senão meu marido o mata.

Uma das escravas testemunhou o que aconteceu e delatou para o pai de Sabrina, que simulou um acidente para assassinar Rosemeire.

Jorge estava amarrado numa cama de tortura, quando o pai de Sabrina a chamou para vê-lo, quase sem vida, o sangue se esvaindo pela boca:

— Depois que sua mãe morreu no trágico acidente, soube que este animal com o qual brinca de sexo, havia contado a ela sobre seu marido, por isso mandei arrancar-lhe a língua.

Sabrina olhou com nojo a língua de Jorge jogada ao lado do catre e perguntou:

— Vai deixá-lo morrer dessa forma, agonizando?

— Não sei ainda, mas sei que, se ele morrer, você vai procurar outro brinquedo e poderá colocar seu casamento em risco, destruindo qualquer esperança de manter nosso legado. Você ainda o usará, ou posso matá-lo?

— Papai... isto é constrangedor...

— Sabrina, sem rodeios. Sei que você vale tanto quanto um rastelo de alfafa seca. Preciso apenas saber por que me preocupo com o seu bem-estar e não posso colocar em risco seu casamento.

— Não me venha com rodeios, papai! Preocupa-se tão somente com o seu bem-estar e com as terras, mas... deixe-o viver porque continuarei usando-o. Gosto dele.

Sabrina fez menção de sair, mas seu pai a puxou pelo braço:

— Espere! Ainda não terminei.

— O que mais quer, papai?

— Estou preocupado, caso esse negro se revolte e queira fugir, procurando a família de seu marido para contar o que sabe.

— Com o que está se preocupando, se arrancou a língua do infeliz?

— Por gestos também se conversa.

— Ora, papai... aproveite enquanto Jorge está desacordado e fure seus olhos, pois cego não vai a lugar algum, mas espere eu sair que não quero ver.

— É fácil dar ordens, não é, Sabrina? Quero ver quando eu não estiver mais aqui.

— Fique tranquilo, papai. Quando o senhor não estiver mais aqui, saberei controlar a fazenda, isto é, dependendo de quantos caboclos o senhor tiver colocado no ventre dessas macacas da senzala.

— Meça sua língua senão mandarei arrancá-la também.

— Não precisa, papai. Eu sei ficar em silêncio quando se faz necessário, mas, a propósito, apenas não se esqueça de que terá de colocar um dos escravos que comprou no mercado do Valongo para cuidar do Jorge e tire-o logo daí senão sangrará até morrer e não me servirá de mais nada.

253

Capítulo 41

No meio da semana, Jorge estava à mesa, jantando com Rosemeire e Sabrina.

— Hoje em dia me sinto mais a vontade em jantar ao lado do senhor, mas só faço isto porque o senhor permitiu. É claro que gosto, mas se o senhor achar que não devemos, é só falar — expôs Rosemeire.

— Não sei por que ainda se preocupa com isso, Rosemeire — respondeu Jorge. — Vocês são agradáveis companhias e para mim são como da família, mas sou eu que digo: Não se sintam obrigadas e, se não quiserem por algum motivo, não ficarei chateado.

— Fique tranquilo, senhor Jorge. Entre nós não precisamos de formalidades.

— Ainda bem. Sabrina, nunca perguntei, mas e seu olho, como está?

— Está bem, senhor Jorge, aliás, preciso lhe perguntar se posso ir com minha mãe à cidade um dia desses para uma visita ao oftalmologista, porque faz muito tempo que não faço exames. Como se demora muito para ir daqui até a cidade, pode ser que fiquemos o dia inteiro.

— Ora, Sabrina, isso não é algo que precise pedir, mas não acho que deva ir à cidade. Faço questão de pagar as passagens e estadia para vocês irem ao consultório do médico que fez seu implante, na capital.

— Imagine, senhor Jorge, não precisa! — tornou Rosemeire — As passagens são muito caras e é só para fazer um exame de rotina, saber se está tudo bem.

— De forma alguma! Não deve se preocupar com isso porque sinto orgulho de ver Sabrina mais bonita e me sinto padrinho dessa alegria. Jamais esquecerei o abraço espontâneo que você me deu quando fez a cirurgia.

De olhos marejados, Sabrina respondeu:

— Senhor Jorge, só de lembrar, me dá vontade de chorar. Agora não sinto vergonha de dizer ao senhor que a minha vida mudou daquele dia para cá. As pessoas me olhavam como se eu fosse uma extraterrestre. Por conta disso, quando eu me olhava no espelho, me sentia tão feia e sentia uma tristeza tão grande! O senhor é o meu herói.

Jorge levantou-se, encostando a cabeça de Sabrina junto, ao peito:

— Isso é muito lindo e me causa uma felicidade indescritível, ainda mais quando olho para você e vejo uma moça bonita crescendo em minha casa, fazendo parte da minha vida. Sabe que não sei o que seria de mim se não tivesse vocês comigo.

Sabrina levantou-se, abraçando Jorge:

— Senhor Jorge, eu amo muito o senhor. É como se fosse um pai para mim.

— Você me emociona. Eu me sinto no direito de afirmar que realmente a sinto como uma filha e também a amo muito, mas acho melhor a gente parar por aqui, senão sua mãe vai escorregar da cadeira, nas próprias lágrimas.

Ambos riram ao observarem Rosemeire debulhando-se em lágrimas e ela tratou de esquivar-se, soluçando:

— Mas não sei o que queriam. Impossível não chorar ao ver vocês dois falando essas coisas desse jeito.

Jorge voltou para a cadeira, Sabrina sentou-se e ele continuou, juntando as mãos com as de Sabrina:

— Querida, desejo muito que você seja uma pessoa tão importante na vida quanto é para mim e sua mãe. Assim que terminar o ensino fundamental, se eu puder, quero ajudá-la nos estudos, isto é, se quiser continuar estudando, é claro.

— Falta pouco para eu terminar o fundamental, mas se o senhor está oferecendo, não terei vergonha de lhe revelar meu sonho.

— Qual é o seu sonho?

— Ser médica.

— Puxa vida! Realmente, ser médica é um sonho mesmo! Não imaginava que tivesse este sonho, porque estudar medicina exige renúncia, muita dedicação e estudo.

— Eu sei. Tenho este sonho desde que o senhor me pagou a prótese do olho e desde que chegamos aqui sempre estudei com esse objetivo. Algumas vezes o Denis ficava bravo comigo porque ele queria brincar e eu dizia que não porque queria estudar.

Rosemeire confirmou:

— É verdade, senhor Jorge. Essa menina estuda até nos fins de semana e é a melhor aluna da escola.

— Desculpe dizer, Sabrina e Rosemeire, mas não é preciso muito para ser o melhor aluno da escola que temos, porque o ensino deve ser muito precário. Estaria disposta a se mudar para a cidade, para desde já se aprofundar nos estudos de maneira que consiga ter chances de entrar numa boa faculdade de medicina?

— Sim, senhor Jorge, claro que estou!

Rosemeire gelou:

— Gente! Estou com as pernas bambas porque estão indo longe demais! Sabrina, como viverei sem você, minha filha?

— Ora, mainha! É como o senhor Jorge falou: renúncia, dedicação e estudo... Fique sossegada porque, enquanto eu estiver fora, a mainha vai cuidar da Meleca e do senhor Jorge.

Jorge e Sabrina riam enquanto Rosemeire se lamentava:

— Esta me pegou de surpresa! Pelo visto preciso me preparar!

Jorge finalizou:

— Então está decidido. Agora não tem só seu exame oftalmológico para fazer quando for até a cidade. Buscaremos informações para que você seja muito mais que um orgulho para mim, sua mãe e principalmente para Meleca. Terá condições de terminar o ensino fundamental e médio na cidade para depois ter boas chances de prestar vestibular para as melhores faculdades.

Os protetores invisíveis comungavam a felicidade do lar, notando a tristeza de Denis:

— Pobre Denis. Lamenta não poder participar deste momento tão importante da história desta família — comentou Marcos, seguido de Élcio, que rematou:

— Percebo, por meio do pensamento de Denis, que finalmente está se conscientizando de que aqui não é mais seu lugar.

De manhã, Jorge recebia um telefonema de sua sogra:

— Estamos desesperados porque Alicia sumiu. Ontem ela saiu para ir ao templo da religião à qual está frequentando e não retornou.

— Isto é muito grave, senhora Edwiges. Foram saber com o tal dirigente o que aconteceu?

— Fomos, mas o senhor Adamastor disse que não tem certeza se Alicia esteve lá, porque são muitos frequentadores e ele não reparou se ela foi ao culto.

— Isto é muito estranho. Foram prestar queixa na polícia e deram a placa do carro dela para busca?

— Fizemos um boletim de ocorrência, deixando a foto dela, mas, como ela não tem saído com o carro, não houve necessidade de darmos o número da placa.

— Se tiverem novidades me informem, por favor.

Antes de retornar para casa, Jorge passou na casa de Neusinha. Após contar sobre o desaparecimento de Alicia, ela lamentou:

— Essa, agora... onde será que Alicia se meteu?

— Felizmente aqui é que não foi! — riu Jorge, que foi severamente repreendido por Neusinha:

— Como pode achar engraçado? Expectativas negativas demonstram insensibilidade de sua parte!

— Ora, Neusinha. Fanatismo religioso mais depressão é uma equação perigosa.

— Não estou disposta a discutir matemática de ironias descabidas, Jorge! Se souber algo de Alicia, por favor, me informe.

— Pode deixar, mas agora quero que me ame.

Depois de fazerem amor, Jorge retornou para sua casa. Assim que abriu a porta, foi tomado por grande surpresa.

— Oi, querido! Saudades!

Alicia levantou-se do sofá em que estava sentada, na companhia de Rosemeire e Sabrina. Levantou-se e abraçou Jorge, que demonstrou patente decepção:

— Está indiferente, ou é impressão?

Jorge disfarçou:

— Alicia, como pode fazer isso com seus pais? Estão desesperados porque você não deu satisfação para eles!

— Fique tranquilo que os avisei quando cheguei ao aeroporto.

— E por que não me telefonaram para avisar?

— Olhe o relógio, Jorge. São dez da noite. Devem ter tentado lhe telefonar, mas já tinha saído do trabalho. Onde o senhor estava?

— Tive problemas na estrutura de uma das comportas, mas por que você também não me avisou que viria?

— Quer saber? Decidi de última hora! Estava vagando e depois de receber uma luz do Espírito Santo resolvi vir de repente, tanto que, quando cheguei, estava sem bagagem, só com a roupa do corpo. Ainda bem que tenho umas roupas que não levei para a casa de minha mãe, porque eram da minha lojinha.

— Uma luz do Espírito Santo... sei...

— Querido, não desdenhe do Espírito Santo porque pode ser castigado. Aliás, não estranhe não chamá-lo de "amor" como antes, porque após o batismo o meu amor maior é Jesus.

Jorge se irritou:

— Desculpe, Alicia, mas não me venha com conversa fiada e com fanatismos infundados, pois soube por intermédio de sua mãe o que você andou aprontando.

Alicia virou-se e começou a chorar:

— Retorno de tão longe para seus braços e é assim que sou recebida?

Observando que Jorge não sabia o que fazer, Rosemeire retirou-se:

— Com licença, Alicia e senhor Jorge. Deixaremos vocês à vontade e, se precisarem, é só chamar. Boa noite. Vamos, Sabrina.

— Você deve estar cansada da viagem. Descanse, Alicia. Conversaremos amanhã no fim do dia, quando eu voltar do trabalho.

— Importa-se se eu dormir no quarto do Denis?

— Pode ser, mas para seu próprio bem, controle seus pensamentos para não voltar a sofrer como antes.

— Fique tranquilo porque agora sei que Denis está com Deus. Dormirei no quarto que era dele porque se sei que se dormirmos na mesma cama, você irá querer me possuir, mas não estou preparada porque não pedi autorização para Jesus.

— Ah! Sim! Claro. Tudo bem, Alicia.

Jorge pensou consigo:

"Essa, não! Alicia enlouqueceu mesmo."

Capítulo 42

No dia seguinte, Jorge saiu mais cedo e informou a Neusinha que Alicia havia retornado.

— Acho que está na hora de colocarmos as cartas na mesa de uma vez por todas.

— Do que está falando, Jorge?

— Direi para Alicia que estamos juntos!

— Claro que não! Fragilizada como se encontra e aparece você com uma história dessas para desmoronar a vida de sua esposa?

— Neusinha. Não estou lhe entendendo. Por favor, pode me explicar o que devo fazer?

Neusinha disse, atrapalhada:

— Ora, Jorge. Você não rompeu com Alicia. Viverão como antes. Lógico!

— É mesmo, Neusinha? Quer dizer que finjo que não tivemos nada, que substituiu minha "esposa" apenas num período em que eu me encontrava só, para satisfazer meus desejos sexuais, é isso?

— Jorge... eu... eu... pare de me pressionar! Pare de ser dramático! O que quer que eu diga? A intrusa aqui sou eu, vamos admitir.

— Não posso acreditar que está me dizendo isso. Só pode ter bebido, porque não é possível, Neusinha! Está pensando que está lidando com um moleque? Sim, porque você está agindo como uma adolescente que não sabe o que quer!

Neusinha ficou ofegante de um lado para outro e derrubou uma xícara da mesa, fazendo Jorge continuar:

— E acrescente: uma adolescente desastrada!

Neusinha se irritou:

— Odeio me sentir assim!

— Se sentir como?

— Pressionada, deslocada, sem saber o que dizer e acima de tudo: culpada!

— Essa não! Culpada de quê? De se apaixonar por mim e eu por você?

— Sabe muito bem que não é assim que funciona.

— Então me diga como funciona, mas se voltar a ser como era enquanto não tínhamos nada um com o outro, esqueça, porque para mim não dá!

— Jorge, não serei responsável pela insanidade de alguém como Alicia, nem pela dissolução de um casamento.

— Que casamento? Pensa que enquanto fizemos amor esse tempo eu me considerei casado? E se falarmos de insanidade, você não viu como está Alicia para dizer, pois até para fazer amor ela me disse que precisa pedir autorização para Jesus!

— E você fez amor com ela?

— Enlouqueceu de vez, Neusinha? Claro que não! Está vendo? Você diz que quer deixar tudo correr à solta, não quer que eu conte sobre nós para romper com Alicia, mas já está começando a ficar com ciúmes. No entanto, não fuja da questão. Definitivamente, você não pode fazer isso comigo, agindo como se tivesse me usando emprestado!

— Homem de Deus! Eu repito: a intrusa nesta história sou eu! Qual foi a parte que você não entendeu? Não quero brigar com você.

— Eu também não quero brigar com você, mas, quer saber? Não devia ter lhe perguntado. Falarei com Alicia hoje mesmo quando sair da usina. Até mais ver!

— Jorge, por favor, volte aqui. Vamos conversar. Eu disse para você voltar aqui!

— Solte-me, Neusinha. Está me machucando com as unhas!

— Desculpe. Se disser algo para Alicia, não olho mais na sua cara, eu prometo!

— Vai me chantagear agora?

— Jorge, pelo amor de Deus. Eu não quero me sentir responsável por...

Jorge não deixou Neusinha terminar, batendo a porta ao sair.

Kelly entrou de mansinho:

— Acabou a briga? Posso entrar?

— Kelly... estou perdida... Alicia voltou.

— Querida. Com os berros que vocês davam, não perdi uma vírgula da conversa. Nem você nem Jorge aprenderam a baixar o volume.

— Olha só quem fala! O que dizer de você e Edvaldo? Que usam alto-falantes?

— Neusinha, você quer falar sobre isso?

— Que pergunta mais idiota, Kelly! Se não conversar com você, conversarei com quem? Com a arara?

— Olha... não fique nervosa com o que vou lhe dizer, mas você queria que depois do "love" que rolou entre você e o Jorge, o cara fosse fazer de conta que tudo não passou de um lindo sonho de férias de verão?

— Kelly, pode trazer a arara para conversar comigo, por gentileza?

— Entendo você até certo ponto, Neusinha, mas cá entre nós, você não acha que tem o direito de ser feliz com Jorge, se ele não sente mais nada por Alicia?

— Deu para ser advogada do diabo agora, Kelly?

— Pode até ser, mas pelo menos não peço autorização para Jesus quando Edvaldo me possui.

— Está parecendo aquelas velhas fofoqueiras que, na falta do que fazer, ouvem conversas da janela! Como consegue brincar com uma coisa tão séria?

— É séria se você quiser que seja, minha amiga. E, estou falando sério: Quando o amor acaba, as pessoas se separam e ponto final! Alicia pode ser daquele jeitinho toda sensível, mas não é melhor que ninguém. Ela aguentará o tranco.

— Poxa vida, Kelly, a mulher perdeu o filho, lembra-se disso?

— Claro que lembro, mas e daí? Isso a faz melhor, ou pior que alguém? Não estou sendo maldosa, apenas digo que estamos com os pés na Terra e que não somos deusas para achar que podemos salvar o mundo com renúncias descabidas.

— Não adianta, amiga! Não consegue me convencer que devo fechar os olhos para Alicia e ficar com o marido dela.

Kelly baixou a cabeça bufando e disse, antes de sair:

— Com licença, vou ver se acabou a ração do senhor arara, porque pelo visto precisará de muita energia para conversar com você, contudo, se admitir parar de ser cabeça dura, estou à disposição.

Sabrina ainda não tinha voltado da escola e Alicia conversava com Rosemeire:

— Jorge se comportou direitinho na minha ausência?

— Alicia, eu sei que seu marido se comportou bem aqui em casa, mas fora daqui não sei.

— Como não sabe? Você é mulher e sabe se ele caiu em pecado!

— Alicia, você está diferente...

— E você está fugindo da resposta. Sempre foi minha amiga, lhe dei emprego, abrigo para você e Sabrina! Quero saber: Jorge saiu com outra mulher, chegou tarde enquanto não estava aqui, ou saia nos fins de semana?

Pelos argumentos que Alicia usou e notando que não estava em posse da normalidade, Rosemeire decidiu conduzir a conversa serenamente:

— Quando não está trabalhando, senhor Jorge passa a maior parte do tempo em casa, mas claro que alguns fins de semana ele ia espairecer na cidade, ou ficava na casa de seu amigo Edvaldo.

— Quantos fins de semana e que horário Jorge chegava aqui em casa?

— Não contei quantos, mas algumas vezes ele nem dormia em casa, acho que porque ficava até muito tarde, sabendo como a estrada para cá é perigosa à noite, deve ter dormido por lá mesmo...

Introspectiva e evidenciando irritação, Alicia desejou:

— Pela glória do Senhor, queria poder ter um carro para ir agora mesmo à casa de Neusinha, pois ela deve saber de alguma coisa.

— Está desconfiada de seu marido, Alicia?

— Não sei se devo responder para você, Rosemeire.

— Por que diz isso?

— Algo me diz que está mentindo, mas se estiver, sabe que a justiça de Deus recai sobre os ímpios, não é, Rosemeire? Todos merecem uma chance perante o Senhor da Justiça e lhe perguntarei só mais uma vez: Você sabe se Jorge me traiu?

— Está passando dos limites! Está me chamando de mentirosa?

— Você entendeu: Algo me diz que está mentindo, porque sinto que sabe de alguma coisa e não quer me dizer. Senti na sua resposta que está acobertando Jorge...

Visivelmente contrariada, Rosemeire respondeu:

— E se você não entendeu, repetirei: Se lhe traiu eu não sei, porque se o fez não foi do meu conhecimento.

— Está dispensada, Rosemeire. Pode continuar a fazer seu serviço.

Rosemeire retirou-se e chorou de tristeza ao perceber que Alicia não era mais a mesma patroa amiga que conhecera um dia.

Quando Jorge chegou, Alicia o cumprimentou com leve beijo como sempre fazia e convidou:

— Está com fome, querido? Irá banhar-se antes de jantar?

— Não estou com fome, Alicia.

Enquanto Jorge entrava na suíte, percebeu Alicia dispensando Rosemeire, orientando-a que podia retirar-se e depois que ela saiu com Sabrina, Jorge foi ter com ela:

— Você mandou Rosemeire sair com Sabrina? Foi isso mesmo que ouvi?

— Sim. Empregados têm o direito de descansar, querido.

— Você nunca fez isso e certamente Rosemeire deve ter se sentido ofendida, além disso, desde quando Rosemeire e Sabrina nos incomodam?

— Está se doendo por Rosemeire por que motivo Jorge?

— Porque Rosemeire não é uma simples empregada. Ela é como uma mãe para mim e Sabrina é como uma filha!

— Regozije-se, querido. Temos Meleca para nos fazer companhia, caso a minha companhia não tenha mais valor para você.

— Alicia, você está diferente, muito esquisita e precisamos conversar.

— Conversar sobre o que, Jorge? Sobre onde é o lugar dos empregados, ou onde não é mais meu lugar porque você arrumou outra mulher?

Jorge se assustou com a postura descomunal e visivelmente sarcástica de Alice:

— O que aconteceu para você ficar assim?

— Não entendi. Está estranhando não ficar chorando pelos cantos por causa da morte do nosso filho, ou está se esquivando a me responder?

— Está passando dos limites, Alicia. Você não é esta pessoa ríspida que trata uma mulher como Rosemeire como lixo, como também não é a Alicia que fala de Denis sem mel nos lábios.

— Só porque compreendi que Denis agora está com Deus? Eu sei onde Denis está e porque Deus o levou: Foi por nossa culpa, por nossa iniquidade!

— Você só pode estar em transe, Alicia! Já falei para não vir com esta conversa fiada e, se acredita que fomos responsáveis pela morte do Denis, então volte para os que lhe disseram uma barbaridade dessas.

— Jorge, só um cego não quer ver!

— Ou só uma desorientada vê culpas que não existem? Com licença, vou tomar banho.

265

Quando Jorge saiu do banho, Alicia já havia se deitado na cama que era de seu filho. Enquanto isso, ao lado da cama, Denis tentava abraçar Meleca e chorava de tristeza.

Capítulo 43

Na manhã seguinte, Jorge foi à casa de Neusinha, aproximando-se para beijá-la como já era de costume, mas ela se esquivou:

— Jorge, não complique as coisas.

— Estou abismado com sua "flexibilidade". Até ontem vivíamos em um mar de rosas, me chamando de benzão e hoje me recebe como se fosse um estranho!

Neusinha afastou-se, tentou controlar-se, mas não conteve o pranto, preocupando Jorge:

— Amor, nunca vi você chorar. Deus do céu! As coisas precisam ser assim?

Mesmo tropeçando nas palavras, Neusinha esforçava-se para falar:

— Claro que nunca me viu assim, aliás, nunca ninguém me vê assim. Todo mundo pensa que sou indestrutível, inabalável. Tenho de saber lidar com tudo, ser forte, suportar sozinha, tenho de ser a "Neusinhonça"!

Como Neusinha intensificou demasiadamente o pranto, Jorge tentou abraçá-la, mas novamente ela o repudiou com veemência:

— Jorge, pare! Pode pensar que sou de ferro, mas não sou, pode pensar o que quiser, mas não serei o que não sou e não farei o que estiver fora da minha capacidade! Será que pode respeitar meus limites?

— Está bem amor, mas não precisa ficar assim...

— Está chocado de me ver chorando, não é? Pois saiba que ninguém jamais me vê chorando porque sou tão tonta que me contenho para não preocupar ninguém, então se não quer me ver chorar, saia daqui!

Jorge não percebia que Neusinha perdia o controle e insistiu:

— De maneira alguma sairei, deixando você desse jeito. Amor, eu te amo, não sei viver sem você e não tem o direito de fazer isso comigo!

Neusinha explodiu, esbravejando, enquanto ainda chorava:

— Droga! Pare de querer me abraçar, Jorge! Eu te amo também, caramba, mas não posso, não posso, não posso e acabou! Deixe-me em paz, se bem que paz é uma coisa impossível para mim, mas deixe-me sozinha! Eu não devia ter permitido que você soubesse o que eu sinto por você, não devia ter me envolvido com você, um homem casado! Saia daqui, Jorge!

Jorge dirigiu-se à porta e disse enraivecido, antes de sair:

— Sim, sairei, mas saiba que isto não ficará assim!

Logo que saiu, Kelly entrou, sentando-se ao lado de Neusinha que convulsionava em prantos:

— Veio para me julgar também, Kelly?

Kelly tomou a amiga pelo ombro, abraçando-a e, contagiada pela dor, disse emocionada:

— Não vim para julgá-la, vim para chorar com você.

Quando Jorge chegou à usina, fechou-se em sua sala, mas Edvaldo entrou anunciando:

— Aqui está a proposta da subempreiteira que fará a instalação das turbinas. A matriz enviou as especificações para você analisá-las.

— Faltam milhões de anos para chegarmos à fase de instalação das turbinas e já estão pedindo para analisar propostas?

— É que estes contratos grandes demandam planejamento muito antecipado mesmo.

Jorge jogou os documentos de lado maldizendo:

— Deixe aqui que amanhã analisarei.

— Está tudo bem com você?

— Por favor, sente-se, Edvaldo. Preciso conversar.

— Já sei a barra que está enfrentando...

— Você acha que sabe, mas deixe-me lhe contar o que não sabe: Depois de longo e tenebroso inverno, minha mulher surge como um fantasma, com os quatro evangelhos para socar na minha cabeça. Cara, Alicia metralha o nome de Jesus o tempo inteiro! Como isso não bastasse, ganhei uma "Neusinhonça" convertida em mantenedora fiel de ex-mulher doméstica e, em nome da moral e dos bons costumes, se nega a me dar um beijinho sequer. Está bom para você?

— É, Jorge. Mas retifique a ex-mulher, porque, embora você não considere mais Alicia como esposa, ela não sabe de nada.

— Perfeito! Daí quero contar a novidade para Alicia que é ex, mas "Neusinhonça" diz que não olhará mais na minha cara se eu disser para Alicia que não temos mais nada a ver um com o outro. O que faço? Viro um "servo do senhor" junto com Alicia, construo uma usina hidrelétrica sozinho, ou compro uma bike de liga leve?

— Realmente, parece ironia do destino, mas, Jorge, sem brincadeira, já pensou o que pode acontecer se contar para Alicia que as coisas mudaram?

— Estou tão farto disso tudo, só imaginando o que fiz para merecer achar o portal do inferno neste fim de mundo. Custava a Alicia ficar quietinha na casa dos pais? Sei lá... podia ter se casado com um dirigente espiritual, virado religiosa em missão universal, fazendo obras de caridade em países da África, mas não: Tinha que vir para cá para me salvar das coisas do mundo e tentar me redimir dos pecados que levaram à morte do nosso filho! E, detalhe: Ela está aqui há apenas dois dias!

— Nem sei o que lhe dizer, Jorge, mas a única coisa a fazer agora é dar um tempo, porque não adianta torturar-se.

— Disso não tenho dúvidas. Antes de vir para cá, estive com a Neusinha. Cara, ela surtou. Pense numa onça chorando e esbravejando. Anteontem, eram arranhões nas costas e prazer, hoje quase me esquartejou com as garras para eu não chegar perto.

— Já que o momento é de pura reflexão, bom, se já vimos uma onça vomitar, vê-la chorar é algo que enternece o coração.

— O que Alicia poderia fazer se soubesse o que aconteceu enquanto estivera ausente?

— Impossível prever. Fiz essa mesma pergunta para a Kelly e ela acha que Alicia pode se matar.

— Essas mulheres são extremistas, dramáticas e capazes de tudo. Dá para ser feliz desse jeito?

— Como você mesmo disse, mesmo neste fim de mundo, somos passíveis de problemas.

— Não me venha com conversa mole! Estou começando a sentir inveja de você que não tem problema algum.

— Por enquanto! Ainda não casei, não tive filhos. A gente não sabe o dia de amanhã.

— Verdade. Quando a gente começa a pensar na vida, chega à conclusão que estamos aqui para cumprir alguma coisa que desconhecemos.

— Isso mesmo! A gente pensa que um índio no meio do mato leva uma vida de rei, até levar uma mordida de cobra venenosa e não ter antídoto para livrá-lo da morte certa.

Alicia procurou Rosemeire:
— Queria me desculpar por ontem. Fui ríspida com você.
— Não tem problema, Alicia. Não fiquei magoada com você, pois entendo como é se sentir insegura.
— Mas quem disse que me sinto insegura? Com Jesus no coração, mil cairão e não me atingirão! Tudo posso naquele que me fortalece!

— Isso mesmo, Alicia, desculpe, mas, com licença, hoje é dia de passar roupas e quero terminar logo para deixar você e o senhor Jorge à vontade.

— Está mentindo, Rosemeire. Disse que não ficou magoada, mas ficou.

Rosemeire colocou o cesto de roupas no chão e disse irritada:

— Está novamente me chamando de mentirosa. Se disser outra vez, sairei de sua casa agora mesmo!

— Você não era melindrosa desse jeito. O que aconteceu?

— Nunca fui melindrosa, aliás, sempre lhe tive consideração porque me proporcionou felicidade, mas tudo mudou, Alicia! Você não é mais a patroa e amiga de antes.

— Jesus disse que o reino dos céus é dos mansos e humildes. Onde está sua mansuetude e sua humildade, Rosemeire?

— No mesmo lugar onde está seu julgamento em relação a mim, Alicia. Quantas vezes acredita que deva lhe dar a outra face? Sou agradecida por tudo o que fez por mim e Sabrina, sinto prazer em trabalhar para você, mas isto não significa que pode cobrar mansuetude, insinuando declaradamente que sou mentirosa!

— Acho mesmo que está confundindo as coisas. Você que não é mais a mesma e não está se colocando no seu lugar.

— Alicia, se preferir, posso sair de sua casa agora e sempre terei carinho por você e pelo senhor Jorge. Você quer?

— Isto é chantagem, Rosemeire! Vai me deixar com este cesto enorme de roupas e a casa inteira para arrumar, só porque se julga dona da casa?

Rosemeire pensou em deixar Alicia falando sozinha, mas percebendo seus problemas atuais, decidiu conversar:

— Lembra-se de quando convenceu seu marido a me contratar e, no mesmo dia, eu e Sabrina nos mudamos para sua casa?

— Sim, claro que me lembro, e daí?

— Com a felicidade daquele dia prometi a mim mesma que tudo que fizesse para você, seria com amor e dedicação, além de renunciar a mim mesma se fosse preciso para ver sua felicidade, para agora ser tachada de mentirosa e ser digna de sua indiferença? Acha mesmo que tenho intenção de lhe chantagear? Por favor, pense direito...

Alicia ruminou por instantes e respondeu:

— Está bem, Rosemeire. Acho que peguei um pouco pesado. Você não é mentirosa, sempre foi amiga leal, mas sabe como é, o inimigo sempre estará à espreita, aguardando o momento propício para agir. O dirigente Adamastor sempre orienta para estarmos vigilantes.

— Você confia em mim, Alicia?

— Digamos que confio. E daí?

— Se confia mesmo, posso desabafar uma coisa que está me apertando o coração porque gosto de você?

— Sim, pode confessar se sabe sobre o envolvimento de Jorge com alguém que lhe compreenderei porque escondeu.

— Jesus do céu! Você está tão obcecada com isso que não para de pensar!

— Não diga o santo nome em vão.

— E você não repete a todo o momento o nome de Jesus, Alicia?

— Mas nunca é em vão. Digo o nome santo apenas para o louvar!

— Agora posso falar o que me aperta o coração, Alicia?

— Está bem, diga logo!

— Alicia, este dirigente enfiou um monte de caraminholas na sua cabeça e você está se deixando levar. Vai dizer que estou possuída pelo inimigo para dizer isso?

— Você não sabe o que está dizendo. Conhece por acaso o senhor Adamastor para dizer isso?

— E ele conhece a gente para fazer você pensar a todo o momento que está com o inimigo no seu cangote? Alicia, você está se transformando em uma fanática!

— Melhor não falarmos nisso porque, só de ouvir, me ofendo por aquele homem santo que é o senhor Adamastor.

— Alicia, quer saber? Vou trabalhar que ganho mais! Com licença.

Contrariada, Alicia colocou a coleira em Meleca e a levou para passear.

Capítulo 44

Duas semanas se passaram após o retorno de Alicia.

Kelly estava com Neusinha em campo aberto na quinta tentativa de soltar a arara.

— Vamos, Kelly. Coloque a luva de couro e quando abrir a gaiola, correremos atrás torcendo para ela voar, mas se isto não acontecer, já sabe o que fazer.

— Por que essa parte sempre sobra para mim? Por que não posso abrir a gaiola e você captura a arara, caso não consiga voar? Da última vez que tentamos quase me matei de tanto correr.

— Meus antecedentes me entregam, sou desastrada demais. Você quase se matou de tanto correr e eu poderia matar a pobre ave sem querer.

— Verdade. É capaz de quebrar a pobre ao meio. Esquece, pode deixar que farei o trabalho sujo.

— Não entendo porque só sabe reclamar! Fique longe e tenha pensamento positivo!

Neusinha abriu a porta da grande gaiola. A arara deu alguns passos em falso, abriu as asas e desconcertada ajustou o voo para sumir na floresta.

— Obrigada, Deus. Que lindo ver isto acontecer — agradeceu Neusinha, seguida de Kelly:

— Amém! Ainda bem que ela conseguiu. Tomara que encontre seu bando e não tenha esquecido como faz para procurar comida.

— Parece a gente, não é Kelly?

— Sim. É colorida, linda, mas se botar o dedo na frente, a gente arranca.

— Quis dizer sobre encontrar o bando, sua tonta — riu Neusinha.

— Ah, ah, ah. Eu sei, queridinha. Só estava tirando uma com a sua cara, mas esta filosofia está com ar de "ai que saudade do Jorge"...

— Não estou falando de cara-metade, estou falando de bando. A gente nasce, cresce, voa, quebra as asas, se recupera e voa em busca do bando, deixando para trás quem ajudou a gente a se recuperar.

— Ainda sinto que o protagonista desta história ainda é a cara-metade.

— Estou pensando em visitar a Alicia amanhã. Você vem comigo?

— Não precisa visitar a Alicia, Neusinha. Se quiser, posso espetar você com agulhas, ou queimar a planta dos seus pés com brasas do forno a lenha, é só pedir. Quer agora?

— Você não acredita que amo a Alicia, não é, Kelly?

— Sim, claro que acredito, mas também ama o marido dela. Para que se torturar?

— Tenho certeza de que Alicia só não veio nos ver porque não teve oportunidade.

— Não basta ser amiga, tem que enfiar o dedo na ferida, não é, Neusinha? Tudo bem, eu vou com você.

Quando chegaram ao acampamento, um dos homens anunciou:

— Neusinha, tem um cara na sua porta que procura por você.

— É do IBAMA?

— Não. Ele disse que é velho conhecido e que queria fazer uma surpresa para você, por isso não disse o nome.

— Como chegou? Trouxe bagagem?

— Chegou de táxi e está com duas mochilas grandes.

— Acompanhe a gente, pois não imagino quem pode ser e precisamos tomar cuidado.

Quando Neusinha se aproximou de sua casa, levou um susto e, com queixo caído, dispensou o homem que a acompanhou, orientou Kelly que também fosse para sua casa.

— Não vou para casa se não disser quem é o cara, Neusinha.

— É um fantasma, Kelly... o Roberto, meu ex-noivo.

— Minha nossa! O que veio fazer aqui?

— Saberei daqui a instantes e se você ouvir um porco gritando, acenda o forno a lenha porque virarei carnívora e o comerei assado com mandioca frita.

— Neusinha, vá com calma. Se precisar de mim, chame.

Neusinha chegou à sua casa e sem mesmo cumprimentar, perguntou:

— O que faz aqui, Roberto?

— Posso lhe dar um abraço?

— Não. Responda, o que faz aqui.

— Você não mudou nada, não é Neusinha? Podemos pelo menos conversar dentro de sua casa?

— Com licença para eu abrir a porta, mas nem entre com as mochilas. Deixe-as aí fora.

Quando entraram, Neusinha esperou explicações de braços cruzados:

— Diga o que faz aqui, Roberto.

— Vim para me casar com você.

Indignada, Neusinha balançou a cabeça para dizer:

— Não é possível! Ouve algum vazamento de gás hilariante que não fiquei sabendo?

Roberto tentou aproximar-se, mas Neusinha o repudiou:

276

— Nem chegue perto, Roberto! Veio sem avisar depois de tanto tempo trazendo mala e cuia. Vá embora do mesmo jeito que chegou!

— Meu amor. Quis lhe fazer surpresa porque sinceramente achei que esperasse por mim, mas vejo que não fiz bem de largar tudo para trás e vir ao seu encontro para me redimir.

— Redimir do que, Roberto? Conversamos muito antes de eu vir para cá, aliás, como descobriu este cafundó do Judas?

— Seus pais me forneceram a localização. Esqueceu-se de que seus pais me adoram? Eles ficaram felizes em saber que vinha para pedi-la em casamento.

— Não me admiro de eles imaginarem que eu quisesse ver sua cara, mas me admira mais o fato de você se prestar a isso. O que deu em você, Roberto? Ficou louco?

— Todos esses anos serviram para eu perceber que sem você a vida não tem sentido, Neusinha. Fui contra quando você passou no concurso, vindo para cá, mas qualquer um no meu lugar seria contra. Namorei outras mulheres e até noivei novamente, mas desisti porque jamais consegui amar alguém como amo você.

— Sim, muito romântico e estou quase chorando, mas nenhum telefonema, nada que pudesse supor que você pensasse em mim e de repente surge querendo se casar comigo. Acho mesmo é que você enlouqueceu. Passou pela sua cabeça que eu não estava sozinha?

— Eu sabia que estaria sozinha porque nascemos um para o outro e não adianta fugir, pois onde quer que estejamos, se estivermos separados, a vida não tem sentido, não tem razão de ser. Diga se não é verdade.

— Digo e não peço desculpas por decepcioná-lo: Não é verdade! Não sinto mais o que sentia, então lhe darei uma carona à cidade, você tomará um ônibus até a capital e se não encontrar voo para hoje, poderá se hospedar num hotel para voltar para sua casa.

— Neusinha, não pode fazer isso comigo!

— Tanto posso, que farei!

— Estou cansado da viagem, me perdi naquela cidade que só tem ruas de terra, andei por duas horas até encontrar o centro. Deixe-me descansar primeiro, então...

— Eu vou deixá-lo no hotel, não tem choro nem vela e...

Neusinha pensou por instantes e mudou de ideia:

— E pensando bem você me será útil. Deixarei você ficar aqui esta semana, mas que fique bem claro: Você dorme no sofá, entendeu?

— Entendi. Na falta de opção dormirei até no chão, mas não posso voltar agora, inclusive porque não tenho dinheiro para pagar a passagem.

— Fique tranquilo que lhe dou o dinheiro da passagem, mas assim que eu for à cidade, levarei você, estamos combinados?

— Se é assim que quer tudo bem, mas se mudar de ideia, saiba que ainda a amo.

— Tire isso da cabeça, Roberto. Eu não o amo.

Neusinha foi até a casa de Kelly para contar-lhe a novidade, causando indignação na amiga:

— Não acredito que você deixará esse maluco em sua casa para Jorge acreditar que está com ele! Perdeu a noção do perigo, Neusinha? Isso pode acabar em morte!

— Que nada, Kelly. Estamos lidando com meninos civilizados.

— Jorge não aceitará isso, Neusinha. Quando souber que tudo não passa de mentira para mantê-lo afastado, vai se revoltar com você e contará tudo para Alicia.

— Jorge não fará isso porque conduzirei essa história da melhor forma possível. Quando ele vier à minha casa amanhã não me encontrará porque iremos mais cedo ao vilarejo para não cruzar com ele na estradinha e, assim que ele sair de casa, visitaremos Alicia.

— Não pensa no que ele fará quando encontrar o Roberto em sua casa?

— Ficará contrariado, enraivecido, enfiará o rabo no meio das pernas e irá para a usina. É isso o que acontecerá.

— Como pode ter tanta certeza?

— Jorge é homem fino e não se submeteria a humilhações para evidenciar o orgulho ferido.

— Neusinha, você ama o Jorge?

— Sim. Mas amo Alicia também, como se fosse minha irmã e por mais que a renúncia me doa, pode dizer o que quiser, estarei agindo de acordo com minha consciência. Alicia precisa mais de Jorge que eu.

— Meu Deus! Sinceramente, fico estarrecida de ver do que você é capaz quando quer algo. Pelo menos deixe os homens alertas, para o caso de acontecer alguma discussão que acabe em violência entre Jorge e Roberto.

— Já falei com eles. Disse que iremos à cidade para fazer compras e que é para ficarem alertas em relação ao Roberto, que é um estranho, sendo assim, se acontecer algo que você supõe, nem preciso falar do Jorge, porque se ele surtar, certamente intervirão.

— Entre nós, me diga: Você sentiu algo quando conversou com o Roberto?

— Senti saudade do Jorge. Lembrando-me do quanto pensava que amava Roberto, vi que não tinha nada a ver, que não o amava coisa alguma, pois meu amor por Jorge é verdadeiro, tanto que sou capaz de renunciar para que seja feliz e esta certamente é a maior prova de que o amor que sinto por ele é verdadeiro.

— Contraditório isso. Está renunciando o Jorge pela Alicia, pois pelo Jorge isso que você chama de renúncia, para ele representa desprezo.

— Diz isso porque você considera apenas o que sentimos um pelo outro, mas não pensou o que pode acontecer à consciência dele se Alicia fizer uma besteira por causa do que sentimos. Isto não tem nada a ver com falsa moral, é por

Alicia e pelo Jorge. Meu sofrimento voluntário não é questão de grandeza moral, é de caráter mesmo, pois colocando todos os pingos nos "is", Alicia é a esposa legítima de Jorge, não eu.

Capítulo 45

Enquanto Neusinha chegava à casa de Alicia, Jorge chegava à casa de Neusinha.

Quando Jorge bateu à porta de Neusinha, Roberto atendeu:

— Pois não?

— Quem é você e o que faz aqui?

— Prazer. Meu nome é Roberto e vim passar uns dias na casa de Neusinha. E você?

— Você é parente dela?

— Não sei direito o que sou da Neusinha, mas ex-noivo sei que fui — sorriu Roberto, sem saber que deixava Jorge transtornado.

— Por favor, pode chamar a Neusinha?

— Ela não está. Saiu com a amiga e não disse aonde ia, mas ainda não disse seu nome.

— Sabe que horas ela voltará?

— Não sei, porque quando acordei, ela já não estava.

— Você dormiu aqui?

— Sim, por quê?

Jorge saiu a passos largos em direção à casa de Kelly, bateu na porta e percebendo que ninguém atendeu, dirigiu-se ao vizinho:

— Por favor, sabe para onde a Kelly foi e a que horas chega?

— Oi, Jorge, tudo bem contigo? Anda sumido, por quê?

— Tenho andado ocupado ultimamente — disfarçou Jorge, despedindo-se rapidamente, seguindo em disparada para a usina, entrando esbaforido na sala de Edvaldo:

— Você foi à casa de Kelly antes de vir para cá?

— Fui, mas ela não estava, mas já sei por que você entrou sem bom-dia na bagagem. Passou na casa de Neusinha e encontrou o tal Roberto, não é?

— O cara disse que é ex-noivo da Neusinha e que dormiu lá. O que sabe sobre isso?

— Ontem a Kelly me disse que o cara surgiu do nada e... meu amigo: Sente-se.

— Não preciso me sentar. Não faça mistério e diga logo o que sabe.

— O cara surgiu do nada dizendo que veio pedir Neusinha em casamento.

— Quebrarei a cara desse infeliz! Explique isso direito, Edvaldo!

— Sei tanto quanto você e não adianta você ficar desse jeito.

— Queria que ficasse como? Há poucos dias Neusinha se deitava comigo e agora se deita com o ex-noivo! Estamos falando da mesma pessoa?

— Ei! Quem disse que Neusinha se deitou com o cara?

— Ele disse para mim que dormiu lá e só não lhe dei umas bordoadas porque queria saber exatamente em que estava batendo!

— Então pode tirar seu cavalinho da chuva porque nem a Kelly está entendendo o que se passa.

— Neusinha não estava e Kelly também não. Sabe se saíram juntas? Para onde foram?

— Se soubesse, já teria dito.

— Vou lá agora mesmo saber qual é a desse cara!

Jorge saiu em direção ao carro e Edvaldo foi atrás:

— Jorge, ouça, por favor, não faça isso.

— Por que não?

— Óbvio! Vai se expor desse jeito sem saber o que está acontecendo? E se o cara veio trazer uma notícia de morte? E se veio trazer notícia de doença na família de Neusinha? Você não sabe o que está acontecendo.

— Se fosse qualquer coisa, teriam dado a notícia por telefone!

— Mesmo assim, Jorge. Não vá, porque poderá pagar mico sem saber. Deixe que hoje mesmo depois do expediente vou tentar saber da Kelly o que aconteceu, porque ontem ela também estava transtornada e ameaçou me botar para fora se eu perguntasse mais uma vez sobre o que está acontecendo na casa de Neusinha.

— Edvaldo, vá agora mesmo, porque senão vou eu.

— Preciso receber materiais que vem da siderúrgica.

— Deixe que eu mesmo recebo. Faça isso. Por favor, vá! Estou lhe pedindo.

— E se a Kelly ficar fora o dia todo? Ficarei lá plantado o dia todo sem fazer nada?

Jorge deu partida no carro e Edvaldo disse:

— Está bem, Jorge. Eu vou. E fique aí então, mas preciso lhe passar os pedidos para conferir. Venha até minha sala que lhe passarei e em seguida farei o que quer.

Na casa de Alicia, Kelly conversava com ela, enquanto Neusinha acariciava Meleca inquieta em seu colo, porque Denis a instigava em pensamento:

— Saia do colo dessa cara de pau, Meleca! Ela se deita com o papai e aparece para ver a mamãe como se nada tivesse acontecido!

Alicia concluía:

— Então é isso: meus pais não aceitam que mudei de religião e me tratam agora como se fosse uma intrusa.

Sabrina entrou e cumprimentou Neusinha e Kelly com alegria, dizendo apenas um bom-dia para Alicia e dirigiu-se à cozinha, para junto de Rosemeire que preparava o almoço.

Kelly pediu licença e pretextou ir tomar água, perguntando à Sabrina:

— Está tudo muito estranho por aqui. Por que não ficou com a gente, como sempre fica?

Rosemeire ouviu e lançou um olhar para Sabrina calar-se, mas ela não calou:

— Direi a verdade, mainha: É que empregados agora ficam em lugar separado dos donos desta casa.

— Não entendi, Sabrina. Explique isso direito.

Rosemeire tomou a palavra para dizer com entonação de mágoa:

— Alicia mudou da água para o vinho depois que encontrou Jesus. Agora dispensa nossa presença e Sabrina tem medo de ficar perto de vocês, porque é capaz da Alicia colocá-la para fora.

— Meu Deus... percebi que as conversas da Alicia estão estranhas mesmo. Será que ela endoidou de vez?

— Não sei — emendou Sabrina — só sei que Alicia me mede de cima abaixo cada vez que passo perto dela, como se estivesse incomodando.

— Isso sem contar que deu para me chamar abertamente de mentirosa, porque supõe que eu saiba sobre alguma infidelidade do senhor Jorge e não conto para ela. Quase já sai desta casa, mas não fiz isso ainda em consideração ao senhor Jorge — rematou Rosemeire enquanto Alicia cercava Neusinha na sala, falando baixinho:

— Por que demorou tanto para vir? Estava louca de vontade de falar em particular com você.

— Alicia, por que está falando desse jeito? Você está estranha...

— Estou cansada de todo mundo dizer que estou estranha, esquisita, esquizofrênica. Não estou nada disso. Apenas estou desconfiada do Jorge.

— Por que, Alicia?

— Faz duas semanas que cheguei e Jorge não me procura na cama, aliás, nem liga de eu estar dormindo no quarto que era do Denis.

— O que está esperando para vestir uma roupa sensual e invadir o quarto dele com chicote e brinquedinhos?

— Neusinha, isto é coisa de mulheres da vida! Entrar no quarto do marido para procurar sexo com ele é bancar a Eva comendo a maçã.

Neusinha irritou-se:

— Antes você era uma pervertida voraz, sei porque me contava e agora virou puritana cheia de não-me-toques, Alicia? E, cá entre nós, se a Eva comeu a maçã, graças a Deus, caso contrário não estaríamos aqui!

— Neusinha! Isto é blasfêmia!

— Que blasfêmia coisa nenhuma, mulher! Blasfêmia é fazer debaixo das cobertas pensando no Senhor que está nos céus! Deixe o Senhor lá nos céus porque nós estamos aqui embaixo e de preferência que seja sem lençóis, com muitos adereços para fazer a brincadeira ficar mais gostosa!

— Isto que está falando é baixaria. É coisa do demônio!

— Está falando sério? Tem certeza de que é com a Alicia mesmo que estou conversando, ou você está possuída por algum anjo que caiu do céu? Se estiver "sai deste corpo que não te pertence!" Não posso acreditar que ficou tão bitolada deste jeito!

— Não discutirei isto agora com você. Quero aproveitar que a Kelly está na cozinha porque quero saber de você que confio: Jorge teve algum relacionamento enquanto estive fora?

Neusinha baixou a cabeça pensando no que dizer, causando ansiedade em Alicia:

— Responda logo antes que a Kelly chegue! Sei que você não mentirá para mim.

Neusinha continuou cabisbaixa e Alicia prosseguiu:

— Se demora a responder é porque teve! Diga logo, Neusinha, ou mentirá para mim também? Eu tenho o direito de saber! — exigiu Alicia, irritando novamente Neusinha:

— Cale a boca, Alicia! Estou pensando na resposta caramba!

Alicia ficou atônita, Neusinha friccionou o rosto com as mãos, fechou os olhos e disse:

285

— Desculpe, Alicia! Desculpe! Não tem jeito. Vou te contar toda a verdade...

— Diga logo! Estou esperando!

Sabrina despontou à porta convidando:

— Senhora Alicia. É para a mainha servir o almoço na sala de jantar, ou na cozinha?

Tensa, Alicia se descontrolou gritando:

— Que coloque no inferno, menina! Não vê que estou conversando?

Sabrina saiu chorando para sua casa, Rosemeire foi atrás dela e, enquanto Alicia se dava conta da lastimável atitude, levando as mãos à cabeça, Neusinha aproximou-se dela embasbacada:

— Alicia, o que você fez? Não acredito...

Alicia começou a chorar, mas cessou de repente, de olhos vidrados em Neusinha:

— Termine de dizer: Quem é a vagabunda?

Neusinha, enfurecida, encarou Alicia e gritou:

— A vagabunda sou eu!

Kelly meteu-se entre as duas:

— Calma, gente! Alicia, a Neusinha está transtornada, tanto quanto eu, por você ter sido capaz de tal atitude com uma menina tão doce como a Sabrina...

Caindo em si, Alicia largou-se no sofá debulhando-se em lágrimas. Neusinha tentou se recompor, afastando-se e também se largou em uma poltrona, enquanto Kelly sentou-se ao lado de Alicia, abraçando-a para acalmá-la:

— Fique aqui que vou lhe trazer um copo de água com açúcar, mas prometa que vai se acalmar.

— Jesus... Sabrina nunca irá me perdoar...

Comovida, Neusinha sentou-se ao lado de Alicia e começou a chorar, abraçando-a:

— Desculpe eu ter gritado com você, Alicia, mas não suportei vê-la agir daquela maneira grosseira com a Sabrina...

Aos soluços, Alicia agarrou Neusinha, chorando e gritando:

— A minha vida acabou depois que o Denis se foi e agora não sirvo nem para ser mulher do Jorge. Eu quero morrer...

Denis não suportou ver a mãe naquele estado e saiu em
disparada, chorando em direção à floresta.

Capítulo 46

A caminho da floresta, uma entidade feminina aproximou-se de Denis dizendo -lhe com carinho:

— Querido, percebeu que não bloqueou a sua visão espiritual?

— Daqui para frente não fugirei mais, pois de nada adianta, se o mal está nos dois planos.

— É verdade. Em todo caso, não chore. Sei que está triste por ver sua mãe sofrer, mas de algum jeito ela vai se recuperar e, quando você estiver de fato conosco, verá que tudo valeu a pena.

— Você é alguma protetora? Por que está me seguindo?

— Não sou protetora, sou apenas alguém que respeita sua decisão de não querer assumir que a sua vida na Terra acabou e, assim como você, me sinto sozinha também.

— Onde você vivia antes? Diga qual seu nome.

— Você não conhece. Nesta última vida morava no Afeganistão e meu nome é Asifa.

— O que fazia no Afeganistão?

— Trabalhei em nome de Alá, que no Ocidente se chama Deus.

— Mas por que nomes diferentes se sempre ouvi dizer que Deus é um só?

— É que uns têm uma forma distorcida de denominação. Seu pai se diz um homem de Deus e vê só o que ele fez com sua mãe? Se fosse Alá, se tivesse sido criado para servir Alá, nada disso teria acontecido.

— E agora, o que você faz?

— Continuo servindo Alá, mas o meu líder agora se chama Charles.

— O que faz para Charles?

— Levo para ele pessoas que possuam energias para melhorar nosso exército do verdadeiro bem.

— Esse nome não me é estranho. Teve um sujeito que queria me levar para conhecer um Charles, dizendo que era antigo amigo meu. Seria ele mesmo?

— Sim, é. Percebeu que vivemos num mundo de faz-de--conta, onde alguns se apresentam como anjos protetores, usando palavras doces e querendo nos levar para outro lugar?

— Sim, mas vou onde quero, por isso não vou a lugar algum!

— Pois é. Mestre Charles respeita isso, não obriga ninguém a nada e por esse motivo esses que se dizem protetores não gostam do mestre.

— Este mestre é único aqui na Terra?

— Não. Existem muitos outros, mas a gente escolhe quem quer servir. Sirvo o mestre porque tenho afinidade com os objetivos dele. Quer conhecê-lo? Irá gostar de conversar com ele.

Jurema surgiu por trás de Asifa que desapareceu diante dos olhos de Denis, causando-lhe estranheza:

— Oi, Jurema. Por que a mulher sumiu? Ela não gosta de você?

— Sou eu que não gosto dela e de muitos iguais à ela.

— Ela me pareceu legal. Por que não gosta dela?

— Você ainda não consegue identificar quem é quem em nosso plano, não devia confiar em qualquer pessoa que surge com voz doce.

— Engraçado que ela me falou a mesma coisa... E também me falou coisas que fazem sentido. Todos que vêm falar comigo querem me levar daqui. Ela pelo menos não quis me obrigar...

— Esta mulher é um espírito das trevas, Denis.
— E daí? Já vi muitos filmes sobre as trevas quando era vivo e nem todos são ruins.
— Este não é um filme, é a vida real.
— Um triste filme que tenho assistido, diga-se de passagem. Tenho assistido ao sofrimento de minha mãe.
— Ninguém é capaz de assistir a um filme aqui. Você está vivendo um sofrimento que não é seu, porque não assume a própria vida que possui agora. Em todo caso, o que faz aqui?
— Não suportei ver o sofrimento de minha mãe e sai correndo. E você, como me achou?
— Estou conectada a tudo o que acontece na floresta e senti as vibrações trevosas daquela mulher que estava com você há pouco. Preciso ir.
— Queria lhe pedir para ir com você, mas estou muito chateado e... É muito chato o que você faz.
— E quem disse que quero levar você? Recomendo apenas que tome cuidado.

Neusinha e Kelly acompanharam Alicia à casa de Rosemeire.
Depois de conversar a sós com Sabrina, Alicia saiu abraçada com ela de seu quarto e quando todos saíram, Rosemeire perguntou para sua filha:
— O que a Alicia lhe falou?
— Pediu desculpas, dizendo que misturou tudo. Disse que depois que o Denis partiu, a vida dela não tem mais sentido, que andava desconfiada do senhor Jorge, que estava estressada com tudo isso, enfim, mainha, tudo o que a gente já sabe.
— Acho que Alicia só lhe pediu desculpas porque não quer ficar com as tarefas domésticas, que para ela são torturantes.
— Senti sinceridade nela, mainha. Acho que se machucou sem querer sendo estúpida comigo, mas uma coisa me deixou intrigada...

— Eu não confio mais na Alicia, mas o que deixou você intrigada?

— Antes de ela voltar, o senhor Jorge dormia fora quase todos os dias e aos fins de semana ele sumia. Será que arrumou mesmo uma amante como a senhora Alicia desconfia?

— Sim e tenho quase certeza de que foi a Neusinha.

— Como pode? O que eu perdi que a mainha não perdeu?

— Juntei os pedacinhos, Sabrina. Depois daquela noite que o marido da Alicia foi pela primeira vez à cidade para se divertir, ouvi algumas conversas do senhor Edvaldo quando ia à casa do senhor Jorge. Fingia que não escutava, mas deduzi que a "onça" da qual falavam era a Neusinha.

— Mas não seria muita cara de pau da Neusinha vir à casa da senhora Alicia, se isso for verdade?

— Filha, deste mundo de Deus a gente não sabe de nada e por isso é melhor não julgar.

Neusinha e Kelly despediam-se de Alicia que se justificava:

— Fora meu vexame, eu lhes desejo um ótimo dia. Por favor, voltem mais vezes.

— Não ligue para isso, Alicia — disse Neusinha. — Foi bom ter acontecido tudo isso para você receber um chacoalhão e ver que estava ultrapassando os limites. É perfeitamente compreensível que esteja passando pelo estresse em decorrência do luto do Denis, mas não justifica descontar nos outros, ainda mais em pessoas que tanto a amam e lhe servem.

— É verdade — concordou Alicia —, mas uma coisa ficou na minha cabeça... O que conversamos, Neusinha...

Kelly lançou olhar de preocupação e tentou disfarçar:

— Abandonamos o acampamento o dia todo e deixei um monte de coisas por fazer. Vamos, Neusinha?

Neusinha concordou, abraçou Alicia, mas voltou-se para ela para combinar:

— Semana que vem iremos à cidade. Passaremos o dia juntas e continuaremos aquela conversa.

No caminho, enquanto dirigia, Kelly conversava com Neusinha:

— Ficou louca, Neusinha? Você vai contar tudo sobre o que aconteceu entre você e Jorge enquanto ela estava na casa dos pais?

— Se não acontecesse o que aconteceu há pouco com Sabrina, contaria toda a história. Mas quando for à cidade com ela, vou contar tudo.

— Você viu o estado em que está Alicia e quer dar o tiro de misericórdia na pobre?

— A mentira tem perna curta. Uma hora ou outra ela ficaria sabendo. Agirei com hombridade e revelarei tudo, não importa qual for sua reação, pois não peguei o marido dela emprestado; eu me apaixonei por ele e...

— O que é, Neusinha? Travou? "E" o quê?

— Kelly, eu amo o Jorge...

— Meu Deus. Esse "*love story*" ainda pode acabar em tragédia.

Quando chegaram ao acampamento, Neusinha iria para sua casa, mas Edvaldo a abordou antes de entrar, pedindo para conversarem na casa de Kelly:

— Deve imaginar porque estou aqui, não é? — indagou Edvaldo.

— Eu sei. Jorge pediu que viesse — disse Neusinha.

— Neusinha, eu não tenho nada a ver com sua vida, nem a de Jorge, mas deixei o cara quase maluco me esperando e se eu não viesse, ele mesmo viria para tirar satisfações com o seu ex-noivo. Sinceramente, não sei o que fazer.

— Tinha certeza de que Jorge conversaria com Roberto.

— O que digo para Jorge?

— Diga que vá para casa e que cuide de sua mulher porque ela precisa dele.

— Acho que você não atinou para a gravidade da situação. Jorge periclita o desvario e se não disser algo para convencê-lo a acalmar-se, isto não acabará bem.

— Não sei o que lhe dizer, Edvaldo! A esposa do Jorge é a Alicia, não eu.

— Sim, mas o que digo sobre o seu ex-noivo?

— Desculpe dizer, mas não devo satisfações a Jorge.

Kelly interveio:

— Neusinha, desculpe você! Decerto ficamos todos surpresos com a chegada inesperada da Alicia, assim como a de Roberto, mas isso mexeu com todo mundo e é preciso agir com cautela. Não pode esperar que Jorge aceite tudo numa boa. Ele só não contou para os outros o que houve entre vocês, porque você não quis. Não queremos nos meter na vida de vocês, mas nos preocupamos. Podemos tentar encontrar uma solução de paz?

— Jorge não quer saber de uma solução de paz! Se não der um basta, virá todos os dias "chover no molhado" como vem fazendo desde que Alicia voltou. Você viu o estado de Alicia e penso que a aparição deste fantasma do Roberto veio a calhar.

Edvaldo aproveitou ensejo para indagar:

— Neusinha, não acha muita coincidência em tão pouco tempo que Alicia chegou, seu ex-noivo aparecer? Ele avisou que viria?

— Avisou do mesmo modo que Alicia! — exclamou Neusinha — Até agora tento digerir os acontecimentos assim como vocês, e não estou entendendo nada.

— Posso dar uma sugestão para acalmar os ânimos? — interveio Kelly à Neusinha.

— Diga, porque eu também não sei mais o que fazer.

— Será preciso criar algum tipo de argumento para Jorge parar de se torturar e evitar desatinos. Edvaldo voltará para a usina dando um recado seu de que conversará com ele noutro dia.

— Mas isto representa dar continuidade ao drama, Kelly. Quero manter Jorge afastado, não criar expectativas!

Kelly chamou Neusinha em um canto afastado, pedindo licença para Edvaldo e disse a ela:

— Você não conversará com Alicia na semana que vem fazendo a loucura de revelar a ela o que rolou entre você e Jorge? Dependendo do que acontecer, daí a coisa fluirá de maneira que saiba o que fazer e poderá dar ponto final com Jorge, ou sei lá o que pode acontecer.

Neusinha concordou com a amiga e voltou-se para Edvaldo:

— Pois então diga para o Jorge que mandei um recado para ele: Daqui a duas semanas marcarei um encontro para conversarmos.

Edvaldo retornou à usina e deu o recado, acalmando Jorge.

Capítulo 47

Na semana seguinte, Neusinha chegou à casa de Alicia e foram para a cidade conversando:

— O que fazia além de frequentar este lugar onde disse ter encontrado Jesus?

— Neusinha, não gosto da maneira depreciativa que todo mundo usa para me perguntar sobre a minha religião.

— Desculpe, não foi minha intenção, mas como quero seu bem, queria lhe dar uma sugestão: Pare de mencionar dez palavras bíblicas a cada nove palavras que fala, porque isso incomoda pacas.

— E desde quando as coisas de Deus incomodam? Se incomodarem, é porque a pessoa não é de Deus.

— Para ser de Deus, não precisa dizer todo momento, pois atitudes valem mais que palavras. Isso demonstra claramente anormalidade de pessoas que precisam se agarrar em algo para fugir da realidade, o que no seu caso é compreensível, mas desculpe dizer, você não precisa disso.

— Quer dizer que falar coisas de Deus agora é depreciativo, ou "fora de moda"?

— Não disse isso. Disse que metralhar o tempo todo o nome de Deus é cansativo. Dá para viver de acordo com as próprias crenças sem precisar mostrar o tempo todo para o outro o que lhe faz bem, porque o que incomoda não é ouvir o nome de Deus, mas ver que você tenta fazer isso de maneira a nos impor sua maneira de pensar, se é que me entende. Eu a entendo porque já fui como você, falando sobre vegetarianismo o tempo todo, mas aprendi a ser mais comedida, pois ninguém é obrigado a ser como eu.

— Podemos continuar a conversa que começamos em casa, no dia da confusão?

— Não. Espere estarmos sentadas, porque quero relatar os fatos com calma para você.

— Sabe, Neusinha, você foi a amiga que mais senti falta enquanto estive na casa de meus pais.

— Também senti sua falta, Alicia. Amo você de verdade e sinto um carinho especial.

— Quero revelar uma coisa: Quando vim morar aqui o que me deixou mais feliz foi tê-la conhecido, porque senti a mesma coisa: um carinho especial.

Sentadas à mesa do restaurante, Neusinha perguntou:

— Que almoçar?

— Não. Quero que me diga o que sabe sobre Jorge. É para isso que vim.

— Certamente. Neste lugar à noite funciona um barzinho onde as pessoas vêm se divertir. Um dia Edvaldo convenceu Jorge a sair um pouco de casa e neste mesmo dia eu também vim.

Depois de expor todos os fatos, Neusinha finalizou:

— Desde então eu e Jorge passamos a nos encontrar e mantivemos secretamente um relacionamento.

Repentinamente, Alicia deu um tapa no rosto de Neusinha, assustando-se com a própria atitude que tomou por impulso.

— Ai, meu Deus... eu fiz isso...

Serenamente, Neusinha disse, suavizando a dor que sentiu:

— Agora você voltou a ser a Alicia que conheço. Não tem problema, eu entendo porque agiria do mesmo modo.

— Neusinha, jamais esperaria isso de você.

— Eu também não.

— Cale a boca, Neusinha, senão quebro uma cadeira nas suas costas!

Neusinha calou-se, enquanto Alicia fez o mesmo, buscando palavras para expor sua indignação:

— Adultério cometido pela minha melhor amiga. E Jorge... como pôde? Neusinha, você é uma traidora, pecadora, safada, pilantra!

As palavras em alto tom de voz atraíram a atenção dos que estavam nas mesas à volta, fazendo que Alicia percebesse e falasse mais baixo:

— Você não diz nada? Assume o adultério passivamente como se tivesse razão no que fez?

— Você disse para eu calar a boca. Agora posso falar?

— Não, Neusinha. Continue quieta! Você não tem argumentos para se defender!

Neusinha calou-se novamente e Alicia continuou:

— Deus do céu... Denis adorava você e a admirava pelo que fazia pelos animais, até tornou-se vegetariano por sua causa... Ele morre tragicamente e eu, para não tirar a própria vida, praticamente fugi para a casa de meus pais e você aproveitou o momento frágil pelo qual passávamos para se deitar com o meu marido, e ainda tem a cara de pau de dizer isso assim, deslavadamente? Neusinha, isso que você fez não tem perdão.

Observando Neusinha de cabeça baixa, Alicia exigiu:

— Olhe nos meus olhos e me diga por que fez isso comigo.

Neusinha levantou a cabeça e disse com sinceridade:

— Eu não quis, de modo algum, trair você, Alicia. Eu e Jorge nos apaixonamos. Eu amo o Jorge.

— Jorge não teve um pingo de consciência também. Ele me enganou esse tempo todo e não me deu opção, porque a distância foi mais fácil me trair, não é?

— Não, Alicia. Jorge quis telefonar e lhe revelar o que aconteceu, mas eu não deixei.

— Não deixou por que, safada? Era mais gostoso eu não ficar sabendo?

— Nada disso. Fiquei preocupada com sua reação. Embora pense que agi com leviandade, não foi assim. Eu mesma não sei explicar como pude me apaixonar tão rapidamente por Jorge. Não estou mentindo, Alicia. Realmente fui dominada por um sentimento absurdo que não pude controlar e, ao mesmo tempo, me desesperei. Sabe, eu não queria que você soubesse, porque estava de luto pelo Denis e iria se entristecer ainda mais.

— Quer que eu acredite que não resistiu ao meu marido, que não deixou ele me contar porque sentiu pena de mim?

— Quero que acredite que não resisti ao que senti por Jorge, mas que não deixei ele lhe contar porque acreditei poder me libertar deste sentimento em consideração ao que sinto por você.

Neusinha começou a chorar silenciosamente. Alicia continuou:

— Só posso crer que sinta inveja do meu casamento porque é uma recalcada, infeliz e sozinha neste meio do mato dos infernos! Como quer que eu acredite que tenha alguma consideração por mim, se fez pelas minhas costas, aproveitando que eu estava fora para se deitar com meu marido?

— Estou aqui na sua frente contando para você. Pensa que fui à sua casa para curtir com sua cara, Alicia? Acha mesmo que, se não fosse verdade o que lhe disse, estaria aqui lhe confessando tudo?

As questões caíram como bomba na interpretação de Alicia que permaneceu estática por instantes, tentando encontrar respostas. Diante de Neusinha, que segurava o pranto, disse:

— Estou me sentindo duplamente traída, porque nem Rosemeire me contou...

— Rosemeire não sabia. Os únicos que sabiam eram Kelly e Edvaldo.

— Só sei dizer que não esperava isso de você e não encontro palavras para expressar minha decepção.

Neste momento, Neusinha observou a foto de Roberto numa reportagem local que passava num televisor à sua frente, fazendo-a pedir licença para Alicia, levantando-se e aproximando-se do aparelho, pedindo:

— Por favor, dá para aumentar o volume?

Com a exposição repetida da foto de Roberto, Neusinha ouviu abismada:

— Roberto está foragido. A polícia espera, com a divulgação das fotos, que o estelionatário criminoso seja denunciado.

Neusinha desesperou-se:

— Deus do céu! Alicia, preciso ir até a polícia. Vamos.

Na delegacia, após colher o relato de Neusinha, o delegado apurou confirmando o fato e uma diligência seguiu ao acampamento dando voz de prisão a Roberto que se entregou sem resistência.

Por segurança, o delegado só liberou Neusinha e Alicia depois que Roberto foi levado e detido na delegacia.

Neusinha levou Alicia para casa. No trajeto, Alicia pediu:

— Esta conversa ainda não terminou. Pelos acontecimentos de hoje, eu também não estou em condições de prosseguir, mas quero lhe pedir que não comente com ninguém que tivemos esta conversa.

— Edvaldo e Kelly já sabem, porque disse a eles que contaria para você.

— Jorge, Rosemeire e Sabrina sabem que conversaria comigo?

— Não.

— Então peça para Edvaldo não comentar nada com o Jorge. Pode fazer isso, por favor?

— Sim, pedirei, mas por que quer assim? O que pretende fazer?

— Não sei, estou confusa e queria pensar, mas preciso conversar com você primeiro.

— Alicia, só farei o que pede se me provar que está bem, porque, depois de eu ter abrigado um estelionatário foragido em minha casa só para me livrar da sanha do Jorge, não quero ser responsável por mais desgraças.

— Claro que não estou bem, mas não farei nenhuma besteira. Pode ficar tranquila.

— Olhe para mim e responda: Conseguirá ficar sob o mesmo teto com Jorge sem cometer nenhuma besteira?

— Já disse que sim, prometo.

Como Jorge já tinha chegado em casa, ao ouvir barulho de carro se aproximando, saiu em direção ao portão. Ao observar a aproximação de Neusinha com Alicia, quis saber:

— Neusinha, eu soube dos acontecimentos. O rapaz que estava com você era mesmo procurado pela polícia?

— Alicia lhe contará em detalhes. Preciso ir porque estou exausta.

Alicia desceu do carro e Neusinha retornou à sua casa.

Capítulo 48

Profundamente ressentida com Jorge, Alicia restringiu-se a cumprimentos por educação, causando desconfiança no esposo:

— Não entendi ter ido à cidade com Neusinha. O que fizeram?

— Fui espairecer um pouco. Por quê?

— Desde que cheguei você sequer dirigiu uma palavra para mim.

— Ainda estou chocada com o que aconteceu à Neusinha — disfarçou Alicia.

— Confesso que também fiquei chocado.

Alicia aproveitou o momento para lançar indiretas:

— É muito difícil quando esperamos algo de alguém e descobrimos que a pessoa não era o que se mostrava ser.

— Verdade. Ainda mais quando possuiu um relacionamento tão próximo. Deve ser difícil para Neusinha enxergar o ex-noivo como um bandido e ainda ter oferecido a casa dela para ele como esconderijo.

Associando as observações de Jorge, com o conhecimento dos fatos relacionados às revelações de Neusinha, Alicia foi dominada pela revolta, esforçando-se para controlar a vontade de atacá-lo com todas as forças.

Sem saber que a esposa estava no limite da resistência, ele perguntou:

— Está com o rosto muito vermelho. Está passando bem, Alicia?

— Estou com vontade de matar alguém...

— Não entendi. O que disse?

— Nada, Jorge. Pensei alto. Disse que era perigoso o sujeito matar alguém — respondeu ela, controlando-se a custo.

Alicia não conseguia dormir, cultivando pensamentos de tristeza. Denis, ao seu lado, deixava-a ainda mais triste. No meio da noite, dois espíritos invadiram o quarto, para surpresa de Denis, causando-lhe repudio:

— Como se atrevem entrar em minha casa?

Instintivamente, Denis lançou energias, atacando as entidades, mas uma delas bloqueou o menino com energias paralisantes e ele permaneceu imóvel, enquanto a outra disse sarcasticamente:

— Oh! Pobrezinho do menino. Tão imóvel e inútil para defender a mãezinha dele. Olhe só o que farei com sua mãe, que está implorando para receber informações sobre o que deve fazer.

Depois de zombar do menino, a entidade agarrou-se à Alicia, que paralisou hipnotizada, captando pensamentos que julgava ser seus:

— Todo mundo pode fazer o que quiser, por que eu não? Eu tenho motivos de sobra para fazer o que quero e todos dirão que foi passional. De que adianta pensar em qualquer outra coisa, se sei que não existe mais nada a fazer? Não tenho nada a perder. Preciso matar o Jorge de forma rápida, caso contrário, perderei a coragem.

Completamente imóvel pelas energias paralisantes da entidade, Denis experimentava angustiosos momentos de impotência ao ver sua mãe dominada por outra entidade, dirigindo-se à cozinha, apanhando uma faca sobre a pia. Ao se aproximar da porta do quarto em que Jorge estava, Meleca percebeu o espírito ao lado de Alicia e começou a latir, espalhando energias que interferiam na comunicação da entidade com Alicia. Ao perceber a perda de influência sobre Alicia, o espírito gritou ao comparsa:

— Neutralize esta cadela infeliz! O que está esperando? O menino já está paralisado. Deixe ele aí e venha me ajudar.

— Não consigo!

Meleca começou a rosnar de forma diferente, emitindo sons que para as entidades constituía enorme tortura.

Alicia despertou do transe, atinando para os fatos:

— Jesus, Nosso Senhor! O que estou fazendo? — ela voltou correndo para a cozinha, colocou a faca sobre a pia e indagou a si mesma: — Estarei possuída?

Assim que começou a orar com fervor, os dois espíritos partiram imediatamente. Denis conseguiu se libertar e correu até o quarto do pai. Jorge despertou com os latidos e caminhou até o corredor para repreender Meleca:

— Está latindo por que, bonitinha? Acordada ainda, Alicia?

— Estou sem sono.

— Deve ser porque ficou impressionada com o que aconteceu à Neusinha, mas por que Meleca não para de latir?

— Não sei. Deve ter visto um fantasma.

Denis ficou tão impressionado que correu para a floresta, clamando insistentemente por Jurema. Logo ela surgiu:

— Por que o desespero, menino?

— Lá em casa surgiram dois homens maus e não pude me defender, porque um deles tinha força maior que a minha, me paralisou, enquanto o outro hipnotizou minha mãe, tentando convencê-la a matar o meu pai que dormia e não sei como minha mãe saiu da hipnose. Jurema, por favor, vamos para lá ver se os homens maus não voltaram.

Na casa de Denis, Jurema entrou abaixando-se para acariciar Meleca que correspondeu feliz e, em seguida, disse para Denis:

— Não preciso ver mais nada, já sei o que aconteceu.

— Como sabe? Consegue conversar com Meleca?

— Não como você imagina, mas consigo. Os homens maus que você viu são espíritos perturbados. A sua cadelinha interferiu nas vibrações que uma das entidades usou para influenciar negativamente a sua mãe.

— Se eu fiquei paralisado e nada consegui fazer, como Meleca conseguiu? Um dos homens pediu para o outro fazer alguma coisa para Meleca parar, mas ela começou a rosnar e o barulho os deixou loucos. Parecia que os ouvidos deles iam explodir.

— Você não imagina o que as vibrações dos latidos de um cão podem fazer para defender seus donos daqui do nosso plano. Por meio do som emitido com sentimento de amor, o simples rosnado de um cão irradia energias que se transformam em choques doloridos nos opositores.

— Se é tão forte assim, como não senti?

— Porque você não é um homem mau, ou um espírito das trevas. Meleca sabe manipular e direcionar energias para quem não tem boas intenções. Isto não é novidade para um ser que ama seu dono, mas sua cadela desenvolveu este atributo de forma incomum, ao longo dos séculos. Meleca o ama muito por ter feito o que fez.

Denis agachou-se para agradecer:

— Obrigado, minha queridinha. Eu também amo muito você. Ainda bem que você expulsou esses homens feios daqui.

— Meleca sabe agir apenas na proteção, mas não foi ela quem os expulsou, foi sua mãe.

— Como? Não é possível, porque minha mãe estava fazendo tudo o que um dos homens maus queria.

— Quando sua mãe despertou do transe, provavelmente orou com muita fé.

— Esses espíritos que se dizem protetores de nada servem! Me responda, Jurema: Não fosse a Meleca, minha mãe teria matado meu pai?

— Pode ser que sim, pode ser que não. Não temos condições de saber, só os protetores sabem. O protetor de sua mãe não poderia impedi-la de matar seu pai, pois não se pode intervir nas vontades das pessoas, ou seja, no livre-arbítrio de cada um.

— Quer dizer que uma entidade das trevas pode mais que um protetor?

— Você não entendeu ainda. Protetores são anjos de luz. Sua mãe estava com pensamentos ruins que davam poderes para as trevas. Se estivesse com pensamentos que alimentam a luz, jamais poderia ser tocada pelas trevas. Além disso, há o fato de seu pai ter o merecimento de ser protegido. As coisas acontecem de forma mais complexa do que podemos imaginar. O que importa, de fato, é que sua mãe não cometeu nenhuma besteira e seu pai está bem.

— Aquele que se diz meu protetor, o Élcio, me disse algo parecido... Disse inclusive que sempre está comigo em qualquer situação. Devia estar dormindo quando eu caí da laje...

— Anjos nunca dormem, porque são os seres mais próximos da divindade. Você não o vê, mas ele sempre está com você.

— Então veremos. Élcio, apareça! Está vendo? Ele não apareceu.

— Se agir com prepotência como fez, o seu anjo não lhe dará ouvidos, porque é emissário do Criador, não seu servo. É preciso humildade e amor para falar com os anjos.

— É mesmo? Mudarei o pensamento. Então. Élcio, desculpe minha prepotência. Agora sei que não tenho poderes para me proteger e da próxima vez procurarei ser mais humilde, com sinceridade. Poderia por favor, aparecer para mim?

— Obrigado por ensiná-lo como se faz, Jurema. Pois não, Denis? — Élcio surgiu de repente, fazendo Denis dar um pulo e Jurema rir do susto que ele levou. Em seguida, o menino perguntou:

— Começo a acreditar que realmente nunca estamos sozinhos!

— Então está progredindo. Que bom! — comentou Élcio.

Diante das últimas experiências, Denis estava mais humilde e perguntou:

— Desculpe perguntar, mas... você estava aqui quando fui imobilizado por aquela entidade?

— Sim, estava.

Percebendo a falta de coragem de perguntar, Élcio prosseguiu:

— Não precisa ter receio de perguntar por que vejo a sua questão em mente: Não pude livrá-lo daqueles homens maus, porque você mesmo deixou-se prender.

— Como poderia me deixar prender vendo um deles tentar convencer minha mãe a matar meu pai?

— Por que eles nem sempre foram seus pais e sua inteligência espiritual sabe disso.

— Por favor, se eu estiver errado me corrija, mas está querendo dizer que é possível eu agir com considerações relativas ao passado, só porque minha mãe de agora não era minha mãe no passado?

— Responderei sua questão com uma outra: Você desencarnou pré-adolescente. Sua conversa comigo agora, utilizando estes termos, corresponde ao conhecimento e vocabulário de um pré-adolescente? Quando você usou a energia para se defender da entidade que queria dominá-lo, me diga, onde aprendeu a manipular energias?

Denis coçou o queixo e lançou nova pergunta:

— Por que não consegui lidar com a entidade que me subjugou há pouco?

— Porque o grau de desenvolvimento intelectual dela é mais aprimorado que o seu, embora o grau de desenvolvimento moral não seja tão aperfeiçoado como o seu.

Jurema interveio:

— Preciso seguir com os meus afazeres, com licença.

— Posso ir com você, Jurema? — pediu Denis.

— Não. Seu lugar não é comigo — respondeu ela, desaparecendo em seguida.

Élcio observava Denis ruminando os últimos acontecimentos, até o menino lhe perguntar:

— Desculpe, Élcio, mas preciso ficar só.

— Como queira — Élcio desapareceu também.

Denis desabafou:

— Até parece... sozinho...

Capítulo 49

Asifa relatava os fatos a Charles, que observou:

— Não é a primeira vez que esta cadela intrometida frustra nossos planos. Pelo menos desta vez alguém fez alguma coisa decente e finalmente de maneira inteligente. Fez bem em disfarçar sua forma, Asifa. Apenas tome cuidado com os orixás, pois no Brasil são como pragas, estão em todos os lugares.

Asifa rematou:

— Intensificarei as ações para que os fatos nos favoreçam. Trarei Denis ou Jorge até o mestre, custe o que custar.

Quando Jorge chegou ao trabalho, procurou Edvaldo para reclamar:

— Fui ao acampamento há pouco e acredita que a Neusinha não respondeu? Pensei que estivesse na Kelly, fui até sua casa e deduzi que realmente Neusinha não quis me atender, porque a Kelly estava só.

— Já não lhe dei o recado que Neusinha conversará com você daqui a duas semanas?

— Ora, bolas! Fui prestar solidariedade pelo que aconteceu a ela, só isso.

— Jorge, é comigo que está falando. Não precisa ser hipócrita.

Depois de longa risada, Jorge comemorou:

— Bem feito! Quase explodi de alegria quando soube que meteram aquele ex-noivo dos infernos atrás das grades. Cara, que mau gosto tinha a Neusinha, hein?

— E por acaso ela melhorou de gosto? — provocou Edvaldo sorrindo.

— Claro que melhorou, mas agora preciso descobrir o que fazer com isso.

— Jorge, o que pretende fazer?

— Tinha que me lembrar? Estou perdido sem saber o que fazer, mas intrigado porque não tenho como saber o que Neusinha e Alicia conversaram. Não consigo acreditar que foram para a cidade apenas para espairecer vendo vitrines e apreciando cardápios. Isso está me parecendo jogo de comadres.

— O que supõe?

— Sei lá. Como em um filme a que assisti, devem estar tramando minha morte, ou quem sabe acertando um consórcio, estabelecendo os dias para revezarem minha companhia.

— Xiii, amigo. Pode baixar a bola, porque você está mais para boi em dia de abate, do que bola da vez.

— Sem brincadeiras, tenho certeza que Neusinha virá com um blá-blá-blá de que devo ficar com Alicia, que foi tudo um equívoco, que não devíamos ter feito amor nas madrugadas. Edvaldo, estou farto disso!

Alicia chamou Rosemeire de canto para conversar e, após revelar a conversa que teve com Neusinha, Rosemeire disse:

— Estou lhe estranhando, Alicia...

— De novo, Rosemeire! O que é desta vez?

— Desculpe, mas é que você está começando a se parecer com a Alicia que conheço e não disse o nome de Jesus em tantas frases, não mencionou que tudo é pecado, que tudo é misericórdia, concórdia, discórdia, não falou mais nenhuma "órdia".

— Pare de me gozar, Rosemeire. Estou falando de algo grave e você me vem com essa agora?

— Mas é verdade, Alicia. Ainda bem porque não estou mais com medo de você. Quanto à Neusinha, eu não sabia mesmo, mas desconfiava, porém jamais levantaria falso testemunho, por isso não lhe falei sobre minhas suspeitas.

— O que levou você a desconfiar dela?

— Certa vez que ouvi uma conversa entre o Edvaldo e o senhor Jorge, pesquei algo no ar, além disso, o senhor Jorge começou a passar os fins de semana na cidade, trazia para casa legumes e frutas que só tinha visto no acampamento de Kelly e Neusinha, daí juntando as peças do quebra-cabeça deduzi que algo poderia estar acontecendo.

— Fiquei muito decepcionada com Neusinha, mas para você posso contar: admirei o fato de ela me contar e não descobrir por intermédio de outra pessoa.

— Ainda bem que você não fez nenhuma besteira do tipo se matar, tomar calmantes...

— Quer saber? Ontem estava com tanta raiva que me deu vontade de matar o Jorge, mas olhei para a Meleca e me lembrei o quanto Denis amava o pai, senti como se ele estivesse muito triste, daí pensei: Se Denis realmente pudesse saber o que está acontecendo, ficaria muito triste, então resolvi parar de pensar em coisas ruins que só atraem, obviamente, coisas ruins. Comecei a orar com fervor e tudo ficou azul.

— Agora sou eu que direi, Alicia: Graças a Deus e a Jesus! Ainda bem que você refletiu. Pense comigo: Vale a pena sofrer por um homem que já não sente mais o mesmo que sentia por você? Vale a pena em qualquer tempo se morder de ódio, como se só existisse uma pessoa que você precisa para ser feliz?

— Pensei em tudo isso, Rosemeire, mesmo assim não está sendo fácil decidir o que farei. Sabe, pedi para a Neusinha manter em segredo que eu sei, porque no fundo confiei nela depois que me contou. Não posso condenar Neusinha, porque não sei o que faria se estivesse no lugar dela. Eu sei que vacilei confiando no Jorge, me distanciando, deixando-o sozinho, mas não teve outro jeito, precisava do meu momento de luto fora daqui.

— Que alívio saber que você pensa assim. Você sabe o quanto eu e Sabrina amávamos o Denis, mas, como temos fé em Deus, que outro jeito tem se não aceitar? Para você que é mãe, certamente é muito difícil superar, mas se também acredita que Denis está com Deus, concorda comigo que seu prêmio por aceitar os desígnios Dele, será o de se juntar a seu filho um dia?

— Para ser sincera, preferia que Deus me levasse para junto de Denis hoje mesmo, porque não consigo enxergar a vida sem ele, ainda mais agora sabendo que Jorge não sente mais amor por mim. Outra coisa: Depositei minha vida nas mãos de Jorge, desde que casamos, tornei-me dependente dele em todos os sentidos. E agora, o que será de mim?

— Difícil, Alicia. Por mais que tente me colocar no seu lugar, me livrei do marido por questão de sobrevivência, mas quanto a você, não se sinta rejeitada, porque ao que parece, não foi trocada por não ser bonita ou por não ter outros atrativos. Parece que realmente trata-se de uma dessas peças que o destino prega na gente.

— Pois é, minha amiga. Outro dia escrevi isso na casa de meus pais antes de voltar para cá: "Estou de luto e luto sem ter o chão para me sustentar, lutando para não sentir pena de mim mesma, sem saber o rumo que devo tomar. "
— Vejo que a frase continua me servindo mais do que nunca.

— Muito lindo e comovente isto que escreveu. Só com Deus no coração...

— Depois de conversar com Neusinha percebi o que meus pais me falavam. Nossa! Como atormentei meus pais com meu fanatismo. Mas não posso esquecer que apesar de tudo, o dirigente Adamastor contribuiu muito para eu não me atirar de um prédio. Quando a gente entra em choque por causa de um trauma muito grande, é preciso encontrar um porto seguro, senão a gente pira.

— Não pense que um dia também não fiquei assim. Deixava o cabelo sarará cobrindo as costas, só andava de saia acreditando que estava abafando para Jesus, até concluir que não é o que carregamos no corpo que demonstra respeito e dedicação a Deus, mas sim o que levamos no coração.

— Rosemeire, me comove saber que há pessoas que se iludem a vida toda acreditando que privações consistem em feitos nobres para o Senhor, deixando de praticar o bem ao próximo, traduzindo em orgulho o que deveria ser abnegação, confundindo o fanatismo com egoísmo.

— É verdade, Alicia. São as pegadinhas do destino que impedem o verdadeiro progresso da humanidade, mas ainda bem que você não caiu nessa armação. Se você e o senhor Jorge se separarem, pretende voltar para a metrópole?

— Só ser for obrigada. Não quero viver novamente em cidades grandes. Acostumei-me a morar e viver nesta paz impagável, mas por que a pergunta?

— Porque gosto demais do senhor Jorge, mas se pudesse escolher, prefiro morar com você.

— Sinto-me lisonjeada por isso e agradeço pela consideração, mas, por enquanto meu futuro é incerto, tão incerto quanto é meu presente.

— E por falar nisso, você acredita em vidas passadas, Alicia?

— Olha, o senhor Adamastor repudiava veementemente esta questão, dizendo que existe o céu para os justos e o inferno para os ímpios, mostrando textos da Bíblia, mas mesmo dizendo a ele que acreditava, não consigo encontrar outra explicação senão por meio da reencarnação, porque, refletindo bem, onde estaria a justiça divina em condenar alguém que erra à eternidade de sofrimentos, quando acreditamos que Deus perdoa todos os nossos pecados?

— Quando você e o senhor Jorge perderam o Denis, eu e Sabrina conversamos muito sobre isso, questionando onde estaria o propósito de Deus em levar o menino que a gente amava tanto, um rapazinho tão bonzinho, tão cedo para junto

Dele? Se a gente analisar o tanto de tempo que uma pessoa pode viver, o que significou apenas doze anos de vida, não é mesmo?

— Ah! Mas eu também pensei demais nisso. O Denis era um amor de menino, mas será que ele sempre foi um amor de menino? Se existirem mesmo diversas existências, o que terá feito Denis para combinar com Deus partir tão precocemente? Estas dúvidas pairavam sempre na minha cabeça nos primeiros dias que ele partiu, mas pensava tanto, que cheguei a questionar se Meleca também teve reencarnações.

As amigas riram da última observação e Rosemeire emendou:

— Pois lhe afirmo que Sabrina garantiu sentir, por diversas vezes, a presença da alma de Denis nesta casa.

— Pois me lembro muito bem disto, inclusive porque Meleca não queria ir para a casa de vocês de jeito nenhum e, se quer saber, ainda ontem senti a presença de Denis enquanto estava em desvario por causa dos meus pensamentos negativos.

Rosemeire mostrou o braço:

— Olhe, Alicia, estou toda arrepiada só de pensar, mas se meu filhote estiver aqui agora, receba um beijo da sua amada amiga que lhe ama muito.

Os olhos de Alicia marejaram e ela disse solenemente de olhos fechados, emocionando Rosemeire:

— Isso mesmo, meu filho amado. Se você estiver ouvindo meu pensamento ao lado do papai do céu, receba um beijo meu também.

Denis, que estava presente ficou introspectivo e pensou:

"Mamãe, eu ainda não estou com o papai do céu. Mas será que não estou porque ainda não fui? Ou não estou porque ainda não quis?

Capítulo 50

Era manhã de um sábado ensolarado. Como de costume, Meleca estava no portão tomando sol e começou a latir para um cão que avistou na rua.

Denis lembrou-se que sempre ria quando Meleca fazia isso e aproximou-se para instigar, também como era costume seu:

— Isso mesmo, Meleca! Proteja sua casa. Isca, isca...

Alicia foi até Meleca:

— O que é, cachorrinha linda? Não tem ninguém no portão. Por que está latindo?

Direcionando o olhar para onde Meleca latia vertiginosamente, viu que era outro cão:

— Ah, menina! Se o Denis estivesse aqui falaria para você continuar porque adorava vê-la latir, mas eu digo para você entrar. Vamos menina, vamos para dentro!

Todos os cães latiam de seus quintais e Meleca fez menção de entrar com Alicia, mas como viu que o cão na rua vinha na sua direção, enfureceu-se, pulou o portão e correu em direção ao suposto invasor.

Alicia abriu o portão e correu atrás dela, acompanhada de Denis quando um carro saía em marcha ré da garagem, atropelando Meleca, que passava exatamente naquele momento.

Em desespero, a motorista desceu do carro:

— Não acredito que justo comigo tinha que acontecer isso! Socorro, socorro! Ajudem a salvar esse cachorro!

Alicia chegou ao local e quando viu Meleca embaixo do carro, caiu de joelhos, puxando-a e sacudindo seu corpo que já estava morto. Ela se levantou atônita, parecendo ouvir ao longe o que a motorista gritava, chorando desesperada:

— Sinto muito. Olhei pelo retrovisor e não havia nada, mas o cachorro surgiu de repente e não deu tempo de frear! Não foi minha culpa!

Denis aproximou-se do corpo de Meleca e começou a chorar, enquanto Alicia atinava para o momento, respondendo para a motorista, antes de abraçar-se a ela chorando:

— Eu sei, porque vi. Era a cachorrinha do meu filho!

Com a movimentação na rua, Sabrina foi chamada por uma de suas amigas e correu com Jorge e Rosemeire para o local do acidente.

Quando chegaram, a pequena multidão comoveu-se com Sabrina, que abraçou o corpo de Meleca sobre o asfalto, chorando muito.

O esposo da motorista saiu, abraçou a esposa inconformada, que chorava muito, lamentando:

— Esta cena nunca mais sairá da minha cabeça. É horrível atropelar uma criaturinha inocente como esta...

Alicia não conseguia parar de chorar, mesmo assim, esforçou-se para relatar o ocorrido ao esposo da moça e Jorge que o conhecia, orientou:

— É realmente muito triste o que aconteceu. Leve sua esposa para dentro para acalmar-se, que me encarrego de levar a cachorrinha daqui.

Denis parou de chorar de repente, sendo dominado pela frieza da revolta. Dando um passo para trás, retirou-se. Na sequência, encontrou Élcio, que lhe pediu, apontando para o corpo de Meleca:

— Calma, Denis. Não vá, ainda. Olhe.

Denis virou-se e viu Aurélio, protetor de Meleca, Fábio, o intermediador dos animais e Luiz, o estagiário, auxiliando no desligamento da cachorrinha. Meleca, em espírito, virou a cabecinha para observá-lo, contudo, Denis virou-se de costas e continuou caminhando.

Élcio o chamou:

— Não quer esperar Meleca vir até nós para seguirmos todos juntos para a nova casa? Trouxemos um companheiro seu para nos acompanhar.

Ricardo surgiu, pedindo:

— Venha conosco, Denis. Quando partimos desta vida também resisti, mas agora sei que estava perdendo.

— Trouxeram até você para me convencer, Ricardo? — indagou Denis, desconfiado. — Fui o responsável por tirar sua vida e você surge pedindo para acompanhá-lo? Um tanto suspeito, não acha?

— Não pense que não fiquei chateado com você por ter caído da laje sobre mim. É que no dia achei ruim por desconhecer que nada acontece por acaso, mas depois que segui Luciene, minha protetora, as coisas mudaram para melhor e estou feliz. Deixe de ser teimoso e siga com o seu protetor. Vamos, quero ter o privilégio de ir com você.

Asifa surgiu um pouco distante, dirigindo-se a Denis:

— O menino que morreu por sua causa, este que se diz seu protetor e aquela índia fantasiada dando uma de boazinha, mas que não quis mais saber de você... sei. Todos querendo levá-lo para um lindo lugar, mas na verdade querendo lhe ver pelas costas...

— Esta moça é das trevas! Não dê ouvido a ela, Denis. — disse Ricardo e Asifa continuou:

— Se trevas é liberdade, então está nas trevas a verdadeira libertação. Repito: Não dê ouvidos a todos esses hipócritas, Denis! Se o que chamam de luz fosse bom, para chegar lá não seria preciso testemunhar o que acabou de acontecer com Meleca. Não se submeta a estes que se dizem felizes no céu querendo levá-lo para engomar suas vestes branquinhas como a neve.

Élcio sugeriu:

— Denis, sabia que essa mulher que o convida é quem lhe paralisou? Era ela quem estava disfarçada e acompanhava o outro homem mau que hipnotizou sua mãe.

Denis irritou-se:

— Se era, então por que você não fez nada?

— Já conversamos sobre isso, naquele mesmo dia. Se seguir essa mulher, será difícil desvencilhar-se dela — retrucou Élcio, mas Denis seguiu na direção de Asifa dizendo:

— Pelo que tenho visto, devo pertencer às trevas, então.

Asifa acolheu Denis, levando-o até Charles, enquanto Meleca, completamente desprendida, lambia com felicidade o rosto de Aurélio, seu protetor, que comemorava:

— Que bom ter você de volta, minha querida. Agora vamos para casa.

Ricardo lamentava o destino tomado por seu amigo e Luiz aproximou-se para consolá-lo:

— Não fique triste, Ricardo. Isto estava dentro dos planos dos emissários e se tudo correr como previsto, a ida de Denis às trevas será proveitosa para muita gente.

Luciene convidou:

— Ficou curioso, eu sei, mas precisamos voltar.

Aurélio, o protetor de Meleca, fez o mesmo:

— E nós também precisamos ir para um lugar onde você adora ficar.

Meleca saiu em disparada para a casa de Jorge e Alicia, quando Luiz ajuntou, sorrindo para Aurélio:

— Agora tenho experiência e sei dos fatos com antecedência: Meleca, assim como fez ao despedir-se de Sabrina ao partir da última vez, irá despedir-se novamente...

Meleca entrou feliz, mas deu passos para trás ao ver seu corpo físico numa caixa de papelão no quintal e, em seguida, seguiu para dentro da casa, abanando o rabo para Sabrina, inconsolável, abraçada a Alicia.

Logo em seguida Meleca aproximou-se de Jorge em sinal de agradecimento, fazendo o mesmo com Rosemeire.

Emocionado, Luiz exclamou:

— Esta criatura só falta falar!

Enquanto isso, Asifa apresentava Denis para Charles, que saudava o recém-chegado:

— Você ainda não se lembra de mim, mas somos amigos de muito tempo.

— Poderia saber de onde? — perguntou Denis.

Charles aproximou-se e, quanto mais perto chegava, Denis obteve flashes de memória de guerras sangrentas, desencarnes coletivos motivados por assassínios em massa e perguntou:

— Era seu amigo quando aconteceu tudo isso que vi?

— Sim. E podemos realizar muito mais.

Observando algumas criaturas rastejando e outras entidades submissas em torno, Denis perguntou:

— Por que me quer para trabalhar com você?

— Porque conheço certas habilidades suas que ainda desconhece e também porque fomos amigos há muito tempo.

— O que quer que eu faça?

— O mesmo que Asifa: Que traga outros amigos como você em prol de nossa causa, mas apenas descanse por enquanto, pois terá importantes missões pela frente.

— Se tem a ver com as memórias que obtive há pouco, esqueça.

Charles ficou furioso, mas disfarçou:

— Acabou de sair do marasmo que vivia na superfície. Acha que o céu que lhe prometeram seria melhor?

— Asifa me disse que aqui encontraria a liberdade, por isso escolhi vir para cá.

— E pensa que está numa colônia de férias? — Charles começou a ficar rubro de raiva.

— Penso que quero voltar para perto de meus pais.

Visivelmente transtornado, Asifa instigou:

— Eu disse ao mestre que este sujeito ainda está preso na mente de uma criança.

Denis fez menção de retirar-se, mas Charles perguntou:

— Onde pensa que vai?

— Como disse, voltarei para a casa de meus pais.

Ao comando mental de Charles, diversas entidades rodearam Denis que lançou raios energéticos para se defender, conseguindo imobilizar muitos que convulsionavam ao solo e foi ironizado com uma gargalhada de Charles:

— Como ousa desafiar minhas ordens numa mente infantil e com poderes medíocres?

Asifa lançou energias paralisantes sobre o menino. Enquanto Denis permanecia imóvel, Charles aproximou-se dele, dizendo serenamente:

— Não tem problema, William... quer dizer, Denis. Por aqui, temos paciência de esperar você retornar mil anos no tempo e, enquanto isso, enfeitará nosso antro como uma estátua, porque você merece ser lembrado.

— Onde quer que o deixemos, mestre? — perguntou Asifa, logo recebendo a resposta:

— Deixe-o em qualquer lugar, porque todos os lugares são a mesma coisa por aqui, mas cuide para que ele receba pelo menos dez choques por dia, até conseguir sua miniaturização. Ele gosta de ser criança, então será sempre um lindo bebê, transformando-se num embrião.

Capítulo 51

Após alguns instantes, Meleca rodeava Sabrina, latindo para ela. Marcos, o protetor de Sabrina, disse à cadela:

— Ela não pode ouvi-la, Meleca.

Fábio emendou:

— Está na hora da nossa queridinha voltar para casa com Aurélio.

Observando Meleca agitada, farejando de um lado para outro, Luiz disse sorrindo para os presentes:

— Agora está fácil entender como pensa este lindo ser: Procurando por Denis, exatamente como o previsto! Ela chegará ao antro de Charles.

— Sim, mas acrescente uma novidade: Mantenha-se invisível — recomendou Aurélio, pois teremos companhia.

Luiz estendeu a visão espiritual, observando Jurema reunida com outras entidades do lado de fora.

Meleca partiu em disparada, rastreando as vibrações de Denis e, quando chegou à entrada do local onde Charles se encontrava, ele foi informado por sentinelas e ordenou:

— Asifa, só pode ser a cadela intrometida. Você tem condições de cuidar dela.

— Será um prazer, mestre. Esta será a chance de me vingar desta porcaria de cadela que faz jus ao nome que lhe deram.

Incomodada pela atmosfera pesada do lugar, Meleca seguia com dificuldade à procura de Denis pelos corredores do intrincado labirinto das trevas, até que Asifa surgiu diante dela com diversas entidades transmutadas em lobos disformes, anunciando:

— Oi, cadelinha bonitinha... Sabe o que faremos com você?

Jurema colocou-se à frente de Meleca, enquanto as entidades ameaçavam avançar:

— O que uma cadela velha, com este monte de vira-latas das trevas fará com a cachorrinha?

Asifa revidou:

— Eu é que pergunto: O que faz aqui, índia ridícula? Por acaso está vendo alguma floresta com aldeia de nativos, ou pensa que temos medo de você? Sabe onde estamos?

O rosto de Asifa transfigurou quando notou diversas entidades surgirem atrás de Jurema, empunhando arcos, flechas e outras armas. Luiz, que estava invisível, disse a Aurélio, protetor de Meleca:

— Não pensei que Jurema tivesse amigos nas trevas...

Aurélio esclareceu:

— Estes que se apresentam desta forma não são entidades das trevas, são exus. Estão habituados a lides nestes antros trevosos. Jurema os conclamou, porque sozinha não se atreveria a vir para esta atmosfera irrespirável.

Intensa batalha se iniciou, denotando um massacre energético sem misericórdia dos exus que avançavam pelos labirintos, enquanto Asifa fugiu e Meleca corria à procura de Denis, até encontrá-lo em uma gruta, recostado e imóvel atrás de grades.

Jurema, atrás de Meleca, segurou a cachorra antes que tocasse as grades:

— Pare, cadela! Se tocar nessas grades ficará como Denis!

Charles surgiu à frente de Jurema e Meleca:

— Não posso acreditar que um animal insignificante possa ser mais sórdido que eu, a ponto de convencer esta trupe de covardes a invadir minha casa.

Jurema ajoelhou-se diante de Meleca juntando sua cabeça com a cabeça dela, mentalizando:

— Você não é um animal insignificante! Você se lembra agora que é um animal guerreiro...

A influência mental de Jurema sobre Meleca a fez transmutar-se em corpulenta loba mostrando os dentes, rosnando para Charles que se afastou, e Jurema ironizou:

— E agora? Onde está o animal insignificante?

Meleca, transmutada, avançou sobre Charles, que imediatamente criou ao seu redor uma barreira protetora, impedindo-a de atacá-lo. No instante em que Meleca pelejava ferozmente para quebrar a barreira, Luiz perguntou estarrecido para Aurélio:

— O que Jurema fez com sua protegida?

— O mesmo que Charles faz com os servos que não lhe agradam, com a diferença que Jurema fez Meleca penetrar um passado longínquo em que fora uma loba feroz. Meleca recordou-se, assumindo a forma de antes, mas a questão importante é que mesmo nas trevas, as energias de Charles são incompatíveis para lidar com Meleca, porque as energias que ela emana não são predatórias, apenas instintivas... Meleca protege quem ama e isso lhe dá uma força que nem a entidade mais intelectualizada das trevas consegue combater. Esta força é o gérmen da essência divina que existe em todos os seres.

Um dos exus aproximou-se e Meleca assustou-se.

Quando ameaçou avançar sobre exu Caveira, Jurema gritou:

— Meleca, não! Volte já para cá!

Meleca recolheu-se perto de Jurema e Exu Caveira dirigiu-se para ela, perguntando com desdém:

— Meleca? E quem dá o nome de Meleca para um ser?

Odiando as presenças indesejadas, Charles esbravejou:

— Malditos tratantes arquétipos da Umbanda! Não existe acordo possível com vocês! Por isso não faço mais acordos, porque se acham justos, mas são péssimos em respeitar territórios!

Exu Caveira virou-se para Charles, respondendo:

— Não ligamos se vocês, das trevas, traficam almas que não servem de nada, desde que não mexam com os nossos.

— Não sei que dores esta índia tomou desta cadela vira-latas, mas verá só o que farei com as florestas dela!

Exu Capa Preta surgiu para responder:

— Não temos medo de suas ameaças, porque vocês são como minhocas, por isso agem perto da lava da Terra, enquanto nós podemos agir em qualquer lugar.

Charles infiltrou-se em seu antro por uma das muitas saídas.

Meleca havia retomado à forma de cachorrinha e, como não havia mais combatentes, os exus se dissiparam.

Exu Capa Preta aproximou-se de Jurema, olhou para Meleca e brincou:

— Pelo menos agora defendia "alguém" de seu meio...

— Obrigada por me ajudar ajuntando os nossos.

— Não há de quê.

Todos os exus se retiraram, mas Jurema permaneceu com Meleca em frente à cela onde Denis se encontrava, quando se iniciou grande movimentação dos protetores que surgiram para resgatar as entidades subjugadas por Charles.

Élcio, Luiz, Aurélio e Fábio se tornaram visíveis diante de Jurema.

Aurélio aproximou-se levando Meleca no colo e agradeceu:

— Obrigado por defender a Meleca, Jurema.

— De nada — Jurema dirigiu-se a Élcio enquanto ele tirava Denis da cela:

— O menino ficará bem? O que fizeram a ele que não se mexe?

— Ficará bem, Jurema — respondeu Élcio. — Denis sofreria um processo de miniaturização, uma espécie de atrofia na qual o espírito começa a perder a identidade, como acontece a estes outros que os protetores estão resgatando.

Denis foi levado numa maca por dois assistentes e Jurema beijou sua testa, derramando uma lágrima, desejando:

— Fique bem. Sentirei saudades.

Aurélio se despediu com Meleca no colo e fez graça:

— Diga tchau para sua protetora.

Meleca entendeu e lambeu Jurema, que correspondeu dando-lhe um beijo, dizendo emocionada:

— Adeus, loba guerreira...

Enquanto Luiz observava e auxiliava outros protetores, Fábio permaneceu sorrindo para Jurema, que disse:

— Sinto-me útil sendo um orixá.

— Por seus feitos, possui todos os méritos de um orixá, porém sabe que existem outros estágios. A reencarnação não é retrocesso, assim como não é perda de atributos intelectuais e morais, então se convide para a grande festa que participamos todos os dias na lide do bem ao próximo e siga para a angelitude por meio deste caminho sagrado.

Jurema ficou pensativa, Fábio compreendeu sua preocupação, esclarecendo:

— Querida, outras Juremas virão, porque se não vierem nas suas matas, os anjos as trarão, porque assim como os elementais, os orixás também são essenciais para a continuidade da vida do planeta.

Fábio continuou a reflexão:

— Veja em torno de nós essas criaturas subjugadas que fomentam criaturas como Charles. Ele, o mestre, está há séculos na mesma situação, acreditando-se invisível sem saber que o observamos, mas decidiu ser egoísta consigo mesmo e se compraz com as trevas da ignorância, impostas por si mesmo, sem admitir que ele mesmo possa ser amado pelo Criador.

— Eu sei que sou observada também pelo meu anjo... Também sei que ele jamais desistirá, mas não estou preparada ainda.

— Pedirei autorização para você visitar Denis quando se recuperar e Meleca quando reencarnar. Você vem?

— E quem tomará conta da floresta enquanto estiver com você? Quem participará dos trabalhos a que sou chamada pelos consulentes?

— Outras Juremas. Existem duas formas de ser egoísta: Uma é com os outros e outra é consigo mesma.

— Pensarei nisso. Preciso me preparar.

— Está bem. Pode me chamar quando quiser.

Capítulo 52

Rosemeire estava com Alicia na sala, enquanto Jorge e Sabrina saíram para enterrar o corpo de Meleca num terreno próximo da casa.

— O senhor quer que eu cave?

— Não, Sabrina, pode deixar que eu faço isso, mas depois que eu terminar, se importaria de colocá-la na cova?

— Não me importo. Eu já fiz isso quando morreu minha cadelinha que se chamava Dorinha.

— Então você já teve uma cadelinha...

— Acho que o senhor não se lembra, mas é a mesma cadelinha que não queria que levássemos para sua casa, quando nos mudamos.

Jorge começou a abrir a cova e disse:

— Você deve ter ficado muito chateada, mas realmente, nunca gostei muito de cachorros.

— Aconteceu algo para o senhor não gostar?

— Digo sempre que dão trabalho, limpar cocô, xixi, veterinário, ração, mas não é só isso. É algo que não sei explicar.

— Não é porque o senhor acha que fica dependente do que sente?

— Não.

— Se não é, por que pediu para eu colocar a Meleca na cova?

— Porque a Meleca era do Denis...

Jorge parou de cavar, colocando os antebraços sobre a enxada e revelou:

— Para você posso revelar algo que ninguém sabe. Quando estávamos enterrando o Denis, a Meleca não me saía da cabeça.

Sabrina deu uma longa gargalhada e, sorrindo, Jorge perguntou:

— O que achou engraçado, Sabrina?

— Desculpe, senhor Jorge, mas olha o que o senhor falou: "A Meleca não me saia da cabeça". O senhor tem Meleca na cabeça? — Sabrina gargalhou novamente, contagiando Jorge:

— Realmente! Este é o preço que se paga quando se tem um filho que dá o nome de Meleca à cachorra: A Meleca não sai da cabeça.

— Ai, senhor Jorge... nem parece que aconteceu algo tão triste para estarmos rindo desse jeito... mas pensou em Meleca no enterro do Denis, porque sabia que ele a adorava, não é?

— Não, querida. Eu sentia medo. Dá para explicar uma "doideira" dessa?

— Estranho... E por que o senhor teria medo de uma doce cadelinha?

— Pois é. Não tem explicação.

Jorge perguntou:

— Está boa esta profundidade?

— Sim. É bem maior do que a que eu fiz para minha Dorinha. Lembrei-me da conversa que tive quando mainha me ajudou a enterrar nossa cachorra. O senhor acredita que existe um céu para os cachorros?

— Nunca pensei nisso, Sabrina. E você, acredita?

— Eu acredito, mas mainha, não.

— Se existe, ou não, não importa. De minha parte espero apenas que, esteja onde estiver, que Meleca esteja na paz dos cachorros, ou brincando com Denis. Agora é sua vez.

Sabrina pegou a caixa de papelão que estava coberta com uma manta, colocando-a cuidadosamente no buraco.

— Posso jogar terra em cima, Sabrina?

— Não, senhor Jorge... Deixe-me olhar a Meleca pela última vez.

Sabrina descobriu o corpo de Meleca, deu um beijo na orelha da cadela e disse chorando, contagiando Jorge:

— Obrigada pela alegria que você deu pra gente, Melequinha querida... Fique com Deus e que Nosso Senhor permita você brincar com o Denis novamente.

Sabrina cobriu novamente o corpo de Meleca e, chorando, fez sinal para Jorge enterrá-la, dizendo:

— Farei o mesmo que fiz para Dorinha: uma oração.

Meleca estava na colônia espiritual, em meio a outros cães, sendo observada por seu protetor, Aurélio e por Luiz. De repente, a cadela farejou o ar, saindo agitada do grupo, procurando por algo, despertando a curiosidade de Luiz:

— Aurélio, olhe sua protegida. O que está acontecendo?

— Apure a percepção mental de Meleca — recomendou Aurélio e Luiz exclamou:

— Está procurando por Sabrina! Só faltava querer ir atrás dela! O que deu em Meleca?

— Eu já sei, mas veja por si mesmo. Vá ver o que Sabrina está fazendo e volte.

Em segundos, Luiz foi até Sabrina e quando retornou, disse sorrindo para Aurélio:

— Já devia saber. Sabrina está orando por Meleca com tanto sentimento que se conectou a ela em pensamento.

— Sim, mas é preciso acalmar a ferinha, porque está procurando uma saída.

Carinhosamente, Aurélio pegou Meleca no colo e, enquanto lhe aplicava um passe, disse:

— Agora não, querida... Em breve, talvez. Depende do que o seu intermediador Fábio resolver junto aos Ministros sobre o seu futuro.

327

— Quantas famílias estão na lista de planejamento para próxima encarnação de Meleca?

— Mil setecentos e vinte e duas, mas a probabilidade é que retorne para Jorge novamente.

— Qual o critério de seleção?

— Os perfis dos possíveis novos donos do animalzinho, traçando parâmetros de ordem sequencial, onde são avaliadas as novas mães disponíveis para conceberem Meleca, mas o critério principal está relacionado ao progresso do animal e neste quesito Jorge é o candidato mais cotado.

— Por que Jorge é tão importante para o progresso de Meleca?

— Devido ao histórico de encarnações passadas. Juntamente com Denis, Jorge foi o responsável por Meleca desejar iniciar a convivência com humanos e ser o cão doméstico que é hoje.

— Gostaria de ter acesso a esse histórico.

— Você o terá. Fábio, que é o intermediador dos animais do grupo o qual Meleca pertence, pediu sua presença. Assim que Denis recuperar-se da situação que Charles o deixou, só daí recuperará a plenitude espiritual e, quando estiver próximo de apossar-se da memória pregressa, você será chamado.

— Maravilhoso! Então, o próprio Denis narrará o histórico.

— Se ele aceitar a permanência na colônia onde está, sim.

— Acha possível que Denis ainda esteja relutante, mesmo na situação que estava?

— Jurema é um caso assim e mais antigo ainda é o Charles, com a diferença de que ambos nem chegaram a seguir para as colônias designadas a eles.

— Sei como é. Eu mesmo fiquei relutante por muitos séculos e interessante que isso só acontece quando desenvolvemos atributos intelectuais avançados, como nos casos de Jurema e Charles.

— É o efeito reverso do progresso: Quanto mais apurados os sentidos, quanto mais desenvolvidos os atributos, os seres acreditam que podem dominar o ambiente onde vivem, resistindo a seguir na contínua saga entre o amor e o poder.

— E por falar em Charles, Fábio me chama, porque está no seu novo antro. Com licença.

Em átimos de segundo, Luiz estava invisível junto de Fábio, recebendo informações dele:

— Este é o novo antro de Charles.

— O mesmo ar irrespirável, mesmos labirintos, sentinelas... E todas estas entidades? Mas não foram levadas centenas delas pelos respectivos protetores? Como conseguiu reunir tantos em tão pouco tempo?

— A maioria dos que estão aqui são os mesmos do outro antro. Durante o esvaziamento no enfrentamento com os exus, milhares estavam fora.

— Charles não poderia utilizar o mesmo antro que estava?

— Não, porque os exus descobriram e quando isso acontece, eles voltam nestes locais para despejar demandas negativas para que não cheguem à superfície, a exemplo de como fazem os encarnados quando enterram produtos tóxicos. Só anjos possuem localização dos antros construídos nas trevas, além das almas trazidas por afinidade negativa, tornando-se servos ou escravos dos mestres das trevas. Jurema só chegou aqui porque seguiu a cadela que procurava seu dono.

— E se os antros fossem invadidos e desfeitos no nascedouro? As trevas não deixariam de existir com seus respectivos "mestres"?

— Não. Enquanto não houver luz, haverá trevas. Repare no manancial de energias nestes novos corredores. Aí está: vícios, crimes, sentimento de vingança, perversões e toda sorte de iniquidades, à feição de material trazido por vespas que constroem sua casa sob a égide de sua rainha, que no caso é Charles.

Charles distribuía tarefas aos servos, fazendo triagem:

— Asifa, sinto movimentação propícia na direção de sua antiga casa. Traga-nos mais soldados.

Luiz firmou observação apurada, concluindo para Fábio:

— Ele apontou em direção ao Afeganistão. Conhece a movimentação a que Charles se refere?

— Charles apontou o local que será bombardeado daqui a algumas horas porque seus servos conectados a ele naquela região o fizeram sentir. Os servos que estão lá retornarão com extenso material, comandados por Asifa que agora é uma das servidoras de Charles que por sua vez monitora tudo daqui, e os traidores da causa rastejarão pelas trevas para seu deleite.

— Lamentável...

— Se não fosse lamentável, seria luz, não trevas — finalizou Fábio.

Capítulo 53

Neusinha buscou Alicia em sua casa para conversarem, conforme combinado:

— Se não se importa, gostaria que nossa conversa fosse no acampamento. Importa-se?

— Tudo bem, Neusinha.

Durante o trajeto Alicia contou sobre o ocorrido com Meleca e Neusinha lamentou:

— Pobrezinha da Meleca... muito triste.

— Outra perda para colecionarmos. A gente sente como se uma pessoa tivesse morrido. Você que adora animais sabe disso, não é Neusinha?

— Claro que sei, e imagine o que passo quando vejo campônios fazendo barbaridades com os bichinhos, sem dó nem piedade. Certa vez, um deles deu um tiro na cabeça de um cavalo na minha frente, só para economizar moedas enquanto eu preparava a injeção para poder sacrificar o animal.

— Que horror! Difícil dizer quem é mais animal: Se o cavalo ou o dono.

— Este pelo menos acertou onde tinha que acertar, mas quando o animal fica agonizando sinto como se eu estivesse no lugar dele. É tortuoso.

— Neusinha, me diga: Sacrificar um animal, não é praticar eutanásia?

— Depende. Não é correto cessar a vida de um animal com chances de sobreviver, como acontece com uma pessoa, mas imagine, por exemplo, se a Meleca estivesse com uma doença incurável e sofrendo dores atrozes. Consideraria justo deixá-la agonizar?

— Se considerarmos justo cessar a vida de um animal por este motivo, então deveríamos dizer o mesmo de uma pessoa, concorda? Se a eutanásia é considerada crime para uma pessoa, por que não é para um animal?

— Porque uma pessoa possui memória contínua, enquanto um animal possui memória apenas de fatos recentes. Animais agem por instinto e possuem memória direcionada ao instinto de sobrevivência. Se um cão apanha de seu dono, logo em seguida o estará lambendo novamente, desde que o ato não tenha representado dor extrema, pois se isto acontecer prevalecerá o instinto de sobrevivência e ele evitará seu dono, ou evitará o que lhe produz dor. Entendeu até aqui?

— Eu não sabia que a memória dos bichinhos funcionasse diferente da nossa, mas o que isto tem a ver com a legitimidade da eutanásia praticada em casos extremos?

— Uma pessoa que fica em estado terminal, possui memória de toda sua vida, daí que, no último instante de vida se arrepende de algo, de ter prejudicado alguém, ou perdoa alguém que lhe tenha lhe feito mal. Concorda que do outro lado da vida isso pode fazer diferença? Eu acredito que pode ter um peso enorme, porque não levamos nada palpável, como joias, carro, dinheiro etc. Levamos apenas o que sentimos. Um animalzinho que não fez nada de mau, que só agiu por instinto, é puro de sentimentos, não tem máculas, não há problema se cessarmos sua vida em último caso, quando não há mais o que fazer para manter sua vida, sendo que a única coisa que ainda ele sente é sofrimento e dor. Entendeu?

— Pensando assim e agora sabendo disso concordo plenamente com você, mas isso depende do que a gente acredita e tem a ver com religião.

— De certa forma, sim, porém, se pensarmos racionalmente fundamentados nos fatos científicos, considerando a diferença como se processa a memória dos humanos e animais, a justiça legítima sobre o fato do sacrifício será de acordo com a consciência de cada um.

— Nossa! Meleca não teve escolha porque foi atropelada e a pobre deu um rápido grunhido antes de morrer, então nem sentiu dor, mas não consigo imaginar o que seria caso tivesse que escolher sacrificá-la por causa de uma doença incurável.

— Mês passado no vilarejo em que você mora, tive um caso assim. Quando sacrifico os animais, sempre visito as pessoas depois de um tempo para saber se precisam de apoio psicológico e uma mulher me disse que não conseguia dormir porque tinha peso na consciência, achando que fizera mal de ter autorizado o sacrifício. Expliquei sobre os critérios de sacrifício como fiz para você e ela virou-se para mim e disse: "Não acredito em uma palavra de suas explicações e Deus vai puni-la pelo que fez ao meu amado gatinho".

— Minha nossa! E daí, o que você fez?

— Expliquei a ela que dizia aquilo porque estava querendo transferir a mim o que considera uma culpa que não existe, pois agi eticamente, mas de nada adiantou porque me pediu que saísse, como se eu deliberadamente tivesse resolvido tirar a vida do gatinho.

— Que absurdo! Ela nem imagina do que você é capaz para manter a vida de um animal.

— Eu não ligo, porque normalmente as pessoas são assim: Preferem transferir as frustrações que possuem, em vez de encarar a própria realidade. Se tivesse deixado o gatinho agonizar até morrer, provavelmente diria que não consegue dormir com peso na consciência e ainda tentar me culpar de não ter feito algo para abreviar seu sofrimento, mesmo não havendo mais o que fazer.

Chegando à casa de Neusinha, ela serviu um chá para Alicia e entrou no assunto:

— Para finalizar aquela conversa que tivemos antes de saber que abrigava um estelionatário em minha casa, peço a você que, se puder me perdoar, agradeço, mas se não puder, compreenderei.

333

— Foi bom não terminarmos a conversa naquele dia, porque este intervalo deu tempo de refletir bastante sobre isso...

Alicia olhava triste em direção ao quarto e Neusinha perguntou:

— Está vendo algo, Alicia?

— Não. Estou pensando: É naquela cama que você fez sexo com meu marido. Fez sexo com aquele rapaz que foi preso também?

Serenamente, Neusinha retrucou:

— Foi para investigar detalhes sexuais que veio aqui, Alicia? Daqui a pouco poderemos discutir se é melhor "Kama Sutra" ou só "papai e mamãe".

— Estou incomodada, Neusinha! Queria perdoá-la, mas não consigo. Você é boa em argumentações e deixaria você sacrificar meu cão se estivesse morrendo. Por favor, pode usar seu poder de persuasão para convencer-me a perdoá-la por ter se deitado com meu marido?

Neusinha meneou a cabeça, retomando a serenidade para continuar:

— Eu sei que é difícil, Alicia, mas a exemplo da mulher do gatinho, o peso na consciência é seu, não meu. Não me deitei com seu marido porque estava louca por sexo. Eu fiz amor com Jorge. E quanto ao rapaz que foi preso, o nome dele é Roberto e fomos noivos por sete anos. Não fiz sexo, nem amor com Roberto quando veio aqui. Ele surgiu do nada, não quis que ficasse e o despacharia no mesmo dia que chegou, no entanto o abriguei para Jorge parar de vir aqui todo dia de manhã tentando me convencer a ficar com ele, desde que você tinha retornado.

— Homens! Desgraçados! Todos iguais! Pode ficar com esse crápula, porque não quero mais saber dele! — explodiu Alicia, retirando-se para o quintal, mas foi seguida por Neusinha que a trouxe de volta, sentando-a com carinho e dizendo:

— Podemos continuar?

— Neusinha, estou com ódio de você e se pudesse matava o Jorge!

— Não culpo você por se sentir assim, mas se continuar se torturando com contas de quantos orgasmos eu tive, não adianta conversarmos, Alicia.

— Caramba! Você podia ter evitado tudo isso, não é? Foi se meter justo com meu marido!

— Seu marido... Alicia, ninguém é de ninguém! Terminou o surto? Posso continuar?

— Não sei se estou mais disposta a escutar ladainhas repetitivas, mas pode continuar.

— Está bem. Em primeiro lugar, pare de dizer o que não sente e não queira ser o que não é. Sei bem o que você sente pelo Jorge, mas você é capaz de admitir um segundo que sou humana, que não sou perfeita, assim como você também não é. Estou tentando mostrar a você que quero que seja feliz com Jorge e você só sabe me cobrar por que não resisti a "seu marido"?

— Depois de tudo o que aconteceu, como pode querer que eu aceite isso e seja feliz com Jorge?

— Esquecendo! Começando de novo! Parando de se torturar e resgatando seu marido!

— Está querendo dizer que se não fizer isso, tem quem quer, não é, Neusinha?

— Criatura de Deus: o que você quer?

— Queria que você não tivesse ido para a cama com meu marido.

— Alicia, o que aconteceu não pode ser mudado, porque o relógio não anda para trás. Quer resgatar seu marido, ou não quer?

— Como posso resgatar o Jorge se você o tirou de mim?

— Não tirei o Jorge de você. Quer saber?

— Cuidado com o que vai dizer, Neusinha! Eu me mato aqui, mas primeiro arranco seus cabelos!

— Alicia, vamos que a levarei de volta para casa.

No caminho de volta, Alicia perguntou para Neusinha:

— Como acha que posso resgatar meu casamento?

— Ora, Alicia, trate bem o seu marido, fique na sua, não dirija comentários sobre qualquer assunto referente ao passado dele comigo, se pedir autorização a Jesus para deitar-se com Jorge, não diga para ele, porque ninguém gosta de saber que Jesus está no quarto assistindo a pornografia, engravide outra vez e chegará uma hora que Jorge verá em você a mulher que sempre viu, redescobrindo que a ama.

— Está jogando o Jorge para cima de mim porque apenas o usou, Neusinha?

Neusinha parou o carro, deu murros no volante, mas Alicia não se intimidou:

— Não adianta ficar nervosinha! Preciso perguntar para ter certeza!

— Está bem, Alicia. Alguma vez fui falsa com você? Posso ter ficado com seu marido, mas responda: Alguma vez disse para você o que não sentia?

Alicia não respondeu e Neusinha começou a chorar:

— Não, eu não usei o Jorge e o amo ainda, mas amo você também, por isso não quero mais saber dessa história. Pare de fazer isso comigo!

Alicia tomou a mão de Neusinha, a acariciando e disse:

— Está bem, acredito em você. Não precisa mais ficar irritada. Também amo você.

Neusinha retomou a direção e, quando chegaram, Alicia a convidou para entrar, mas ela não quis:

— Melhor não, Alicia. Desejo-lhe boa sorte e espero que compreenda por que não nos veremos mais.

— Será mesmo que precisamos ficar sem nos falar? Sinto sua falta.

— Infelizmente, é necessário. Combinei com Jorge de conversarmos pela última vez semana que vem, para convencê-lo a me deixar em paz, mas pedirei para o Edvaldo dar-lhe um recado que cancelei o encontro. Ajude-se, fazendo de conta que nada aconteceu e não se sinta despeitada pelo que aconteceu entre nós. Adeus, Alicia. Não se esqueça de que amo você.

Capítulo 54

A pedido de Edvaldo, Jorge estava em sua casa:
— Raridade me chamar à noite durante a semana. O que aconteceu?
— Voltei há pouco da casa da Kelly e a Neusinha mandou um recado para você. Disse que o encontro que vocês teriam para conversar na semana que vem está cancelado e pediu para você não procurá-la mais.
— Aconteceu algo que não quer me contar?
— Nada, Jorge. Se tivesse, não omitiria.
— Não me estressarei com isso, mas fiquei chateado...
— Não fique assim, Jorge. Tudo passa.
— Será que aquela tórrida relação com a Neusinha não passou de fogo de palha?
— Não me colocaria na posição de descobrir o que se passa na cabeça de Neusinha, não é?
— Será que mudará de ideia?
— Só o tempo poderá dizer.

Denis se recuperava na colônia para onde foi levado e conversava com seu protetor, Élcio:
— Três semanas estive assim deitado e...

Denis levou a mão à cabeça, sentindo tontura e Élcio orientou:

— Calma, Denis. Quando receber esta sensação parecida com choques, não busque a lembrança de tudo, porque deve ser gradual.

— Tem como evitar isso?

— Não, mas logo passa. Estas são as sensações do renascimento para a vida espiritual.

— Não estou na vida espiritual desde que morri na vida material?

— Sim, claro, mas estava na Terra e não aceitava a morte da vida material, daí que a atmosfera material não é propícia para o desbloqueio total da memória espiritual.

— Estou conhecendo fatos que explicam muitas coisas sobre a última vida.

— Descobrirá outras que desvelarão passado remoto.

Élcio olhou Denis da cabeça aos pés e disse sorrindo:

— Estava acostumado a vê-lo como menino e de repente...

— Tem um espelho aqui?

— Sim. Olhe.

Denis assustou-se ao se ver no espelho com idade mais avançada e num corpo de adulto:

— O que acontece neste plano? Crescemos vinte anos em três semanas?

— Depende de qual das encarnações mais nos marcou — respondeu Ricardo que estava à porta sorrindo — Posso entrar?

Após os cumprimentos, Élcio retirou-se e Denis disse para Ricardo, que também assumira a forma adulta:

— Não o reconheceria se estivesse assim quando nos vimos pela última vez.

— É que naquele dia, os amigos daqui me ajudaram a adquirir a mesma forma do dia que sai da Terra junto com você, porque tinha a "árdua" tarefa de tentar trazê-lo para cá, mas pelo visto não sou persuasivo, pois você escolheu as trevas.

— E você? Veio para cá logo que morreu?

— Imagine só! Amaldiçoei você por ter caído em cima de mim e só após três meses aceitei o convite.

Novamente Denis levou mão à cabeça:

— Ai! Você também levava essas pontadas?

— Menos que você, pois isso acontece quando relutamos para vir para cá, pois o que chegaria gradualmente na memória vem tudo de uma vez, mas fique tranquilo que dentro de uns dois meses isso passa.

— Ainda não me recordo de você em encarnações passadas.

— Nem recordará, pois já perguntei para meu protetor e ele disse que nunca cruzamos nossos caminhos. Esta foi nossa primeira vez.

— Estou descobrindo diversas ligações com pessoas de meu último convívio e para cada uma tem algum motivo. Pensei que por ter causado a sua morte, também tivéssemos alguma ligação.

— No nosso caso não foi fortuito, porque eu iria morrer de qualquer jeito. Se você não caísse sobre mim daquela laje, outra coisa aconteceria.

— Só faltava você me agradecer de ter esmagado sua cabeça contra o chão...

Ambos riram e Ricardo emendou:

— Não seja por isso. Obrigado. Se o ensejo de minha morte não tivesse sido este, não conheceria um novo amigo!

— Quem fica deveria saber o que acontece depois. Minha mãe e meu pai padeceram enorme sofrimento por não aceitarem perderem o filho prematuramente, mas quem sou eu para julgar, se eu mesmo não aceitava?

— Você ainda não deve ter feito contas, mas eu que recuperei grande parte da memória dei conta das centenas de vezes que fiz esta mesma observação e toda vez que desencarnarmos dirá a mesma coisa.

— Estou com uma incrível saudade de minha cadela. Você viu naquele dia como ela é linda?

— Denis, a cachorrinha é feia de doer, convenhamos, e o nome que você deu à ela então... Meleca! Só você mesmo.

Denis acompanhou o riso de Ricardo, justificando:

— Quem vê cara, não vê coração! Estou louco de vontade de vê-la novamente e Élcio me disse que a visitaremos amanhã.

Kelly entrava na casa de Neusinha:

— Bom dia! Como vai a sua tia? Está tomando banho de bacia?

— Nossa, Kelly. Quanta animação e quanta criatividade! Não ouço essa desde que minha avó foi desta para melhor.

— Precisa levantar este astral. Vamos lá, Neusinha! Como se sentiu indo sem mim à cidade ontem? Trouxe os cogumelos que pedi? Se esqueceu, juro que entro na mata e caço uma capivara no dente, porque não aguento mais mandioca frita, mandioca cozida, purê de mandioca...

— Você está muito animadinha hoje. Sim, trouxe seus cogumelos e depois os entrego, mas não fui à cidade só para fazer compras.

— E o que mais fez?

— Amiga... estou grávida.

Kelly levantou-se, deu uma volta pela cozinha, olhou para Neusinha e perguntou:

— A piada é para rir ou para chorar?

— Não estou brincando. É verdade.

— Devo convocar o Vaticano para uma coletiva? Por que é de quem, do Espírito Santo?

— Deixa de ser besta, Kelly! Não sabe fazer contas? Estou de dois meses e meio.

— Ai, minha nossa! Como isso foi acontecer, Neusinha? Você não se preveniu?

— Menina, um deslize, nada mais que isso e veja no que deu...

— Neusinha do céu! E agora?

— Jogarei a sua língua fora! Ora, Kelly! Agora, sei lá!

— Ah, sim. Claro. Agora entendi. "Agora, sei lá", pode dizer muita coisa, não é mesmo? Neusinha, estou passada! Vem cá e me dê um abraço. Parabéns!

Kelly abraçou Neusinha:

— Adoro sermos loucas desse jeito e ainda bem que estamos no mato para não fazer mais estragos, mas contará o fato ao pai da criança e sua digníssima esposa Alicia?

— Você é louca, Kelly! Claro que não!

— Perdi alguma parte?

— Como assim? O que quer dizer?

— Quero saber qual parte perdi, porque preciso saber se o seu filho nascerá igual ao Tarzan, vivendo na mata, feliz de cipó em cipó, sem saber quem é o pai e também se faremos o parto à moda dos nativos, com você de cócoras gritando feito uma louca... Neusinha caia na real: claro que o Jorge tem de saber e não tem sentido ele não saber, afinal, é o pai da criança!

— Eu não quero que o Jorge e a Alicia saibam.

— Não te dou uns tabefes porque não bato em mulher grávida, mas pare e pense se é justo você esconder uma coisa dessas. Vamos, estou esperando.

— Não me interessa o que você acha justo! Jorge tem família e eu que devia ter me prevenido. Não contarei e pronto!

— Você deve ter perdido o senso de responsabilidade. Coloque-se no lugar do cara, Neusinha. Ia gostar que fizessem o mesmo com você? Tudo bem se quer bancar a "Madre Neusinha de Calcutá" preservando a Alicia, mas e quanto à criança? Acha legal ser privada de saber quem é o pai só porque a mãe é cabeça dura? Pense no futuro! Pense nas consequências fora do seu umbigo!

— Kelly, está me deixando nervosa...

— Sem problemas! Eu é que não carregarei o peso por não dizer o que sinto e vejo com estes olhos que a terra há de comer! Está sendo orgulhosa e egoísta. Você não me engana, amiga!

Neusinha deu um soco na mesa e levantou-se andando de um lado para outro:

— Mas que inferno! Por que as pessoas têm que complicar tudo?

Kelly reverteu o tom endurecido, dizendo serena e ironicamente:

— Desculpe. Não entendi... Quem complica tudo?

— Kelly, se eu souber que você abriu sua boca para contar para alguém, não olharei mais na sua cara!

— Gozado... Agora apertou o *replay* para dizer o mesmo quando começou a sair com o Jorge e deu no que deu: Você mesma acabou falando para a Alicia. Não cansa de fazer a mesma besteira? Sente-se, coloque sua mão fechada embaixo do queixo e pense: Onde está a lucidez de esperar esta criança crescer para contar a ela? Poderá até controlar enquanto for pequena inventando histórias da carochinha, mas quando ela crescer encostará você na parede porque omitiu o que não deve ser omitido.

— Estou com vontade de te encher de porrada! Pare!

Kelly aproximou-se de Neusinha abraçando-a com carinho:

— Mas eu te amo mesmo assim e estou muito feliz por saber que minha onça preferida terá filhotes. Já pensou se forem gêmeos? Parabéns, querida!

— Prometa que não contará para ninguém. Eu tenho direito de escolher.

— Sim, mas só se você prometer que pensará melhor, enquanto isso a gente vai escondendo, armando uma barraca na sua barriga quando estiver com nove meses, só para disfarçar. Aposto que nem pensou nisto também, não é? Mas tudo bem. Você promete?

— Está bem, Kelly. Prometo que pensarei.

Capítulo 55

Denis foi levado por Élcio, na companhia de Luiz até o local onde estava Meleca.

Foram recebidos por Aurélio:

— Sejam bem-vindos! Preparado para despedir-se de Meleca, Denis?

— Por quê? Meleca irá para onde?

— Chegou o momento de ela reencarnar.

— Tão rápido assim?

— Meleca está atrasada.

— Por que atrasada?

— Porque já devia ter encarnado e só não encarnou porque achamos por bem esperar para vê-lo. Ela está sentindo sua falta.

— Mas eu também estou sentindo muito a falta dela, mas não pode ficar mais tempo comigo?

— Não, Denis. A reencarnação dos animais é quase simultânea. Logo que vocês se despedirem, ela retornará para a vida material. Mas vamos logo, porque tudo está sendo preparado para ocorrer daqui a duas horas.

Todos seguiram para um local onde Meleca estava junto com diversos cães e gatos, além de outras variedades de animais, causando estranheza a Denis:

— Aurélio, que animais são estes que nunca vi?

— São de outros planetas, com desenvolvimento equivalente ao dos animais domésticos da Terra. São um pouco mais desenvolvidos que os do planeta, mas os colocamos todos juntos para desenvolverem melhor a comunicação.

Quando Meleca avistou Denis ao longe, veio correndo em sua direção e pulou no seu colo, lambendo-o e latindo freneticamente, causando emoção em todos.

— Você não era ágil desse jeito, minha Meleca querida! Criou asas, meu amor?

Denis parou de repente e começou a chorar, entregando Meleca no colo de Aurélio. Élcio entendeu o que se passou, esclarecendo para Denis:

— Como é a primeira vez que você se encontra com a cadela no plano espiritual, ainda não sabe, mas aqui os animais conseguem entendê-lo perfeitamente e responder mentalmente à maneira deles.

— Impossível de acreditar! Posso conversar com Meleca... — disse abismado Denis.

— Não é exatamente uma conversa — continuou Aurélio, ainda com Meleca no colo — podemos dizer que é uma troca de impressões. Encarnada ela consegue sentir e responder também, mas em nosso plano você consegue sentir ou ouvir os pensamentos dela. Claro que os animais se expressam de forma rudimentar como testemunhou agora, mas conseguem codificar sentimentos.

Denis pegou com delicadeza Meleca do colo de Aurélio e não conseguia parar de chorar de emoção, comunicando-se com ela, agradecendo em pensamento, emocionando os protetores e o estagiário Luiz:

— Obrigado por ter sido minha companheira na Terra enquanto vivi e mesmo depois que morri. Você foi meu esteio, meu anjo de quatro patas, na luz e nas trevas... Você conseguiu me amar até depois que parti e nunca vou te esquecer.

Meleca ficou imóvel, correspondendo a todas as colocações de Denis e quando ele terminou, a cadelinha lambeu seu rosto com carinho, virando-se para Aurélio que a tomou delicadamente do colo de Denis, colocando-a no chão e tornou:

— Está sentindo que chegou a hora de voltar, não é, querida? Vamos, despeça-se do seu amor, vamos...

Meleca fixou o olhar no de Denis, virou-se e acompanhou Aurélio para o setor de reencarnação.

Denis permaneceu estático, observando Meleca e Aurélio desaparecerem no horizonte e sussurrou:

— Inesquecível esse olhar...

Levando as mãos à cabeça, Denis denotava dor insuportável, preocupando Luiz e sabendo o que acontecia, Élcio orientou serenamente:

— Calma, Denis. Já avisei para não querer lembrar-se de tudo de uma vez...

Denis cessou ofegante por instantes, dizendo:

— Eu preciso!

Novamente, levando as mãos à cabeça, Denis delirava, quando Luiz, observando Élcio impassível, perguntou:

— O que está acontecendo, Élcio?

— Denis está se lembrando da primeira vez que se encontrou com Meleca. O contato com ela em nosso plano contribuiu para isso acontecer, mas aquela troca de olhares foi mesmo inesquecível.

Sem entender direito, Luiz continuou a indagação:

— Lembro-me como se processa a restituição de memórias antigas, mas da maneira que assimila, não pode prejudicar-se?

— É uma espécie de dor moral, mas não o prejudica, apenas dói lembrar e assim que voltarmos, pelo visto terá muito para lhe contar sobre o que você quer saber da relação entre ele, Jorge e Meleca.

— Estou curiosíssimo! — finalizou Luiz.

Logo que cessaram as sensações, Denis disse reticente:

— Então é isso...

— Satisfeito por descobrir, Denis? — questionou Élcio.

— Muito!

Luiz pediu:

— Como sabe, há algum tempo acompanho a sua vida e a de Meleca, mas não conheço a origem da relação de vocês. Oportunamente se importaria de me contar?

345

— Com muito prazer, Luiz. Se quiser, lhe conto agora.

— Agora não, porque temos uma surpresa para você, Denis — ponderou Élcio, causando alvoroço no interpelado:

— Qual?

— Agora é noite na Terra e temos aqui uma trabalhadora que vem esporadicamente participar das tarefas de triagem dos animais que aqui chegam. Venha. Vamos encontrá-la.

Passando pelos diversos ambientes, Denis admirava cada departamento, até que chegaram à triagem e Brenda veio ao seu encontro.

Depois de cumprimentar Élcio e Luiz, Brenda perguntou para Denis:

— Satisfeito por encontrar a cachorrinha?

— A senhora nem imagina o quanto!

— Irá gostar também daqui a pouco, mas preciso prepará-lo para alguns detalhes. Sua cachorrinha é desencarnada, mas minha protegida não. Sei que você recordará de muitas coisas de vidas passadas, mas ela não. Apenas pedirei o cuidado com isso, pois minha protegida vem esporadicamente quando está dormindo, em estado de desdobramento. Por isso, ela guarda informações suas somente da última encarnação. Não fale sobre as revelações que tem sobre o passado mais distante de vocês, está bem?

— Não estou me contendo de ansiedade. Quem é sua protegida?

— Olhe. Está ali ao lado daquele trabalhador de camisa bege.

Denis a encontrou com o olhar:

— Neusinha!

— Sim, é ela mesma, mas precisará tomar a forma de quando ela o viu da última vez para reconhecê-lo.

— Mas eu era um menino. Não lembro como faço isso.

— Pense em você naquela idade e deseje ser fisicamente como naquela época.

Denis procedeu ao recomendado:

— É assim? Sou o Denis menino agora?

346

— Muito bem! Agora vamos. Ficaremos apenas alguns minutos para não atrapalhar os trabalhos.

Élcio ajuntou:

— Eu e Luiz ficaremos aqui esperando você, para não tumultuar os trabalhos. Aproveite.

Brenda levou Denis até Neusinha que, ao reconhecê-lo, abriu largo sorriso, abraçando-o:

— Que bênção ver meu menino querido, meu pupilo vegetariano mais aplicado!

— Também estou muito feliz em revê-la. Tudo bem com você?

— Algumas confusões, mas nada que não consiga resolver. Menino, quanta saudade!

— Continua cuidando dos animais?

— Com certeza! Cá e lá! — riu Neusinha. — Sabe que isso é o que mais gosto de fazer, não é?

— Claro que sim. Por isso deixam você trabalhar aqui.

Brenda fez sinal com os olhos para Denis sair e ele se despediu:

— Persevere, querida amiga! Um dia nos veremos de novo.

— Já vai? Está tão bom ter você comigo...

— Não faltará oportunidade. Por favor, diga ao papai e à mamãe que estou bem e que os amo muito.

Denis despediu-se dando um abraço em Neusinha e em Brenda, e seguiu até Élcio e Luiz.

— Élcio, por que senti a presença de Erotilde quando abracei Neusinha?

— Por que Neusinha a carrega em seu útero. Ainda não sabe que é menina, mas já pensa em dar o nome de Débora para ela.

— Que maravilha! Erotilde será filha da Neusinha! Quem é o pai?

— Jorge, ou Brian, se preferir.

— Impressionante como o destino trabalha... Erotilde, filha de Brian, mas o que aconteceu à minha mãe, Alicia? Separou-se de Brian, ou melhor, de Jorge?

— Estão juntos, mas este enredo ainda terá muito que mudar...

— Em pensar que eu não queria vir para cá. Poderei saber do destino deles depois?

— Claro que sim, porém, como sabe, poderá visitá-los somente quando for autorizado pelos dirigentes.

— Estou ciente e tranquilo, mas estou com sede de trabalho. Sei que por enquanto ainda não posso, mas quero me preparar para o que virá.

O trio retornou para a colônia onde Denis foi convidado a se instalar.

Capítulo 56

Chegando à colônia, Élcio comentou:

— Foi um dia de fortes emoções.

— Coloque fortes emoções nisto! — exclamou o estagiário Luiz.

— Luiz, estava querendo saber como conheci Meleca? — perguntou Denis.

— Se não se importa de contar...

— Com prazer.

Denis sentou-se numa cadeira, fechou os olhos e suspirou. Depois, sorriu e começou a contar:

— Muito tempo atrás, Edvaldo fora meu filho primogênito. Com vistas na continuidade de meu legado, eu o convenci a se casar com a filha mais velha de uma família cujos interesses comungavam com os meus na manutenção da hegemonia fundiária.

Edvaldo casou-se com Neusinha, uma jovem com notoriedade por se destacar na rígida formação exigida para as mulheres daquela época. Neusinha era capaz de domar um cavalo e nos campeonatos regionais tinha sido a única mulher a conseguir sacrificar um touro responsável por ter aleijado e matado vários homens na arena.

Neusinha tinha muitos irmãos e irmãs. Alicia era sua irmã caçula, com características opostas, uma mulher sensível e delicada, que não encontrava seu lugar entre outras de seu tempo e, talvez por isso, fosse a mais protegida e amada por Neusinha.

Jorge era meu administrador de confiança. Eu o indicava para todo tipo de tarefas, inclusive matar os que divergissem os propósitos de minha família, porém eu não sabia que antes do casamento de meu filho Edvaldo, Jorge já mantinha um caso às escondidas com Neusinha, embora Alicia já o soubesse.

Talvez o destino não tomasse o rumo que tomou caso Neusinha não mantivesse o relacionamento com Jorge depois que se casara com Edvaldo e Alicia não tivesse se apaixonado por Jorge, que a desprezava.

Os costumes da época eram permeados por barbaridades de toda sorte.

Certa feita, Alicia tentou suicidar-se, mas foi impedida por sua irmã Neusinha, que após a interrogar sobre os motivos daquela tentativa, descobriu que a causa era o amor não correspondido por Jorge. Então, Neusinha convenceu Jorge a proporcionar algumas noites de prazer para sua irmã, acreditando que com isso pudesse resolver a questão, como se sentimentos pudessem ser emprestados ou vendidos.

Nas primeiras vezes, Jorge achou interessante, mas aqueles encontros promovidos com anuência de Neusinha serviram para ele compreender o legítimo sentimento de amor por ela e então decidiu parar, pois não havia mais sentido continuar se encontrando com Alicia sendo apaixonado por Neusinha.

Alicia fingiu dar-se por satisfeita, mas em silêncio alimentava o ciúme que a consumia e, num momento culminante de crise, decidiu revelar a relação extraconjugal de Neusinha com Jorge para Kelly, que era minha esposa e, portanto, mãe de Edvaldo.

A princípio, Kelly não acreditou em Alicia, mas depois de confirmar a veracidade dos fatos, revelou tudo para mim.

Pelas leis da época, seria fácil condenar Jorge e Neusinha, mas o fato teria de se tornar público, levando o nome das famílias para a lama, com consequente prejuízo pela dissolução do casamento, além da vexação à qual Edvaldo, meu filho seria submetido.

As mulheres tinham forte influência sobre as decisões de família, por isso eu e Kelly escolhemos Erotilde, nossa filha mais velha, irmã de Edvaldo, para decidir sobre o que fazer a respeito, e ela idealizou o funesto plano: matar Jorge, considerando que entre as peças do tabuleiro, ele representaria o menor prejuízo e tudo ficaria resolvido a contento.

Em parceria com seu marido Túlio, Erotilde contratou dois caçadores forasteiros especialistas para aprisionar um lobo na floresta, com alguns dias de antecedência da tradicional festa de caça ao cervo. Naquela época, a pólvora ainda não havia sido inventada, portanto, não existiam armas de fogo e as caçadas eram muito perigosas, feitas com lanças, arco e flecha, representando um ato de coragem digno de graduação entre os praticantes.

No dia da caça, meu genro Túlio fez par com Jorge ao entrar na floresta e a poucos metros do cubículo de madeira onde estava aprisionado o lobo, Túlio protegeu-se sobre o galho de uma árvore, puxando a corda, liberando o animal que partiu na direção de Jorge, que não teve chance de se defender da ferocidade do lobo selvagem.

No dia seguinte, Neusinha chorava acompanhada de Alicia, observando o corpo de Jorge sobre uma pira de madeira para ser cremado, dizendo para Kelly que estava ao meu lado:

— *Como pode? Sair para caçar e virar caça. Mesmo não conhecendo direito este empregado do senhor Denis, vê-lo estraçalhado desse jeito me dá pena* — disfarçou Neusinha.

— *Amanhã mesmo investigarei o ocorrido porque não posso acreditar que um lobo sozinho tenha feito isso.*

Eu e Kelly nos entreolhamos preocupados, receosos da suspeita levantada pela nora infiel e Kelly pensou rapidamente numa forma de contornar a situação, respondendo para Neusinha:

— *Fique tranquila que a morte do nosso empregado será vingada, para nunca mais acontecer este tipo de tragédia.*

— *O que poderia vingar esta morte estúpida?*

— *Os homens se reunirão para acabar com todos os lobos que existirem neste lugar.*

No dia seguinte, muitos homens entraram na floresta dizimando uma alcateia, cujos corpos eram jogados uns sobre os outros.

Quando a caçada chegou ao final, me aproximei da pilha de corpos e um animal levantou a cabeça lançando-me um olhar misericordioso e magnético.

Observando-me estático, meu genro Túlio viu que Neusinha estava perto, então aproximou-se dizendo em voz alta para ela ouvir:

— *Já vi que é uma fêmea e sei que foi ela que matou o Jorge. Reconheci, porque é a única que está com marcas de sangue no focinho...*

— *Atire outra flecha e acabe com o sofrimento dela* — sugeriu Neusinha.

Túlio objetou:

— *Deixe-a agonizar. Ficará mais fácil tirar-lhe o couro porque estará fresca. A propósito teremos peles até a próxima estação.*

Ignorando a sugestão de Túlio, Neusinha armou o arco e flecha, posicionou-se e antes de acertar o coração da loba, ela ainda levantou a cabeça e continuou me olhando até desfalecer.

Denis encerrou sua narrativa:

— Foi assim que eu e Meleca nos encontramos pela primeira vez. A partir daquele dia, nunca mais fui o mesmo, pois o contágio daquele olhar misericordioso me mostrou a necessidade de penetrar a essência de um animal para reconhecer a minha própria essência. Aquele olhar permaneceu em minha mente e coração cada vez que tive oportunidade de retornar à vida, permanecendo eternamente para me lembrar do que o amor é capaz.

Após alguns segundos de silêncio, o estagiário Luiz agradeceu:

— Sou grato por me revelar sua história, que me serve de aprendizado. Durante muitas encarnações tive diversas contribuições dos animais na minha vida, mas nunca ouvi uma tão marcante e comovente como a sua.

Élcio, o protetor de Denis, emendou:

— De fato. E ainda há os que questionam os motivos do Criador colocar os animais para conviverem conosco.

Luiz perguntou:

— Quais as principais consequências para você naquela encarnação?

— Não quis saber dos couros da alcateia e nunca mais suportei ver sacrifícios de animais. Infelizmente me alimentei da carne dos animais até a última encarnação, por envolvimentos culturais dos lugares nos quais vivi nas sucessivas encarnações.

— Agora descanse, Denis — orientou Élcio — Hoje foi um dia de fortes emoções, mas daqui a duas semanas terá muito mais, pois a programação de reencontros é grande.

— Não vejo a hora. Será que recordarei integralmente de todos?

— Se não recordar, as pessoas que querem lhe ver lhe ajudarão, principalmente as que planejam retornar com você na próxima existência.

Dois meses depois, após o distanciamento imposto por Neusinha, Jorge admitiu a possibilidade de reatar sua relação com Alicia e a procurou para conversar:

— Alicia, preciso lhe dizer que apesar de nosso distanciamento, ainda sinto carinho por você.

— Eu também, Jorge. Não me aflijo mais pela falta do Denis porque sinto que ele está bem.

— Não vai começar com aquela história de culpa novamente, atribuindo à falta com religião a causa de desgraças, não é, Alicia?

— Por acaso tem me ouvido falar sobre isso? Estou vivendo minha vida, apesar de você não me querer mais e, aliás, queria falar sobre isso.

353

— O que quer falar, Alicia?

— Quero dizer que sei o que aconteceu entre você e Neusinha enquanto estive ausente.

— Cheguei a pensar que fosse por isso que vocês saíram juntas. Foi ela mesma quem lhe contou? E o que você pensa sobre isso?

— Penso que é passado para mim. Foi Neusinha quem me incentivou a ficar com você. Mas e você, ainda quer ficar comigo?

— Confesso que estou confuso com esta situação, Alicia... Só não sei se posso conversar abertamente sobre este assunto com você.

— E por que não poderia?

— Não sei e me preocupo como será sua reação diante das minhas confusões.

— A menos que não queira, ainda sou sua esposa e sempre tivemos confiança de dizer o que pensamos um para o outro. Fique tranquilo que estou preparada. Pode dizer.

— Eu não me envolvi com Neusinha só por causa de sexo e para não ficar sozinho. Eu gostava dela.

— Não estou aqui para disputá-lo com Neusinha, por isso não perguntarei se gosta mais de mim, ou dela, mas fique sabendo que não tenho medo de dizer que sei que Neusinha se envolveu com você por amor.

Surpreso com a sinceridade e a austeridade da esposa, Jorge perguntou:

— Se sabe, o que pensa a respeito?

— Penso que se me quiser fora do caminho devo partir e respeitar o que vocês sentem um pelo outro.

Jorge titubeou e Alicia instigou:

— Calou por que, Jorge? Não imaginou que eu estivesse tão segura?

— Não é isso. É que não sei explicar. Você mudou, está mais atenciosa, agindo como quando nos conhecemos. Estou confuso.

Alicia aproximou-se de Jorge abraçando-o e dando-lhe um beijo, dizendo ofegante:

— Será que estou o reconquistando, ou você vê que estou louca para fazer amor com você?

A partir deste dia, Alicia e Jorge voltaram a viver como um casal.

Capítulo 57

Denis foi convidado para a despedida de Túlio, seu antigo genro que reencarnaria em breve e estava ansioso:

— Podemos entrar? — perguntou Denis para Élcio.

— Consegue recordar-se integralmente de sua forma quando fora William?

— Claro que sim — Denis transmutou-se — Está bom, assim?

— Muito bem! William jovem, mas pode ser quando tinha aproximadamente sessenta anos?

Denis transmutou-se novamente:

— E agora?

— Está ótimo! Podemos chamar Luiz para participar?

— Eu mesmo farei isso.

Denis chamou Luiz em pensamento e ele surgiu:

— Quanta honra ser convidado para um momento tão importante de alguém que irá reencarnar! Obrigado, Denis.

— Não há de que. Vamos?

— Apenas uma observação, Denis. Ficaremos invisíveis para você conversar à vontade com seu companheiro de jornada. Saiba que encontrará outros e, enquanto isso, eu e Luiz circularemos para refletirmos sobre suas vidas.

Quando os três entraram na ampla sala, Túlio veio ao encontro de Denis abraçando-o efusivamente:

— Que maravilha vê-lo, meu sogro querido!

— Túlio, meu fiel escudeiro! Quanta saudade...

Denis lançou o olhar pela sala enquanto diversos grupos conversavam e ficou abismado ao ver muitos conhecidos de variadas encarnações, mas Túlio chamou a atenção para si:

— Pode parar! Depois levarei o senhor para conversar com quem quiser, mas primeiro deixe eu lhe contar. Sabe quem me trará ao mundo na Terra desta vez?

— Quem?

— Chegarei pela mesma mulher que o gerou na última encarnação!

— Alicia, que foi minha mãe... Você será irmão de Erotilde... minha querida Erotilde...

— Isso mesmo! Serei irmão daquela que na nossa época foi minha esposa!

— Tudo em prol de Jorge! Ele merece... Mas que situação estranha essa: Jorge engravidar Neusinha, que trará Erotilde, sendo marido da Alicia, que também trará você? Jorge está ganhando um "presente de grego" no planejamento da espiritualidade?

Ambos riram e Denis continuou:

— O cara receberá muito amor do lado de cá, mas terá de lidar com dois desafetos. Enfim, se um dia estiver numa situação dessas, já vou começar a sentir saudade das trevas!

— O senhor é fogo... O mesmo senso de humor de sempre... Soube que passou rapidamente pelas trevas de Charles, mas eu me demorei nas trevas de Gerard. Deixarei que descubra por si só minhas aventuras nos últimos séculos. Agora está liberado para rever nossos companheiros de antigas jornadas. Dê-me um abraço.

— Desejo que sua mente possa estar iluminada nesta nova estada.

— Obrigado, senhor William. Até breve.

Acompanhado de Élcio e Luiz, Denis seguiu pela sala revendo amigos e desafetos que fizeram parte de encarnações passadas.

Élcio perguntou para Luiz:

— Qual sua impressão a respeito dessa incursão no histórico de Denis?

— Muito interessante! Tracei muitos paralelos entre encarnados e desencarnados, inclusive com minhas próprias experiências. Agradeço a oportunidade de ser digno de ter vocês como guias e poder refletir bastante.

— Como sabe, nada acontece sem finalidade útil e pedi para você vir hoje nesta despedida de Túlio para nos ajudar a traçar novo planejamento para a próxima encarnação de Denis.

— Agradeço e abraçarei a tarefa com prazer.

Dois meses depois, Alicia levava Jorge ao aeroporto:

— Vá e volte inteiro porque logo teremos outra boca para sustentar, meu querido.

— E você, cuide-se. Se tiver que ficar um dia a mais lhe avisarei, porque além das reuniões da construtora com os financiadores, resolverei uma pendência no conselho regional no qual sou cadastrado.

Logo que Jorge tomou o avião, Alicia foi até a casa de Neusinha.

Kelly estava lá e assim que viu Alicia sair do carro, disse à amiga:

— Se quiser direi para ela que você não está. Fique nos fundos que assim que ela sair a chamo de volta.

— Não. Azar o dela se veio, porque já havia dito para não vir. Quando ela entrar deixe-nos a sós e se ouvir pratos estilhaçando traga a pá e a vassoura.

Kelly recepcionou Alicia que lhe deu um forte abraço e disse com alegria:

— Vim contar uma novidade para vocês.

— Desculpe, Alicia. Preciso ir imediatamente porque esqueci a panela de pressão ligada. Depois conversamos, até logo.

— Está bem. Corra porque isso é um perigo. Até mais.

Alicia anunciou sua chegada à porta e Neusinha a convidou para que entrasse.

Neusinha estava sentada e Alicia abriu os braços sorrindo e dizendo:

— Vem cá me dar um abraço.

Neusinha permaneceu sentada e disse:

— Não disse "adeus" e para não vir mais aqui, Alicia?

— Puxa vida, Neusinha! Está me botando para fora de sua casa? Outro dia disse que me amava, acreditei e agora sou eu que venho dizer que te amo. Venha logo, amor, me dê um abraço.

— Está bem, Alicia, eu vou.

Quando Neusinha levantou-se, Alicia deu passo para trás, levando um susto ao ver a barriga da amiga evidenciando a gravidez avançada.

— Que foi, Alicia? Acabou a vontade de me abraçar?

— Menina do céu! Não sabia que estava grávida, mas, de quem?

— Deve ser de um elefante da África, porque não estou aguentando ficar em pé. Não imaginava que ficar grávida é assim. Sente-se, Alicia.

Alicia sentou-se em frente à Neusinha, que insistiu na pergunta:

— Responda primeiro à minha pergunta: Não disse para não vir mais aqui?

— Sim, mas estava com saudade e quando soube que estava grávida fiquei tão feliz que resolvi aparecer para lhe contar, matar a saudade e também agradecer, porque eu e Jorge reatamos graças a você.

— Por quem você soube que eu estava grávida?

— Você não entendeu: Eu disse que quando soube que "eu" fiquei grávida... Não tomei um susto ao vê-la com um barrigão? Não sabia que você estivesse...

Neusinha levou mão à cabeça:

— Ai, ai, meu Deus do céu...

359

— Maravilhoso ficarmos grávidas juntas. Por que "Ai, ai, meu Deus do céu"? Achou ruim que fiquei grávida?

— Não é isso, Alicia... Coincidência, né? Eu e você ficarmos grávidas quase juntas.

— Não me diga que engravidou daquele criminoso que está preso!

Neusinha fulminou Alicia com o olhar, dizendo:

— Vou repetir o que Kelly me disse outro dia: Só não lhe dou uns tabefes porque não bato em mulher grávida. Alicia, acorda mulher! Já não disse a você que não transei com o Roberto?

— Então de quem... Neusinha seja sincera comigo: Você continuou se encontrando com o Jorge?

— Estou de cinco meses! Isso lhe diz algo? Olhe o tamanho de minha barriga e olhe o tamanho da sua que nem aparece, ainda!

Enquanto Alicia tentava raciocinar, Neusinha se adiantou:

— Faz quantos meses que não nos vemos? Sabe fazer contas?

Alicia se irritou:

— Deixa de ser grossa! Sei lá quanto tempo faz! Diz logo: Do Espírito Santo é que não é!

— Claro que pode! Se o Jorge tiver sido promovido pelo paizão do céu, é claro que pode!

— Neusinha, não brinque com isso. Como pode ter engravidado do Jorge se...

— Caiu a ficha, Alicia? Engravidei do Jorge antes de você chegar, criatura!

— Agora vai me dizer que o destino nos pregou uma peça?

— Pode ser que sim! Uma única vez que descuidei e olhe só a bola de capotão que ganhei de presente!

— Mas... Por que não me contou quando conversamos pela última vez?

— Porque soube depois!

Alicia permaneceu atônita, levantou-se, tomou água e continuou:

— Neusinha, como pode isso ter acontecido conosco?

— Bem, acredito que tivemos uma relação sexual, os espermatozoides fecundaram os óvulos e eis a resposta! Simples assim!

— Pare de ironizar, Neusinha! O assunto é sério demais para ficar brincando! Você está grávida do meu marido, dá licença!

— Está bem, Alicia, você tem razão, mas o que quer que eu faça? Não fui bater na sua porta, você que veio bater na minha e esteja certa que minto para quem for preciso, mas para você não posso mentir, ou perguntará novamente se estou sendo sincera com você?

— Neusinha... E agora?

— Resposta automática: "Jogarei sua língua fora"! E agora terei meu bebê, você terá o seu, com a diferença que o seu todo mundo saberá quem é o pai e quanto ao meu, não devo satisfação a ninguém, exceto a você que, claro, ficará calada. É isso!

— Está sugerindo que eu seja cúmplice de sua omissão diante de algo tão sagrado?

— Pronto! Baixou a Alicia de Calcutá! E o que sugere?

— Não sei... Sei lá... Eu...

— Alicia, não complique as coisas e fique quietinha só desta vez, está bem?

— Esperamos filhos do mesmo pai. Não é justo colocarmos nossos interesses acima de algo assim.

— Está bem. Então, vamos lá, eu e você contar para o Jorge, anunciar batizados juntos num domingo ensolarado. Ele ficará muito feliz em saber, não é, Alicia? É isso o que você quer? Pense, Alicia...

— Neusinha, você é louca e odeio você!

Alicia aproximou-se de Neusinha, abraçando-a com carinho e dizendo:

— Neusinha do céu, você seria capaz de omitir isso de mim e do Jorge... Não sei como posso amar tanto você e essa criança, mesmo dessa forma... Mentira, eu não te odeio não, eu te amo.

— Também, duvido mesmo que exista uma louca sincera e verdadeira como eu...

— É menino ou menina?

Os olhos de Neusinha marejaram e ela respondeu:

— Uma menininha...

Alicia abraçou Neusinha mais forte:

— O que faremos?

— Nada. Se o Jorge descobrir, diga que a filha é do Roberto. Pode confiar em mim.

— Nunca pensei que pudesse passar por uma situação dessas e não sei se conseguirei me manter calada...

Neusinha desabafou:

— Consegue sim, mas se não conseguir, faça o que você quiser, porque eu não sei de mais nada.

— Não se desfaça deste abraço. Eu estava mesmo com muita saudade e a propósito, apesar das circunstâncias, parabéns, mamãe!

— Parabéns para você também, Alicia. Como chegou até aqui a esta hora do dia?

— Jorge precisou ir à sede da empresa e usei o carro dele depois de deixá-lo no aeroporto.

— Quando ele voltará?

— Daqui a dois dias.

— Pode ir comigo à cidade comprar o enxoval da Débora?

— Nossa! Pensei a mesma coisa e só não vou comprar o do meu bebê porque ainda não sei se é menino, ou menina.

— Eu acho que o seu será menino.

— Se for menino o nome dele será Renê, porque acho que combina com Denis.

— Lindo nome. E se for menina?

— Não sei... Não sinto que é menina... Terei que escolher ainda.

Capítulo 58

Alicia estava encolhida na sala assistindo à televisão com Sabrina, quando Rosemeire chegou fazendo carinho em seu ventre:

— Como está o nosso bebezinho? A mãe dele está com saudade do papai, não é? Mas amanhã ele volta...

— Rosemeire, estou angustiada, mas não é por causa do Jorge...

— É por causa de quem?

— Ontem fui com Neusinha até a cidade.

— Xiii! O que foi desta vez? Anda dando em cima do seu marido outra vez?

— Neusinha nunca deu em cima do Jorge, Rosemeire. Você não sabe da missa a metade.

— Quer falar sobre isso?

— Eu preciso desabafar. Contarei desde o início.

Depois de Neusinha contar os acontecimentos na íntegra, Rosemeire e Sabrina ficaram embasbacadas. Sabrina disse:

— Dona Alicia, a senhora não está dando muita moleza para a Neusinha? Adoro a Neusinha, mas ela sair com seu marido e ainda engravidar dele...

— Não fale o que não sabe, Sabrina! — cortou Rosemeire. — Isso é conversa de gente grande e você não sabe de nada!

— Deixe a menina, Rosemeire... Sabrina não é mais uma menininha e tem direito de ter opinião própria. Digo para vocês que o fato de Neusinha ser sincera e ter aberto o caminho para mim foi um dos motivos de eu gostar tanto dela, mas tem uma coisa que me incomoda muito.

— O que é, dona Alicia? — indagou Sabrina.

— É que não consigo sentir raiva da Neusinha. É como se isso que estamos passando fosse algo normal, porque amo tanto a Neusinha que consigo ver meu egoísmo de querer Jorge só para mim.

— Ah, não! Você não quer me convencer que seria capaz de dividir seu marido com outra pessoa, não é, Alicia?

— Não sei por que o motivo de tanta indignação, Rosemeire. Se pararmos para pensar nas trivialidades dos convencionalismos furtivos que vivemos, veremos que colocamos uma roupa bonita para nos mostrar, porém de que adianta se a roupa não refletir o que somos de verdade? Sabe o que somos? Nada! Se pararmos para pensar o quanto a vida é curta, restará em nós apenas a memória das pessoas.

— Tudo bem, Alicia, mas venhamos e convenhamos: O que é certo é certo e admitir o que a Neusinha fez com o senhor Jorge, não é certo.

Sabrina tomou a palavra:

— Mainha, me lembro que uma vez conversei sobre isso com Kelly e concluí que o que é certo para a mainha, pode não ser certo para dona Alicia. Já reparou que a gente sempre quer que as coisas sejam do jeito que achamos que tem de ser? O importante é a pessoa ser como quiser, do jeito que se sente feliz, não do jeito que as pessoas acham que é bonito e certo ser.

— Já falei que você não sabe de nada, Sabrina! — exclamou Rosemeire. — É fácil falar, mas se a gente não seguir uma linha traçada pela sociedade, é esmagado.

— Pare de falar que não sei de nada! Eu tenho direito de ter minha opinião, por mais que contrarie a senhora, além do mais, de que adianta seguir essa linha traçada que a senhora falou e se tornar uma pessoa frustrada e infeliz?

— Mas que... Está vendo quanta falta de respeito, Alicia? Vou dar uma coça nessa menina!
— Calma, Rosemeire, calma... — posicionou-se Alicia.
— Este é o exemplo de quando queremos que os outros aceitem nossa opinião sem poder manifestar a deles. É que você foi criada numa época, Sabrina em outra e os conceitos mudam de tempos em tempos.
— Sim, os conceitos mudam, mas educação e respeito sempre serão bem-vindos e se é uma coisa que não admito é falta de respeito.

Sabrina desta vez manifestou-se:
— Mainha, eu respeito demais a senhora, aliás, eu a amo muito, mas mainha acha justo impor algo para mim de maneira que concorde apenas para satisfazê-la? É que a mainha me tem como criança e isso é bom até certo ponto. Não me considero mais inteligente que você, pois a valorizo como mãe, mas não acha que a gente deve respeitar para ser respeitado?
— Minha nossa! É você mesma que está falando, ou está possuída, filha? Mudou para um tom macio, mas dá tapas com luvas de pelica! Essa geração de agora vou lhe contar...
— Desculpe dizer, Rosemeire, mas se você diz que o que é certo, é certo, deve refletir primeiro antes de dizer que Sabrina não tem razão, porque ela fundamentou sua defesa.

Rosemeire sentou-se ao lado de Sabrina, acariciou seus cabelos e disse:
— Minha filha, meu orgulho... A vida tem sido tão boa com a gente. Preciso me acostumar com você virando doutora e já estou vendo levar seu brilho por onde passar, sem esquecer que terá em mim o amor de mainha para velar por sua alma.
— Vixi, mainha! Ainda falta muito, mas pode ter certeza que farei de tudo para a senhora ter muito orgulho de mim.

Logo que Jorge retornou, Edvaldo veio ter com ele:
— Tenho notado que você anda de baixo-astral, não sorri, não conversa. Muito preocupado com a gestação da Alicia?

— Não, Edvaldo. Obrigado por sua preocupação, mas não é nada, só ando meio cansado.

— Está bem. Qualquer coisa é só chamar.

— Como está Neusinha?

— Está bem. Não tenho conversado com ela, mas das vezes que passa por mim, nenhuma novidade.

— Eu sei que ela deve ter pedido a você para não dizer nada, mas tudo bem, eu entendo...

— Para ser sincero, tenho até medo de falar da Neusinha para você, Jorge. Eu sei que você é fissurado na onça e não quero correr risco de me enrolar, porque a Neusinha e a Kelly quando se sentem invadidas é um Deus nos acuda.

— Eu entendo. Não precisa dizer mais nada.

— Amigo, acho que para você não preciso ter medo de perguntar algo, não é?

— Vamos, Edvaldo, dê logo a paulada de misericórdia. Pergunte.

— Mesmo com a gravidez da Alicia, você ainda sente algo por Neusinha?

Devido ao longo intervalo que Jorge permaneceu com o olhar perdido sem responder, Edvaldo perguntou com cuidado:

— Foi uma paulada?

— Estou procurando palavras para tentar lhe responder... Dizer que sinto algo... Sinto saudade. Sabe, Edvaldo, nunca fui um cara volúvel que se atira na primeira mulher que aparece, mas não sei explicar por que a Neusinha mexeu tanto comigo, que até agora não consegui esquecer. Queria que ela tivesse me posto para fora, que tivesse me ofendido muito, daí acho que não ficaria com essa sensação medonha de algo inacabado, parecendo que ficou faltando. Deixa pra lá. Quer saber? Nunca fui tão babão desse jeito. Tenho mais é que focar na gravidez da Alicia e deixar isso para lá de uma vez.

— Permite mais uma pergunta?

— Mas é claro, Edvaldo. Como a paulada ainda não matou o pobre engenheiro, a segunda não fará diferença. Fique tranquilo que na verdade preciso mesmo desabafar porque ando confuso.

— Da mesma maneira que descreveu sobre Neusinha, descreva o que sente por Alicia, ou melhor, considera que ainda ama Alicia?

— Esta eu não demoro a responder: Alicia é aquela esposa maravilhosa, imaculada, que sempre sonhei para a vida inteira, antes de conhecer uma desastrada, metida a defensora da natureza. Se pudesse ser leviano diria que para mim ambas representam um sorvete napolitano: As duas juntas se complementam no sabor.

Depois de rir bastante, contagiando Jorge, Edvaldo disse:

— Uma comparação profunda e filosófica! Pelo menos fez você rir um pouco...

— Nunca fui dramático, e repudio "papos cabeça", mas estou pior que uma mulher na TPM.

— Agora você foi machista! Mas, falando sério: Está em vias de tirar Neusinha da cabeça, não é?

— Bem que eu queria, mas pelo contrário, estou pior do que antes de experimentar a fruta!

— Diz a verdade, Jorge. Este lance tem mais a ver com química sexual do que amor, não é?

— Refarei a questão: Este lance tem mais a ver com não saber interpretar o que sinto? Talvez seja o adolescente masculino, o cara que não sabe o que quer, tem o que precisa, mas não consegue entender o que realmente se passa e a isso se dá o nome de "confusão". Mas agora sou eu que pergunto: Dá para você me dizer como Neusinha está de verdade?

Edvaldo se sentiu incomodado e Jorge finalizou:

— Está bem, Edvaldo. Não culpo você por não querer falar, porque deve saber de alguma coisa que tem certeza que me deixaria mais chateado do que estou, mas tudo bem. Preciso tomar vergonha na cara e parar de pensar nisso.

À noite, Kelly esperou Edvaldo ir embora para contar à Neusinha sobre os questionamentos de Jorge:

— Coitado do Edvaldo, Kelly. Ele deve se sentir pressionado e incomodado por não poder dizer nada para o Jorge.

— Isso eu sei que é verdade porque ele sofre por omitir. Edvaldo me disse algo que me comoveu. Ele disse que sofre dos dois lados: Por você, porque não quer perder sua amizade e confiança e por Jorge, porque vê que ele sofre por não ter notícias suas.

— Mas que inferno! Jorge não sai do meu pé mesmo com a Alicia grávida!

— Se lhe fizer uma pergunta, jura que não vai me bater?

— Não estou em condições nem de bater na calça para tirar cascas de amendoim, Kelly. Desembucha logo!

— Você gosta de saber que o Jorge não tira você da cabeça, não é?

— Só para lembrar: eu não jurei que não lhe daria um virado de direita. Jurei? Está bem: Adoro! Mas vem cá, o que faço com isso? Só serve para massagear o meu ego, no entanto minha autoestima está no pé inchado. Estou me sentindo uma baleia Jubarte, então uma massagenzinha nem dá para sentir.

Capítulo 59

Por conta de problemas operacionais, Jorge saiu da usina mais tarde do que de costume.

De volta para casa, observou um animal atravessando a pista e diminuiu a velocidade.

Quando o animal atravessou, notou que era um pequeno cão mancando.

— Pobrezinho... Deve ter se machucado — disse baixinho, mas continuou seu destino.

Conjecturando e torturando-se com o fato de abster-se, depois de percorrer mais de dois quilômetros, Jorge deu meia-volta, retornando próximo ao local que avistou o cão.

— Não conseguiria dormir com isso — ruminou.

O cão estava deitado à beira da pista, Jorge desceu do carro, aproximando-se dele com comoção ao ver a sua situação:

— Oh! Pobrezinho. Tremendo e com medo neste lugar sombrio. O que farei com você? Não posso levá-lo para minha casa, então só tem uma solução.

Jorge chegou à casa de Neusinha e bateu na porta, chamando por ela, mas ouviu:

— Vá embora, Jorge. Não posso atender.

— Neusinha, por favor, estou com um cão machucado que encontrei na estrada quando voltava para casa e vim porque você é a única que pode me ajudar agora.

— Não está mentindo só para vir aqui, não é?

— E por que faria isso? Por favor, abra logo porque o bichinho está tremendo de dor.

— Quando Neusinha abriu a porta, pediu para Jorge carregá-lo até o fundo para ser atendido na sala veterinária e no caminho ele perguntou:

— Não sabia que estava grávida. Quando foi que isso aconteceu?

— Restrinja-se ao que veio fazer — cortou Neusinha, pedindo para colocar o animal sobre a mesa, cuidando dele.

Enquanto Neusinha fazia o curativo, disse:

— É uma fêmea de aproximadamente três meses e não fraturou nenhum osso, mas algum tipo de acidente provocou profundo corte na pata dianteira esquerda, esta que faço o curativo. Darei a você o que é preciso para trocar o curativo, de preferência todos os dias.

— Não posso e não quero ficar com a cachorra.

— Lamento Jorge, mas por causa da gravidez não estou acolhendo animais em meu consultório, aliás, o que fiz agora é arriscado, mas fiz para ajudá-lo. Fiz minha parte, faça a sua e se não quiser ficar com ela, doe para alguém do vilarejo. Leve sua blusa. Rosemeire saberá o que fazer para tirar as manchas de sangue.

— De quantos meses está e quem é o pai da criança?

— Não lhe devo satisfações da minha vida. Vá embora, Jorge!

— Eu mereço ser tratado com tanta hostilidade se não lhe fiz nada de mal?

— Desculpe, Jorge... Estou de sete meses e o filho é do Roberto.

— O cara está preso, é um criminoso... E agora?

— Agora você dá o fora! Chega, Jorge, já fiz o que precisava. Não quero falar sobre isso com você.

— Tudo bem, já vou embora, mas antes quero que olhe para mim e ouça o que preciso dizer.

— Nós não temos nada para conversar. Eu disse chega!

— Seria possível você entender que não é só você que tem problemas? Por favor, olhe para mim porque não mereço tanto desprezo a ponto de sequer querer olhar na minha cara... Neusinha, por favor, deixe-me dizer o que preciso, mas olhe para mim.

Neusinha dirigiu o olhar marejado para Jorge, lutando contra si mesma e ele disse:

— A Alicia está grávida também. Eu preciso lhe dizer que meus dias sem você têm sido muito difíceis, pois assim como antes de ficarmos juntos, não consigo parar de pensar em você um só instante.

Neste momento, Jorge não conteve as lágrimas, enquanto Neusinha, por sua vez, soluçava em silêncio:

— Jorge, por favor, pare...

— Deixe-me terminar! Por favor, não me interrompa. Eu queria dizer que nem o fato de você estar grávida de outro homem consegue mudar o que sinto por você e já não sei o que fazer com a falta que me faz.

Jorge tomou Neusinha num abraço sem que ela conseguisse resistir, permitindo-se ser beijada efusivamente, até que ambos cessaram e Neusinha implorou:

— Não faz isso comigo, Jorge. Por favor, vá...

Quando Jorge tomou a cadela no colo, antes de passar pela porta, Neusinha disse:

— Só uma coisa: há alguns meses sonhei com Denis e ele pediu para dizer que ama muito você e Alicia.

Jorge deixou a cadela na casa de Sabrina e foi para sua casa, beijou Alicia e sentou-se ao seu lado:

— Chegou tarde, amor. O que aconteceu?

— Tive que resolver problemas operacionais e por isso fiquei até mais tarde na usina...

— A Rosemeire já foi, então deixe que lhe sirva o jantar.

— Não precisa, querida. Estou sem fome.

— Aconteceu alguma coisa, querido? Parece triste.

— Na volta para casa encontrei uma cachorra machucada na beira da estrada e não tive opção senão levar para Neusinha cuidar e, depois de tratar do bichinho, eu o deixei na casa de Sabrina.

Alicia acariciou os cabelos de Jorge, deu-lhe um beijo e perguntou:

— Conte-me tudo, Jorge. Neusinha fez curativos no bichinho e abriu feridas em você?

— Neusinha está grávida...

— Muito interessante. E aí? Perguntou a ela de quem é o bebê?

— Sim. É do ex-noivo que está preso.

— E você ficou decepcionado com isso?

— Na verdade não, mas não quero falar sobre isso.

— Não quer falar porque isso machuca você, não é?

— Alicia, vamos viver nossa vida... O importante é que amo você e o nosso bebê.

— Está bem, querido, mas vamos combinar uma coisa?

— Alicia, por favor, não comece. Só fui à casa da Neusinha por causa do animal machucado.

— Nem esperou eu falar! Vamos "brincar" de sinceridade. Eu pergunto e você responde. Daí você pergunta e eu respondo, está bem?

— Aonde quer chegar, Alicia? Não quero saber de discussão.

— Eu também não, querido. Está com o "pé atrás". Não precisa esperar algo ruim, pois terá uma surpresa. Responda: Você me ama?

— Sim, amo.

— Ama a Neusinha?

Jorge levou um susto e Alicia retomou:

— Não disse que ficaria surpreso? Responda do fundo do seu coração.

— Não tem cabimento fazer uma pergunta como esta.

— Por que não tem cabimento? Responda à minha pergunta: Você ama a Neusinha?

— Pare de me pressionar, Alicia. Já disse: vamos viver nossa vida e pronto.

— Neusinha mentiu para você. Ela não está grávida do ex-noivo.

— O que está dizendo, Alicia? Até o Edvaldo com certeza sabia e não me falou nada. Você sabia?

— Sabia, mas também não lhe falei porque Neusinha não queria que você soubesse.

— Não estou entendendo. Quando você esteve com Neusinha e por que não queria que eu soubesse? Pare de fazer rodeios, Alicia.

— Procurei Neusinha para contar-lhe sobre minha gravidez. Ela não queria que você soubesse que o filho é seu e mentiu para me preservar.

Chocado com a naturalidade de Alicia, Jorge ficou sem palavras e ela prosseguiu:

— Jorge, eu sei que você ama Neusinha também, e a surpresa que lhe contarei é que também a amo. Claro que não a desejo como mulher, mas a amo como uma irmã, como amiga. E sei que ela o ama, assim como me ama.

— Ainda não estou entendendo aonde quer chegar, Alicia. Como sabe que não é do ex-noivo e de onde tirou que Neusinha espera um filho meu?

— Não quero chegar a lugar algum, querido. Foi Neusinha mesmo quem falou e não é filho, é filha. Neusinha espera uma menininha. Para finalizar, quero dizer que não me importo se você ama a nós duas, porque amor verdadeiro não é posse.

— Quer me enlouquecer, Alicia? Isso está parecendo uma trama planejada. Quer dizer que se eu for à casa de Neusinha e dormir com ela, você não se importaria? — irritou-se Jorge.

— Não me importaria desde que você dormisse comigo também e houvesse equilíbrio na relação.

Atônito, Jorge ruminou pensamentos, aproximou-se de Alicia e disse, abraçando-a:

— Se está falando isso para me testar, não precisa. Serei honesto com você e não vou traí-la.

— Isto não tem nada a ver com teste, e traição é quebra de fidelidade prometida. Não estou pedindo para prometer algo. Apenas encontrei uma forma de lidar com a situação e esta foi a melhor, que não faz nenhum de nós sofrer.

— E onde fica o ciúme nessa história?

— Longe de nós, juntamente com o egoísmo.

— Alicia, desculpe, amor, mas acho que você não deve atinar para o que disse. Eu mesmo não estou atinando, porque nunca ouvi ninguém pensar assim.

— Amor, eu sou eu e ninguém vive minha vida senão eu mesma. Então melhor agir de acordo com a consciência. Penso que assim serei feliz, você e Neusinha também, a menos que você não concorde e queira ficar com uma de nós por não amar uma das duas.

— Confesso que se antes estava confuso, agora estou perturbado, além de confuso. Neusinha sabe sobre isso que você pensa?

— Ainda não, mas falarei com ela, pois precisava falar com você primeiro para saber sua opinião a respeito. Já era tempo de ter esta conversa com você, mas Neusinha insistiu tanto para não lhe contar sobre a gravidez, inclusive pediu para eu mentir, mas ela não manda em mim, só daria este direito a ela se me certificasse que pode mandar no coração, pois tenho certeza que se pudesse escolher, não o amaria. Pois se nem eu, nem você mandamos no nosso coração! Então, viva o amor!

— Alicia, vá com calma! Não posso acreditar que está sugerindo mantermos um triângulo amoroso... Quer dizer que na reunião de pais e mestres eu entro como pai de duas crianças e vocês duas comigo, é isso?

— Em reunião de pais e mestres podemos ir só eu e Neusinha e você ficar em casa esperando, ou o contrário, ou seja, nós ficarmos em casa e você irá sozinho. Jorge, querido, objeções e convencionalismos servem para quem quer se exibir, mas quanto a nós, seremos nós que decidiremos nossa vida. Não devemos satisfações a ninguém. O importante é sermos felizes.

Epílogo

Quatro anos depois.

Denis obteve autorização para visitar a família da encarnação anterior e estava na companhia de Luiz:

— Cá estamos, Denis. O panorama que veremos é de uma família feliz, felizmente.

— Olhe a Meleca! Bem que o Aurélio disse que ela retornaria para junto de meu pai.

Quando Denis aproximou-se da cadelinha, disse para Luiz:

— Pensei que fosse a Meleca, mas não é...

A poucos metros de distância, a filha de Neusinha gritou:

— Mãe, o Renê puxou o rabo da Dorileca!

— Débora dedo-duro! Nem doeu... — respondeu o filho de Alicia.

Denis riu com Luiz:

— Dorileca? Dorinha mais Meleca... Isso só pode ter sido ideia da Sabrina.

Ao ouvir um longo rosnado, Denis deu a volta na casa e ouviu um ataque canino e Renê saiu correndo, chorando à procura de Alicia:

— Mãe, a Dorileca me mordeu!

Sabrina aproximou-se:

— Bem feito, moleque teimoso! Quantas vezes é preciso dizer para não machucar os bichinhos?

Denis achegou-se à cadela:

— Meleca! É você, minha queridinha? Agora você é Dorileca, minha menina linda...

Sabrina segurava um gato que colocou no chão para ir ao socorro de Dorileca, mas quando chegou perto da cadela, observou que a cachorra baixava e levantava as orelhas, rodeando o espaço vazio, lembrando quando Meleca fazia o mesmo e suspeitou:

— O que foi, Dorileca? Está com companhia? Meleca fazia o mesmo quando eu achava que Denis vinha visitá-la.

A exemplo do que fazia naquela época, Sabrina fechou os olhos em concentração e disse em pensamento:

— Se tem um espírito aqui, se veio para o bem, que partilhe de nossa casa, se veio para o mal, que os anjos o levem.

Denis aproximou-se dela, beijando com carinho seu rosto:

— Você não consegue me ver, nem ouvir, Sabrina, mas saiba que a amo e sinto saudade.

Sabrina permaneceu de olhos fechados enquanto Dorileca latia de alegria e disse sorrindo:

— Estou sentindo que é você, Denis. Se for, me abrace...

Sabrina abriu os braços emocionando Denis, que correspondeu ao pedido e ouviu:

— Se for você mesmo, Denis, saiba que sempre vou te amar e que um dia estaremos junto.

Rosemeire chegou perto e disse:

— O que está fazendo aí parada que nem um dois de paus, filha?

— Eu e Dorileca estamos abraçando Denis, mainha. Sentimos a presença dele.

— Deus me livre, Sabrina! Pare de invocar a alma dos mortos que isso não presta.

Denis sorriu para Luiz:

— Rosemeire continua a mesma. Morre de medo de espíritos.

Denis aproximou-se de Neusinha que conversava com Alicia:

— Alicia, quando Sabrina partirá?

— Jorge a levará para a cidade uma semana antes de começarem as aulas, para ela adaptar-se. Depois partirá na metade da próxima semana.

— Ele dormiu lá em casa ontem, mas esqueci de perguntar. Preciso ir à cidade para comprar um presente para ela.

— Ora, Neusinha! Eu também preciso comprar algo para a despedida, irei com você, aliás, o que acha de fazer uma festinha de despedida para ela?

— Boa ideia! Ela e as crianças vão adorar.

— Alicia, antes que me esqueça, a Débora terá um evento da escolinha na semana que vem, justo no dia em que Jorge estará com você. Importa-se de trocarmos o dia para facilitar a saída de casa?

— Claro que não. Ainda bem que avisou antes, porque daqui a um mês preciso ver no planejamento se Jorge estará aqui ou com você para trocarmos, se for preciso.

Denis e Luiz se entreolharam e Denis riu:

— Isso é o que chamo de irmandade! A princípio foi difícil acreditar quando Cíntia, protetora de Jorge, me falou, mas agora estou vendo que tudo é possível quando desejamos... Realmente, só conseguimos compreender as diferenças entre costumes das civilizações e culturas, quando nos colocamos de mente aberta diante das definições relativas ao amor, que significa a união entre pessoas que querem e precisam estar juntas, enquanto os que julgam negativamente o fazem por desconhecimento das diferentes necessidades, obviamente, diferentes das suas.

Rosemeire achegou-se às amigas e Neusinha disse com alegria:

— Quem diria? A filhota irá estudar na cidade para começar o caminho de ser doutora! Não está se cabendo de orgulho por saber que Sabrina estudará para ser médica, não é, Rosemeire?

— Ai, meu Deus. Estou feliz, mas meu coração parece que sairá pela boca... Já estou sentindo saudade dela.

Alicia consolou:

— Que nada, Rosemeire. Ainda estará na cidade por uns anos e virá para cá todo fim de semana. E quando estiver na faculdade, já pensou?

— Sei, não. A moleca já está falando de trabalhar na capital! — continuou Rosemeire, seguida de Alicia:

— Se ela for, você poderá escolher morar com ela.

Neusinha objetou em tom de brincadeira:

— De jeito algum! Você terá Renê e Débora para fazer parte de suas atribuições, ou seja, uma dose dupla de motivos para continuar conosco.

Jorge chegou com Edvaldo e Kelly, que trazia uma menina no colo.

Denis observou Jorge cumprimentar Alicia e Neusinha com carinho e disse enternecido:

— Pois é, meu caro Jorge, com você minhas contas estão em dia e espero até o dia em que pudermos nos encontrar.

Luiz percebeu o pensamento de Denis e comentou:

— Fomos informados que Jurema não está mais por aqui. Faz um ano que está em uma colônia distante.

— Mesmo assim vamos até a floresta — convidou Denis que chamou por Jurema.

Instantes se passaram até que a exuberante índia surgiu:

— Quem me chama?

— Saudações, Jurema. Vim apenas para cumprimentá-la por seu trabalho.

— Quem são vocês e qual o motivo do cumprimento, se não nada fiz para merecer?

— Não fez para mim, mas outra pessoa antes de você fez e sei o trabalho árduo que vocês fazem por amor.

— Sendo assim, obrigada.

— Está tendo muito trabalho? — perguntou Denis.

— Estamos nos preparando porque fomos avisados que um grande alagamento acontecerá por causa da grande construção dos homens.

Denis ficou pensativo por instantes e Luiz seguiu adiante, para Jurema:

— Será a ativação de uma usina hidrelétrica. Apesar do esforço de preservação, deverão ocorrer perdas, mas a mãe terra renova tudo e todas as criaturas que partirem, retornarão.

— Bom trabalho, Jurema. Obrigado por sua aparição — despediu-se Denis, retirando-se.

— *Okê*, cabocla Jurema — saudou Luiz.

Denis olhou para o verde ao redor e depois para o céu. Fechou os olhos, exalou profundo suspiro e afirmou, com incrível doçura na voz:

— Sabendo que há tantos lugares onde o vento sopra de dia e de noite, é gratificante saber que sempre haverá alguém para esperar, vidas para voltar, amores para amar e, não importa o tempo que se leve, a imortalidade para sempre será o maior motivo para desejar amar.

Fim

Grandes sucessos de
Zibia Gasparetto

Com 17 milhões de títulos vendidos, a autora tem contribuído para o fortalecimento da literatura espiritualista no mercado editorial e para a popularização da espiritualidade. Conheça os sucessos da escritora.

Romances
pelo espírito Lucius

A verdade de cada um

A vida sabe o que faz

Ela confiou na vida

Entre o amor e a guerra

Esmeralda

Espinhos do tempo

Laços eternos

Nada é por acaso

Ninguém é de ninguém

O advogado de Deus

O amanhã a Deus pertence

O amor venceu

O encontro inesperado

O fio do destino

O poder da escolha

O matuto

O morro das ilusões

Onde está Teresa?

Pelas portas do coração

Quando a vida escolhe

Quando chega a hora

Quando é preciso voltar

Se abrindo pra vida

Sem medo de viver

Só o amor consegue

Somos todos inocentes

Tudo tem seu preço

Tudo valeu a pena

Um amor de verdade

Vencendo o passado

Crônicas

A hora é agora!
Bate-papo com o Além
Contos do dia a dia
Pare de sofrer
Pedaços do cotidiano

O mundo em que eu vivo
O repórter do outro mundo
Voltas que a vida dá
Você sempre ganha!

Coleção – Zibia Gasparetto no teatro

Esmeralda
Laços eternos
Ninguém é de ninguém

O advogado de Deus
O amor venceu
O matuto

Outras categorias

Conversando Contigo!
Eles continuam entre nós vol. 1
Eles continuam entre nós vol. 2
Eu comigo!
Grandes frases
Pensamentos vol. 1

Pensamentos vol. 2
Momentos de inspiração
Recados de Zibia Gasparetto
Reflexões diárias
Vá em frente!

Conheça mais sobre espiritualidade com outros autores de sucesso.

vidaeconsciencia.com.br /vidaeconsciencia @vidaeconsciencia

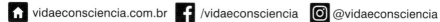

Os protegidos

SÉRGIO CHIMATTI

Romance inspirado pelo espírito Anele

SÉRGIO CHIMATTI
Romance inspirado pelo espírito Anele

Os protegidos

Você acredita em anjo da guarda?

De fato, nunca estamos sozinhos, pois há espíritos que velam por nós.

Nesta trama envolvente, ambientada entre o fim da década de 1960 e o início da década de 1980, as amigas Sara, Gratiel e Amanda seguem caminhos opostos, mas seus destinos voltam a entrelaçar-se anos depois.

Descubra como os anjos nos cobrem com suas asas até conseguirmos voar sozinhos, nos protegendo, nos levantando quando caímos, nos unindo àqueles de quem precisamos e nos amando sempre.

E não estranhe se, depois de ler este romance, conseguir conversar com seu anjo e desfrutar da felicidade dessa companhia, que protege você há muitas vidas.

Este e outros sucessos, você encontra nas livrarias e em nossa loja:

www.vidaeconsciencia.com.br/lojavirtual

Rua Agostinho Gomes, 2.312 — SP
55 11 3577-3200

contato@vidaeconsciencia.com.br
www.vidaeconsciencia.com.br